Qualität in aller Munde

Fachbuch 2015

Herausgegeben im Auftrag des pfv
Fachverband für Kindheit und Bildung

———

Qualität in aller Munde

Bernhard Kalicki / Catrin Wolff-Marting (Hrsg.)

Qualität in aller Munde

Themen, Positionen, Perspektiven
in der kindheitspädagogischen Debatte

FREIBURG · BASEL · WIEN

Fragen, Anmerkungen, Wünsche und Kritik richten Sie bitte an:

Barbarossastraße 64
10781 Berlin
Telefon: +49 30 23639000
E-Mail: pfv@pfv.info

Die Veröffentlichung wurde mit Mitteln des Bundesministeriums für Familie, Senioren, Frauen und Jugend gefördert.

© Verlag Herder GmbH, Freiburg im Breisgau 2015
Alle Rechte vorbehalten
www.herder.de

Umschlaggestaltung: Christiane Hemmerich – Konzeption und Gestaltung, Tübingen
Redaktion: Susanne Lütticke
Innengestaltung: post scriptum, Emmendingen / Hüfingen

Herstellung: Graspo CZ, Zlín
Printed in the Czech Republic

ISBN 978-3-451-32965-4

Inhalt

Qualität in aller Munde – eine Einführung   7
Catrin Wolff-Marting & Bernhard Kalicki

Qualitätsdiskurse in der Frühpädagogik

Pädagogische Qualität und Qualitätssteuerung: Konzepte und Strategien   12
Bernhard Kalicki

20 Jahre Qualitätsdebatte in der Kindheitspädagogik –
Anmerkungen zu Erfolgen und Defiziten   23
Detlef Diskowski

Über die Qualität hinaus zu einer ethischen und politischen Frühpädagogik   31
Peter Moss

Kritisch bleiben – größer denken: Zu Peter Moss' Vorbehalten gegenüber der
Definition und Vermessung von Qualität   41
Ulla Grob-Menges

Kultur, Kultur ... Kinderrechte als Qualitätsmerkmal   46
Lothar Krappmann

Akteure, Handlungskonzepte und Perspektiven

Konzeptualisierungen von Qualität und Kompetenzdiskurs im Feld
der Kindheitspädagogik   54
Michael Wünsche

Im Dialog – Interaktionen zwischen pädagogischen Fachkräften und
Kindern gestalten   62
Judith Durand

Beziehungen unter Kindern von klein auf wahrnehmen und unterstützen   71
Kornelia Schneider

Kinder haben Rechte: Der Kinderrechtsansatz in Kindertageseinrichtungen   83
Jörg Maywald

Kita-Leitung im Spannungsfeld von Betriebswirtschaft und Pädagogik   92
Jens Christian Möller

Qualität – auch in der Zusammenarbeit mit Eltern und Familien   101
Wilfried W. Steinert

Gruppenstrukturen als Rahmen für Qualität   106
Claus-Peter Rosemeier

Qualität liegt in den Händen vieler – ein Ausblick   118
Bernhard Kalicki & Catrin Wolff-Marting

Anhang

pfv: Selbstverständnis – Ziele – Aufgabenfelder   122

Verzeichnis der Autor/innen und Herausgeber   125

Qualität in aller Munde – eine Einführung

Catrin Wolff-Marting & Bernhard Kalicki

Verstärkt durch aktuelle Entwicklungen wie die Erziehungs- und Bildungspläne der Länder, sozial- und bildungspolitische Neuorientierungen, den Rechtsanspruch auf eine Betreuungsmöglichkeit für die Jüngsten sowie neuere entwicklungspsychologische Erkenntnisse erfährt die (früh-)pädagogische Qualität wieder zunehmend Beachtung. Zu Recht werden an die frühkindliche Bildung sowie an die Betreuung und Erziehung in Kindertageseinrichtungen hohe Ansprüche gestellt. (Inter-)Nationalen Forschungsbefunden zufolge gilt es als gesichert, dass eine Förderung in qualitativ guten Kindertageseinrichtungen mit kurz-, mittel- und langfristigen Bildungseffekten bei den Kindern einhergeht.

Eltern, pädagogische Fachkräfte, Träger der Einrichtungen sowie mit dem Themenkomplex vertraute Expertinnen und Experten haben unterschiedliche Ansprüche an die frühe Betreuung und Bildung und gewichten infolgedessen auch die Kriterien, nach denen Qualität zu beurteilen ist, verschieden. Soweit sich Kinder in diese Fragestellung einbinden lassen, kommt noch ein weiterer Blickwinkel hinzu.

Kennzeichnend für die bisherige Debatte ist, dass es weder eine gemeinhin anerkannte und konzeptionell geteilte Definition des Qualitätsbegriffs gibt, noch Einigkeit darüber besteht, wie frühpädagogische Qualität hinreichend erfasst und langfristig gefördert bzw. gesichert werden kann. Einige wissenschaftliche Studien liefern Ansätze, Qualitätsmaßstäbe im frühkindlichen Bereich definieren zu können. Doch inwiefern helfen diese wissenschaftlichen Studien, die Qualität bei der täglichen Arbeit in den Einrichtungen zu verbessern und zu sichern?

Die Bundesfachtagung des Pestalozzi-Fröbel-Verbandes am 26./27. September 2014 in Hamburg stand unter dem Motto: Qualität? Ja, bitte! Vor allem in der frühkindlichen Bildung. In den Vorträgen wurde die Thematik aus verschiedenen Blickwinkeln beleuchtet. Dabei war es das Ziel, die unterschiedlichen Ansätze und Sichtweisen wie Mosaiksteine zu einem Gesamtbild zusammenzufügen. Der Erfahrungsaustausch unter den Teilnehmerinnen und Teilnehmern[1] und die angeregten Diskussionen ergänzten die Ausführungen der Referenten. Während der gesamten Tagung konnten wichtige Facetten einer positiven Qualitätsentwicklung aufgezeigt, herausgearbeitet und vertieft werden.

Dieser Band mit den Vorträgen aus der Tagung sowie weiteren Fachbeiträgen, die das Thema ergänzen und abrunden, soll einen Einblick in die aktuelle Diskussion geben. Er bietet einen Überblick über verschiedene Diskussionsstränge und unterschiedliche inhaltliche Positionierungen. Vor dem Hintergrund diverser Qualitätsdimensionen wer-

---

1 Zur Verbesserung der Lesbarkeit werden in diesem Band im Folgenden vereinzelt nur die weibliche oder die männliche Form verwendet. Das jeweils andere Geschlecht ist jedoch stets miteingeschlossen.

den verschiedene Strategien der Qualitätssicherung diskutiert und die entsprechenden Akteure mit ihren jeweiligen Rollen dargestellt.

Qualitätsdiskurse in der Frühpädagogik

Im einführenden Kapitel Pädagogische Qualität und Qualitätssteuerung: Konzepte und Strategien gibt Bernhard Kalicki einen Überblick über die verschiedenen Qualitätskonzepte und stellt ausgewählte pädagogische Theorien vor, welche geeignet sind, die pädagogische Prozessqualität als das Kernstück guter Praxis näher zu erhellen. Darüber hinaus skizziert er das Zusammenspiel unterschiedlicher Akteure bei der Bestimmung und Steuerung des Systems der frühen Bildung, Betreuung und Erziehung.

Für Detlef Diskowski ist die langjährige Qualitätsdebatte in der Kindheitspädagogik durch Hemmnisse auf politischer, pädagogisch-fachlicher und wissenschaftlicher Ebene sowie eine bemerkenswerte Sprachverwirrung gekennzeichnet. Angesichts dessen plädiert er in seinen Anmerkungen zu Erfolgen und Defiziten für knappe und normative Vorgaben in den Bildungsplänen sowie die Bewahrung der Subjektivität gegenüber dem Qualitätsbegriff.

Peter Moss hinterfragt in seinem Beitrag Über die Qualität hinaus zu einer ethischen und politischen Frühpädagogik das grundlegende Konzept der »Qualität«. Er rät, den Diskurs über Qualität durch eine Auseinandersetzung mit Politik und Ethik zu ersetzen und anzuerkennen, dass es für viele Entscheidungen nicht nur eine »qualitativ hochwertige« Lösung gibt, sondern viele begründbare Alternativen.

Ulla Grob-Menges kommentiert, stützt und ergänzt in ihrem Einwurf Kritisch bleiben – größer denken die Vorbehalte von Peter Moss im Hinblick auf die Definition und Vermessung von Qualität.

In seinem Beitrag zu Kinderrechten als Qualitätsmerkmal stellt Lothar Krappmann eine Verbindung zwischen den Rechten der Kinder und der Kultur des Miteinanders, welche die Kindertageseinrichtung prägen sollte, her und fordert eine Kultur der Solidarität.

Akteure, Handlungskonzepte und Perspektiven

Den Einstieg in den zweiten Teil des Bandes macht Michael Wünsche mit seinem Beitrag Konzeptualisierungen von Qualität und Kompetenzdiskurs im Feld der Kindheitspädagogik. Er beschreibt die unterschiedlichen Herangehensweisen zur Bestimmung von Qualität und thematisiert die Handlungsanforderungen für eine qualitativ hochwertige Praxis.

Judith Durand betont in ihren Ausführungen zum Dialog mit Kindern, dass die Interaktion von pädagogischen Fachkräften und Kindern als Schlüssel zur Stärkung von Bildungsprozessen gesehen werden kann. Sie beschreibt, was dialogische Interaktion im pädagogischen Alltag ausmacht, welche Chancen und Herausforderungen damit verbunden sind und wie pädagogische Fachkräfte unterstützt werden können, diese Prozesse zu stärken.

Kornelia Schneider widmet sich in ihrem Beitrag Beziehungen unter Kindern von klein auf wahrnehmen und unterstützen der Bedeutsamkeit der Peer-Kultur in den ersten Lebensjahren. Sie stellt dar, wie vielfältig die Fähigkeiten von Kindern zum gemeinsamen Spiel mit Gleichaltrigen zum Ausdruck kommen, wie Kinder bereits in frühen Jahren ohne Anleitung Gruppenaktivitäten organisieren, was Freundschaften ausmacht und wie sich diese entwickeln.

Ausgehend von den Fragen, welche kinderrechtsbasierten Indikatoren für gute Qualität stehen können und wie gute Qualität gesichert und beständig verbessert werden kann, beleuchtet Jörg Maywald die Wichtigkeit des Kinderrechtsansatzes in Kindertageseinrichtungen und die sich daraus ergebenden Anforderungen zur Umsetzung in der pädagogischen Praxis.

Mit der Übernahme der Leitungsfunktion erweitern sich für eine pädagogische Fachkraft die Verantwortungsbereiche sowie die Tragweite der Entscheidungen grundlegend. Im Beitrag Kita-Leitung im Spannungsfeld von Betriebswirtschaft und Pädagogik erläutert Jens Christian Möller das Aufgabenspektrum einer Kita-Leitung und führt in deren wesentliche Kompetenzbereiche ein.

Wilfried W. Steinert zeigt auf, wie Qualität – auch in der Zusammenarbeit mit Eltern und Familien aussehen kann und welche positiven Auswirkungen sich daraus besonders für die Kinder ergeben können. Dabei finden die gegenwärtigen Lebensformen von Familien – zwischen Erwerbs- und Familienleben – ebenso Berücksichtigung wie die Ansprüche, die sich daraus an die professionelle Kindertagesbetreuung ergeben.

Claus-Peter Rosemeier fokussiert in seinem Beitrag Gruppenstrukturen als Rahmen für Qualität, welche Bedeutung die Arbeit mit der Gruppe im pädagogischen Alltag hat, und inwieweit unterschiedliche Gruppenstrukturen diese Arbeit verändern können.

Im Abschlusskapitel greifen Bernhard Kalicki und Catrin Wolff-Marting die verschiedenen Perspektiven aus Wissenschaft, Politik und Praxis zum Thema Qualität noch einmal auf, bündeln die offenen Fragen und skizzieren vor diesem Hintergrund aktuelle Herausforderungen.

Wir danken allen Mitwirkenden, die mit ihren Beiträgen die Tagung sowie den vorliegenden Band gestaltet haben, für ihre inhaltlichen und methodischen Expertisen. Ebenso gilt unser Dank den Mitarbeiterinnen der Geschäftsstelle des Pestalozzi-Fröbel-Verbandes, die uns geduldig und konstruktiv bei der Erstellung des Buches unterstützt haben.

Wir hoffen, dass wir mit diesem Band zu einem gelungenen Austausch zwischen den einzelnen Akteuren der frühkindlichen Bildung, Betreuung und Erziehung beitragen können und wünschen allen Leserinnen und Lesern wertvolle Anregungen.

Qualität muss produziert werden, sie kann nicht herbeigeprüft werden.

Werner Niefer

Qualitätsdiskurse
in der Frühpädagogik

Pädagogische Qualität und Qualitätssteuerung: Konzepte und Strategien

Bernhard Kalicki

Die Teilhabe an früher Bildung gehört zur kindlichen Normalbiografie: Praktisch jedes Kind besucht in Deutschland den Kindergarten. In Westdeutschland weitet sich die frühe Bildung aktuell jedoch rasant auf die ersten Lebensjahre aus. War im Jahr 2006 nur jedes sechste Kind (16,7 %) im Alter von zwei Jahren in öffentlich verantworteter Betreuung, so galt dies 2014 schon für jedes zweite Kind dieses Altersjahrgangs (53,1 %). Für Ostdeutschland liegen die Teilhabequoten deutlich höher, stiegen doch auch von 2006 bis 2014 weiter an (für Zweijährige von 75,5 auf 86,5 %). In absoluten Zahlen sieht der sogenannte »U3-Ausbau« für Deutschland ebenfalls beeindruckend aus: Im Jahr 2006 waren bundesweit 286.000 Kinder im Alter von unter drei Jahren in Tagesbetreuung; 2014 lag diese Zahl bei gut 660.000 Kindern (BMFSFJ 2012, 2014).

Frühe Betreuung und Bildung sind in den letzten zehn Jahren also zur Normalität geworden und werden inzwischen als eine gesellschaftliche Aufgabe verstanden. Aufgrund der gestiegenen öffentlichen Verantwortung für das Aufwachsen von Kindern (BMFSFJ 2013) gewinnt die Frage nach der Qualität der Kindertagesbetreuung verstärkte Aufmerksamkeit (Viernickel u. a. 2015).

Dabei ist diese Qualitätsdebatte keineswegs neu, was hier knapp skizziert werden soll. Anstrengungen zur Erfüllung kindlicher Bedürfnisse und zur Förderung kindlicher Lernpotenziale, gerade mit Blick auf die besonders Bedürftigen, ziehen sich durch die Geschichte des Kindergartens (Aden-Grossmann 2011). Wie eine gute Pädagogik aussehen kann, entwerfen die unterschiedlichen pädagogischen Ansätze (Fthenakis & Textor 2000). Diese Konzepte blieben jedoch programmatisch, ihre Überprüfung und Auswertung interessierte nur punktuell. Die im Rahmen der »Nationalen Qualitätsinitiative« (NQI) entwickelten Verfahren der Qualitätsfeststellung (Fthenakis u. a. 2003; Preissing 2003; Strätz u. a. 2003; Tietze & Viernickel 2002) sowie die parallel von den Wohlfahrtsverbänden entwickelten Instrumente und Verfahren arbeiten mit Katalogen themenspezifischer Qualitätsstandards und dienen primär der Qualitätsentwicklung in den Kindertageseinrichtungen bzw. Trägerorganisationen, geben also keinen Überblick über die Qualität des Betreuungssystems.

Ende der 1990er Jahre stellte eine Autorengruppe um Wolfgang Tietze (1998) explizit die Frage »Wie gut sind unsere Kindergärten?« und suchte eine empirische Antwort anhand standardisierter und international anschlussfähiger Erhebungsinstrumente.

Reichweite des Betreuungssystems, Zugang und Zugangsbarrieren sowie die Analyse der Betreuungsformen und des Personals standen im Mittelpunkt der DJI-Studie »Wer betreut Deutschlands Kinder?« (Bien u. a. 2006).

Mit der Thematisierung der frühen Bildung, markiert durch die Einführung der Bildungspläne in den Bundesländern und des »Gemeinsamen Rahmens der Länder für die frühe Bildung in Kindertageseinrichtungen« (JFMK/KMK-Beschluss von 2004) gewannen programmatische Ansätze wieder an Bedeutung, also die Formulierung von Aufgaben, Erwartungen und Zielen für die frühpädagogische Praxis. Zur Überprüfung der Implementierung und »Umsetzung« der Bildungsprogramme liegen empirische Forschungsergebnisse vor (z. B. Viernickel u. a. 2013), die aber wiederum nicht die Wirkungen auf die Kinder abbilden.

Deutliche Fortschritte in der Bestimmung von Qualität und der Messung ihrer Wirkungen brachte die empirische Bildungsforschung, die nun verstärkt Art, Umfang und Qualität der frühen Betreuung und Bildung in den Blick nahm. Meilensteine dieser Entwicklung bilden für Deutschland die Längsschnittstudien zu »Bildungsprozessen, Kompetenzentwicklung und Selektionsentscheidungen im Vorschul- und Schulalter« (BiKS; vgl. Mudiappa & Artelt 2014; Roßbach u. a. 2008) sowie das »Nationale Bildungspanel« (NEPS; vgl. Fey u. a. 2012).

In jüngster Zeit rückt der Altersbereich der Unterdreijährigen stärker in den Fokus der Qualitätsdebatte, auch angesichts des dargestellten Ausbaus der Betreuungsmöglichkeiten für diese Altersgruppe und der zum Teil kritischen Rahmen- und Arbeitsbedingungen der pädagogischen Fachkräfte (Hanssen u. a. 2014; Schreyer u. a. 2014; Viernickel u. a. 2013). Besondere Aufmerksamkeit gewinnt in diesem Zusammenhang nun auch die Kindertagespflege (Alt u. a. 2014).

Konzepte pädagogischer Qualität

Maßnahmen zur Qualitätsverbesserung im System der frühkindlichen Bildung, Betreuung und Erziehung setzen nach wie vor stark darauf, die Ressour-

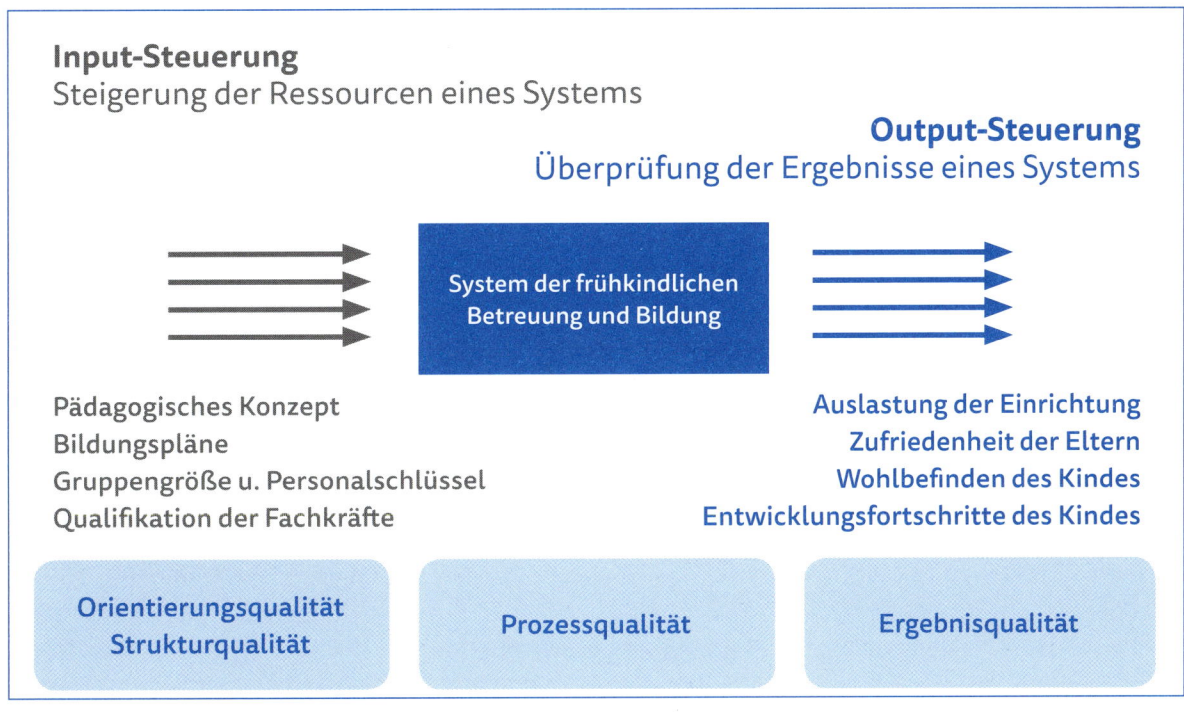

Abbildung 1: Strategien und Indikatoren zur Steuerung des Betreuungssystems

cen des Systems zu steigern (»Input-Steuerung«). Wenn Gesetze und Verordnungen fordern, dass jede Einrichtung über eine Konzeptionsschrift verfügt und diese fortschreibt; wenn dem Praxisfeld Bildungsprogramme vorgegeben werden; wenn die Personalausstattung der Einrichtungen verbessert wird; wenn höhere Qualifikationsanforderungen eingeführt werden oder Ressourcen und Konzepte für die berufliche Weiterbildung bereitgestellt werden, dann folgen all diese Maßnahmen dieser input-orientierten Strategie.

Einen grundlegend anderen Ansatz bildet die Überprüfung der Ergebnisse, die das Betreuungssystem hervorbringt (»Output-Steuerung«). Entsprechende Indikatoren für die »Ergebnisse« wären die Zufriedenheit der Eltern, die Auslastung der Einrichtung bzw. auf Kind-Ebene das kindliche Wohlbefinden oder auch Entwicklungsfortschritte bzw. Kompetenzgewinne des Kindes (siehe Abbildung 1, S. 13).

Für das Verständnis von pädagogischer Qualität hat sich ein Struktur-Prozess-Modell durchgesetzt, das Input- und Output-Faktoren berücksichtigt, die pädagogische Prozessqualität jedoch als den entscheidenden Wirkfaktor betrachtet (siehe Abbildung 2). Strukturmerkmale wie Größe und Zusammensetzung der Kita-Gruppe, die Strukturierung der pädagogischen Arbeit in offenen, teil-offenen oder gruppenbezogenen Settings, aber auch die Qualifikationsniveaus des pädagogischen Personals stellen Merkmale der Strukturqualität dar.

Aspekte der Orientierungsqualität betreffen die Erziehungsauffassungen und Erziehungsziele, implizite Verständnisse von kindlichem Lernen und der Gestaltbarkeit von Entwicklungsprozessen, die subjektive Bedeutung einzelner Bildungsbereiche oder auch normative Geschlechtsrollenorientierungen, soweit sie erziehungs- und bildungsrelevant werden.

Die pädagogische Prozessqualität wiederum meint die Qualität der Interaktion und Kommunikation mit dem Kind. Als typische Facetten sind hier Responsivität, Feinfühligkeit und Interaktionsdichte zu nennen. Eigens hervorgehoben wird in diesem Modell die Abstimmung bzw. Kooperation von familiärem und außerfamiliärem Entwick-

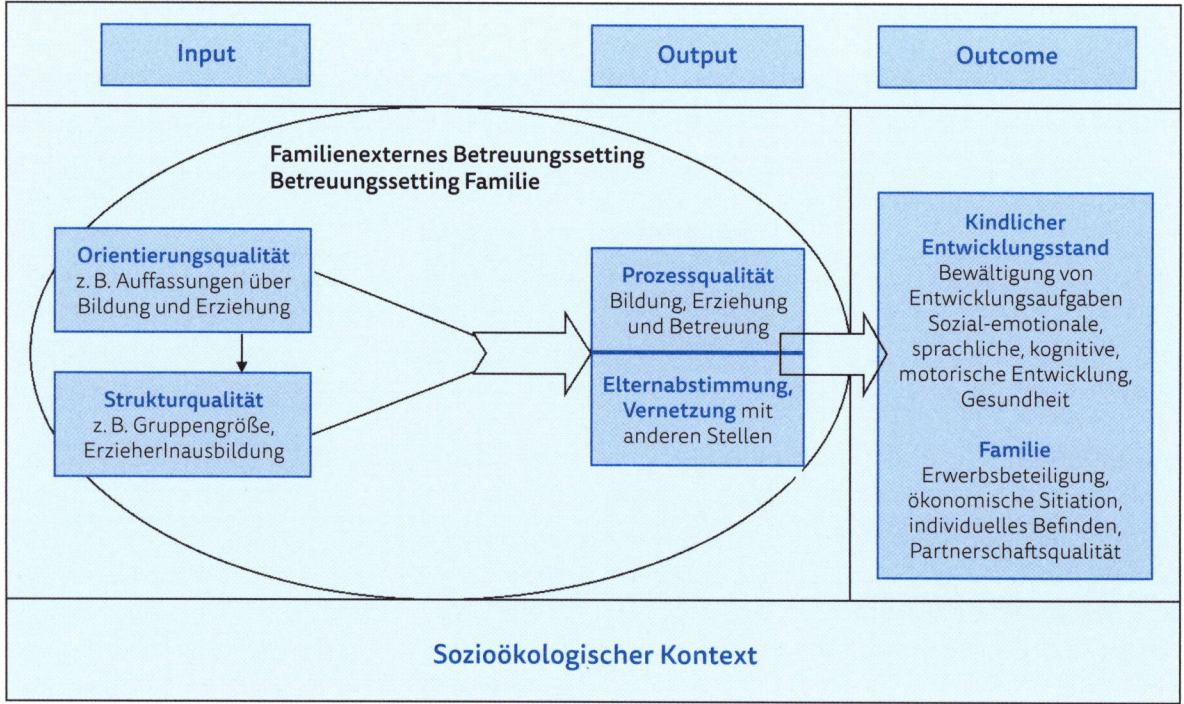

Abbildung 2: Das Struktur-Prozess-Modell der pädagogischen Qualität (nach Roux & Tietze 2007; Tietze u. a. 1998)

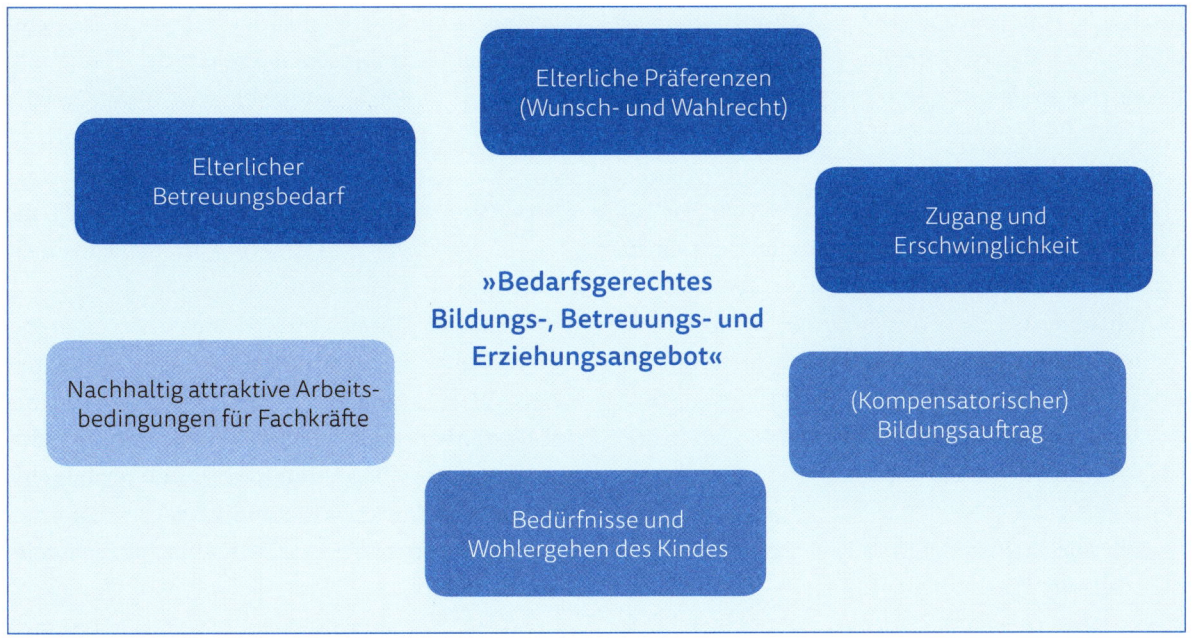

Abbildung 3: Ein multiperspektivisches Modell der Qualität von Systemen frühkindlicher Bildung, Betreuung und Erziehung

lungskontext. Dies greift eine zentrale Annahme des ökopsychologischen Entwicklungsmodells auf (Bronfenbrenner 1981; Bronfenbrenner & Morris 1998), wonach die kindliche Entwicklung nicht allein durch die unmittelbaren Entwicklungsumwelten des Kindes (»Mikrosysteme«) geprägt wird, sondern auch durch das Wechselspiel dieser Sozialisationsinstanzen (»Mesosysteme«).

Unter dem Begriff der Ergebnisqualität werden schließlich die Wirkungen sowohl auf die kindliche Entwicklung als auch auf das Familiensystem gefasst. Intensiv beforschte Kindmerkmale betreffen sprachlich-kognitive Fähigkeiten (z. B. Wortschatz, Grammatik, Aufmerksamkeitssteuerung, Gedächtnis, soziale Kommunikationskompetenz), die sozialemotionale Anpassung, aber auch Gesundheitsstatus und Wohlbefinden. Die Ergebnisqualität aufseiten des Familiensystems betrifft das durch die Betreuung ermöglichte Erwerbsmuster der Eltern, die innerfamiliäre Aufteilung familiärer und beruflicher Aufgaben und Rollen, aber auch die Qualität und Stabilität der elterlichen Partnerschaft (Fthenakis u. a. 2002).

Dieses Modell hat eine Fülle empirischer früh-pädagogischer Studien angeregt, es wurde sogar auch hinsichtlich der Struktur-, Orientierungs- und Prozesskomponenten auf das Familiensystem und die frühkindliche Bildung, Betreuung und Erziehung in der Familie übertragen (Tietze u. a. 2013).

Die Dominanz dieses Qualitätsmodells in der aktuellen empirischen Forschung soll nicht darüber hinwegtäuschen, dass es keineswegs alle für die Frühpädagogik relevanten Bezugspunkte abbildet. Gerade für die Steuerung von Systemen der Kindertagesbetreuung bedarf es weiterer Aspekte, die auch die gesellschaftliche Verantwortung für ein gelingendes Aufwachsen aller Kinder berücksichtigen. Ein multiperspektivisches Alternativmodell berücksichtigt die Familie, das Kind und die pädagogischen Fachkräfte als Koproduzenten und Referenzpunkte pädagogischer Qualität (siehe Abbildung 3).

Die Aufgabentrias Bildung, Betreuung und Erziehung lässt bereits durchschimmern, dass die Kindertagesbetreuung unterschiedliche Funktionen erfüllt und unterschiedliche Interessen bedient. Eltern positionieren sich mit ihren Bedarfen an familienergänzender Betreuung, um familiäre und berufliche Anforderungen vereinbaren zu können. Hier helfen bedarfsgerechte Betreuungsarrangements den Erziehungsberechtigten, partnerschaftliche Familienmodelle zu realisieren (Fthenakis & Kalicki 2000).

Welches Betreuungsangebot das richtige für ihr Kind ist und welches pädagogische Konzept zu ihren Erziehungsauffassungen passt, bestimmen Mütter und Väter im Rahmen ihres Wunsch- und Wahlrechts. Sie haben starke verbriefte Rechte der Mitgestaltung in der Kindertageseinrichtung, und ihnen steht es frei, initiativ zu werden und eine neue Einrichtung zu gründen, wo kein hinreichendes Angebot besteht.

Mit der Einführung eines Rechtsanspruchs auf eine Betreuungsmöglichkeit für ein- und zweijährige Kinder hat sich die Verfügbarkeit entsprechender Angebote in Deutschland grundlegend gewandelt. Damit sind die sozialen Disparitäten im Zugang und in der Nutzung früher Betreuung und Bildung nicht zwangsläufig überwunden (Fuchs-Rechlin & Bergmann 2014). Mit Blick auf den gleichen Zugang zu früher Betreuung und Bildung sind zudem die direkten Kosten für die Familie zu berücksichtigen (Meiner 2014), aber auch Fehlanreize (wie das Betreuungsgeld), die Opportunitätsentscheidungen systematisch verzerren können.

Die Bedürfnisse und Rechte des Kindes bilden einen zweiten zentralen Bezugspunkt für die Bestimmung eines guten, bedarfsgerechten Angebots. Eine gute Betreuung und Versorgung lässt sich am kindlichen Wohlbefinden ablesen, etwa an der Stimmung, dem Stressniveau oder auch an der Verhaltensanpassung des Kindes (zum Überblick: Ahnert 2010). Mit Blick auf das Kind ist auch die Bildungsfunktion der Kindertagesbetreuung bedeutsam, insbesondere hinsichtlich einer möglichen Kompensation herkunftsbedingter Benachteiligungen.

Darüber hinaus bedarf es hinreichend guter Arbeitsbedingungen, um pädagogische Qualität zu erzeugen. Hohe Personalfluktuation aufgrund von Arbeitsüberlastung oder Abwanderung aus dem Arbeitsfeld sind der pädagogischen Qualität ebenso abträglich wie ein beeinträchtigtes psychisches Befinden der pädagogischen Fachkräfte (Tietze u. a. 2013). Erst in der Gesamtschau der unterschiedlichen Funktionen der Kindertagesbetreuung und der Interessen der verschiedenen Beteiligten lässt sich Qualität angemessen bestimmen.

Prozessqualität als Kernstück pädagogischer Qualität

Im skizzierten Struktur-Prozess-Modell der Qualität von Kindertagesbetreuung bleibt die Prozessqualität eine »Blackbox«. Gleichzeitig herrscht die Überzeugung vor, dass die Prozessqualität von entscheidender Bedeutung für kindliche Entwicklungsfortschritte ist. Sie vermittelt (mediiert) die Wirkungen von Strukturfaktoren und Orientierungen. Die Frage nach der Prozessqualität trifft also den Kern der Frühpädagogik.

An dieser Stelle scheint es angebracht, auf die Grundannahmen der modernen Kindheitssoziologie einzugehen (Bühler-Niederberger 2011), die recht gut beschreiben, wie Vorstellungen von Kindheit und Kindern unsere Ansprüche und Erwartungen an ein gutes Aufwachsen von Kindern und eine richtige Kindererziehung prägen. In der Frühpädagogik werden diese Grundannahmen häufig mit der Metapher »Bild vom Kind« bezeichnet. Sie können auch aus kulturvergleichender Perspektive betrachtet werden und spielen in der inter- und multikulturellen Praxis eine wichtige Rolle (Borke & Keller 2014; Keller 2011).

▶ **Kinder als »Werdende« und als »Seiende«:** Gerade in Erziehungs- und Bildungskontexten dominiert die Orientierung an Entwicklungs- und Erziehungszielen, an aufzubauenden Wertorientierungen und Handlungskompetenzen. Dabei bilden Kinder schon heute eine eigene Bevölkerungsgruppe, sie sind Träger eigener Rechte und können sich in ihren Lebenswelten vielfältig einbringen (vgl. auch den Beitrag von Maywald in diesem Band).

- **Kinder als Handlungssubjekte, aktive Problemlöser und Kommunikationspartner:** Von seiner Geburt an ist das Kind im Dialog als ein individuelles Gegenüber mit eigenem subjektivem Erleben und Denken zu betrachten. Das Kind ist aktiver Problemlöser und lernt über diese handelnde Weltaneignung.
- **Kinder sind eingebunden in eine Generationenlage; die hieraus resultierenden Machtasymmetrien müssen in pädagogischen Beziehungen reflektiert werden:** Kindheit wird von Erwachsenen bestimmt, Erziehungspersonen definieren die Handlungsspielräume und Beteiligungsmöglichkeiten von Kindern. Verantwortliches pädagogisches Handeln reflektiert und tariert dieses Ungleichgewicht.

Im Folgenden sollen ausgewählte theoretische Konzepte vorgestellt werden, die näher erhellen können, was wir unter pädagogischer Prozessqualität verstehen und wie diese hergestellt werden kann (vgl. auch Liegle 2013; Prengel & Winklhofer 2014; Weltzien 2014).

Konzepte und Befunde der Erziehungsstilforschung

Einige Bedeutung für die Forschung und Theoriebildung einerseits und die pädagogische Praxis andererseits haben die Konzepte der Erziehungsstilforschung erlangt. Ein bestimmter Stil ist dabei gekennzeichnet durch ein eingespieltes, gewohnheitsmäßiges pädagogisches Handlungsmuster, das durch entsprechende Werthaltungen und Überzeugungen gestützt wird.

Das Modell von Diana Baumrind (1991) unterscheidet vier Erziehungsstile, die sich systematisch auf die zwei Dimensionen der *Kontrolle* und der *emotionalen Wärme* reduzieren lassen:
- Der *autoritäre Erziehungsstil* ist gekennzeichnet durch geringe emotionale Wärme und hohe Kontrolle. Er widerspricht dem Prinzip der Kindorientierung (insbesondere der Berücksichtigung kindlicher Bedürfnisse nach emotionaler Nähe) und des reflektierten und entsprechend dosierten Gebrauchs erzieherischer Macht.
- Einen Gegentyp stellt der *permissive Erziehungsstil* dar (häufig auch als »Laisser-faire« bezeichnet). Er ist gekennzeichnet durch stark ausgeprägte emotionale Wärme bei geringer Kontrolle. Die Erziehungsperson ist herzlich und fürsorglich, setzt jedoch wenige Regeln oder Anforderungen.
- Als günstig wird der *autoritative (oder »demokratische«) Erziehungsstil* beschrieben, der hohe emotionale Wärme kombiniert mit hoher Strukturierung bzw. Kontrolle. Regeln und Ansprüche werden formuliert und eingefordert, gleichzeitig erhält das Kind Spielräume für eigenes Handeln. Zutrauen in die kindlichen Kompetenzen ist ebenfalls typisch für diesen Stil.
- Der *vernachlässigende Erziehungsstil* ist geprägt durch geringe emotionale Wärme und geringe Kontrolle. Hier erhält das Kind insgesamt wenig Aufmerksamkeit und Zuwendung. Seine Bedürfnisse werden nicht beachtet.

Die Erziehungsstilforschung hatte in den 1980er Jahren ihre Blütezeit. Alle diese Konzepte haben Eingang gefunden in das pädagogische Alltagswissen; sie scheinen aber auch heute noch tauglich, angemessenes (günstiges) Erziehungsverhalten von unangemessenem (wirkungslosem oder schädlichem) Erziehen abzugrenzen.

Beiträge der Bindungsforschung

Auch die Konzepte der Bindungsforschung sind schon etwas in die Jahre gekommen, ihr Ertrag für die Frühpädagogik wurde jedoch erst in den letzten zehn Jahren herausgearbeitet. Diese Erkenntnisse sind eng verbunden mit dem Namen Lieselotte Ahnert – einer Kollegin, die sich der bindungstheoretisch orientierten Erforschung frühpädagogischer Beziehungen verschrieben hat.

Ausgangspunkt der bindungstheoretischen Überlegungen ist die Tatsache, dass der Säugling auf Nähe und Schutz durch erwachsene Bezugspersonen existenziell angewiesen ist. Bindung bezeichnet ein biologisch vorprogrammiertes, sich ergänzendes (komplementäres) Verhaltensmuster aufseiten des Säuglings und aufseiten der erwachsenen Bindungsperson. Das Kind äußert seine sozio-emotionalen Bedürfnislagen wie Verängstigung, Schmerz, Unbehagen; die kompetente Bindungsperson reguliert den negativen Affekt durch zielgerichtete und wirksame Handlungen (elterliche oder erzieherische Sorge). Dabei unterscheiden sich erwachsene Bindungspersonen in der Kompetenz der stellvertretenden (externalen) Affektregulation. Diese Kompetenz wird in dem Konzept der »Feinfühligkeit« mit seinen vier Komponenten (Wahrnehmen kindlicher Signale; korrekte Deutung dieser Signale; Angemessenheit der Reaktion; Promptheit der Reaktion) näher erklärt.

Die besondere pädagogische Bedeutung des Bindungssystems ergibt sich aus dem gegenläufigen (antagonistischen) Zusammenspiel von Bindung und Exploration: In dem Maße, in dem das Bindungssystem des Kindes aktiviert ist, reduziert es seine Aktivitäten der Umwelt- oder Gegenstandserkundung. Und neben der feinfühligen Emotionsregulation existiert eine korrespondierende Feinfühligkeit der Spielunterstützung bzw. Lernbegleitung (Grossmann & Grossmann 2004). Als günstig für den Lernverlauf erweist sich ein Handlungsmuster, bei dem die erwachsene Bezugsperson das Kind dann durch Spielangebote unterstützt, wenn es unkonzentriert ist, und bei dem sich die Bezugsperson zurückhält, wenn das Kind konzentriert bzw. in das Spiel vertieft ist.

Scaffolding

Der Begriff des »Scaffolding« nutzt die Metapher eines Gerüsts, das eine Konstruktion in der Aufbauphase stützt, nachher aber wieder entfernt wird. Erstmals im pädagogischen Kontext gebrauchten Jerome Bruner und Kollegen (Wood u. a. 1976) diesen Begriff im Rahmen einer Beobachtungsstudie. Studentische Tutoren waren aufgefordert, drei- bis fünfjährige Kinder bei einem Konstruktionsspiel mit richtiger Lösung (einer Pyramide) zu unterstützen, dem Kind aber den größtmöglichen Handlungsspielraum zu lassen. Auch sollten sie zunächst mit sprachlichen Instruktionen weiterhelfen, bevor sie direkt intervenieren (also selbst Hand anlegen). Als Kennzeichen eines gelungenen Scaffolding notierten die Autoren:

▶ eindeutige, schrittweise Anleitungen
▶ den Problemlösecharakter des Spiels, erkennbar an dem klaren Ziel
▶ die Rückführung des Kindes zur Aufgabenstellung in Situationen des Abschweifens
▶ die Verdeutlichung der Erwartung (z. B. durch ein gelungenes Beispiel)
▶ die Vermeidung von Unsicherheiten und Enttäuschungen

Die Ähnlichkeit zu den bereits vorgestellten Konstrukten ist augenfällig, etwa zur situationsangemessenen Intervention bei der Spielunterstützung oder zur Autonomiegewährung. Inzwischen zählt das Scaffolding zu den etablierten Techniken einer Elementardidaktik (MacNaughton & Williams 2004).

Die theoriegeleitete Erhellung der pädagogischen Prozessqualität – ein Zwischenfazit

Anhand unterschiedlicher theoretischer Konzepte lässt sich das Konstrukt der pädagogischen Prozessqualität näher erhellen. Dies scheint notwendig, da vorhandene Modelle und Verfahren wie die vielfach genutzte Kindergarteneinschätzskala (KES; Tietze u. a. 1997) und ihre Weiterentwicklungen und Varianten Aspekte der Strukturqualität (Ausstattung mit Spiel- und Lernmaterial, Einhaltung von Hygienestandards) mit Aspekten der pädagogischen Interaktion mischen (konfundieren). Auch die von Kathy Sylva und Kollegen (2006) vorgeschlagene und von Roßbach und Tietze (2010) übernommene Erweiterung dieser Skalen um curriculumnahe Qualitätsindikatoren erscheint ausgesprochen atheoretisch.

Die hier dargestellten theoretischen Konzepte besitzen – so die These – das Potenzial, pädagogische Interaktionen näher zu beleuchten und dabei günstige Handlungsalternativen bzw. Handlungsmuster von ungünstigen zu unterscheiden. Jedoch ist diese Auswahl keineswegs erschöpfend. Enge theoretische Bezüge lassen sich für jedes der hier ausgewählten Konzepte beispielsweise zur Selbstbestimmungstheorie der Motivation herstellen (Deci & Ryan 1993).

Wenn hier ein deutlicher Akzent auf die theoretische Fundierung und Erläuterung (Explikation) der pädagogischen Prozessqualität gelegt wird, bedeutet das keineswegs den Verzicht auf empirische Forschung. Gerade Beobachtungsstudien, die das Interaktionsgeschehen im pädagogischen Alltag in den Blick nehmen (z. B. König 2009), können diese Forschungslücke schließen. In diesem Zusammenhang kommt auch standardisierten Beobachtungsinstrumenten eine wichtige Rolle zu, wie sie etwa mit dem »Classroom Assessment Scoring System« (CLASS; Pianta & Hamre 2009) oder dem Beobachtungs- und Reflexionsbogen »Gestaltung von Interaktionsgelegenheiten im Alltag« (GInA; Weltzien 2014) vorliegen.

Die frühpädagogische Qualitätsforschung wie auch der Qualitätsdiskurs auf der Ebene der Steuerung des Betreuungssystems betonen derzeit sehr stark die Bedeutung der kompetenten Fachkraft (Fröhlich-Gildhoff u. a. 2011; Fthenakis 2014; Leu & Kalicki 2014). Pädagogische Prozessqualität verstehen wir jedoch als beobachtbares pädagogisches Handeln. Die Performanz der pädagogischen Fachkraft hängt zwar eng zusammen mit ihrer Kompetenz, sie wird jedoch entscheidend mitgeprägt von dem Handlungskontext. Wo eine dialogische Frühpädagogik gefordert ist, bedarf es einer Handlungssituation im Kita-Alltag, die Spielraum gibt für solche Dialoge. Daher greift es zu kurz, den Qualitätsdiskurs nur mit Blick auf die Ebene der pädagogischen Settings (Kindertageseinrichtungen und Kindergruppen in diesen Einrichtungen) zu führen, da die personellen und zeitlichen Ressourcen für die pädagogische Arbeit von anderer Stelle zugeteilt werden.

Ebenen und Akteure der Qualitätssicherung und Qualitätsentwicklung

Nachdem im vorangegangenen Abschnitt die Frage behandelt wurde, was wir unter pädagogischer Qualität verstehen sollten, so stellen wir uns nun die Frage nach der Sicherstellung und Steuerung pädagogischer Qualität. Hierbei unterscheiden wir vier Ebenen der Qualitätssicherung, mit entsprechend unterschiedlichen Akteuren:

▸ die Fachpolitik,
▸ die Aus- und Weiterbildung,
▸ die Fachpraxis als die zentrale Größe und
▸ die Wissenschaft.

Diese Akteure sind in unterschiedlichem Maße verantwortlich für die Gestaltung und Sicherung der Orientierungs- und Strukturqualität, der pädagogischen Prozessqualität und der Ergebnisqualität (siehe Abbildung 4, S. 20).

Für die Politik besitzt die Strategie der Input-Steuerung zahlreiche Vorteile, wobei sie sich auf Regelungen zur Struktur- und Orientierungsqualität konzentriert: Sie macht rechtliche Vorgaben zu Qualifikationsanforderungen für das pädagogische Personal und zum Zugang in das Berufsfeld der Kindertagesbetreuung; sie setzt zum Teil sehr spezifische Standards zur Zusammenarbeit mit den Eltern, zum Einsatz von Beobachtungs- und Dokumentationsverfahren und erklärt die Bildungspläne als verbindlich. Sie regelt die Ausstattung des Systems, indem zulässige Gruppengrößen festgelegt werden und insbesondere die Finanzierung definiert wird. Maßnahmen der Input-Steuerung lassen sich vergleichsweise schnell umsetzen und wirkungsvoll kommunizieren. Die Strategie der Output-Steuerung steht der Politik prinzipiell dort zur Verfügung, wo Programme entwickelt, erprobt und modellhaft implementiert werden und eine Evaluationsforschung mitgedacht ist, die die Wirkungen bzw. Wirksamkeit der Maßnahme methodisch sauber erforscht. Hier dient die Bewertung der Ergebnisse (Outputs) als Grundlage für die Entscheidung über

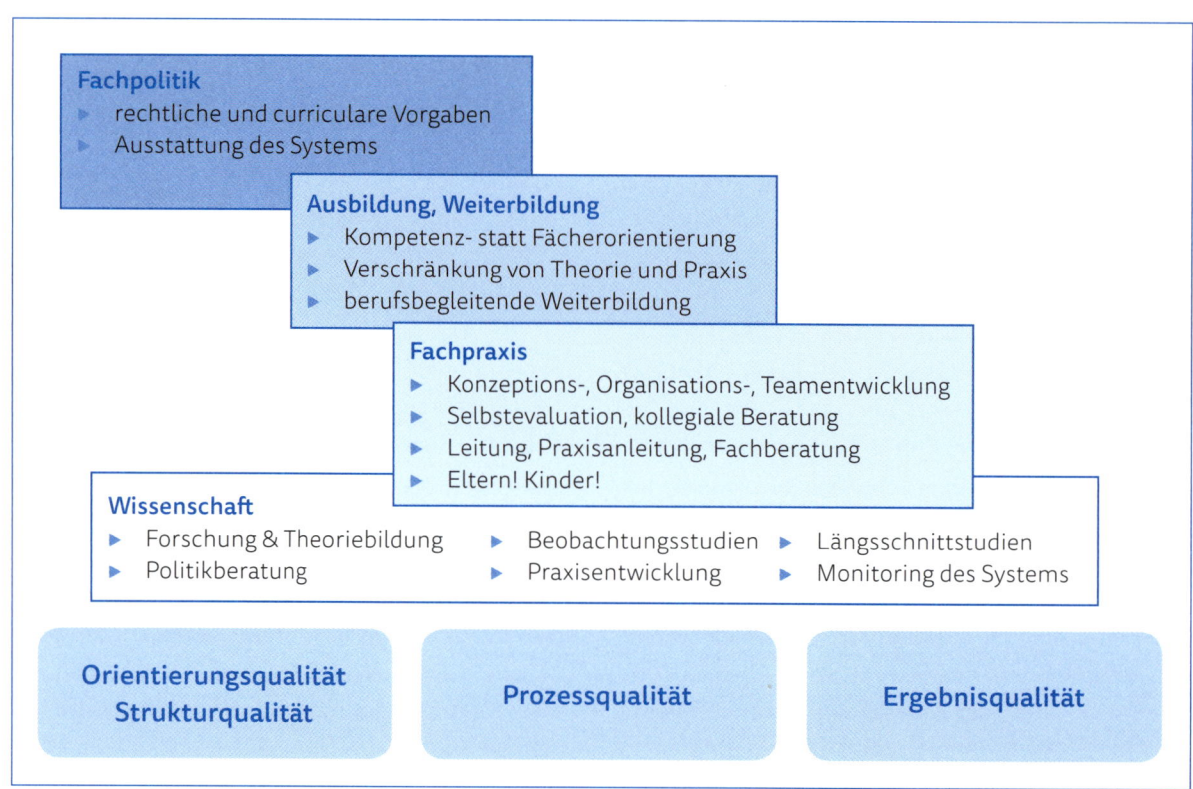

Abbildung 4: Ebenen und Akteure in der Steuerung des Systems der frühkindlichen Bildung, Betreuung und Erziehung

eine breite Implementierung dieser Maßnahme. Faktisch folgt die Programmförderung jedoch selten diesem prototypischen Modell (vgl. Brandtstädter 1990).[2]

Weitere Akteure in der Qualitätssteuerung sind die Sektoren der Aus- und Weiterbildung. Sie spielen eine wichtige Rolle bei der beruflichen Sozialisation des Personals und beeinflussen maßgeblich die Orientierungsqualität. Einflüsse auf die Prozessqualität haben sie in dem Maße, in dem die in der beruflichen Qualifizierung aufgebauten Kompetenzen gutes praktisches Handeln anbahnen. Dies setzt eine Verschränkung von Theorie und Praxis, von Wissen und Handeln voraus. Wichtig ist in diesem Zusammenhang auch die berufsbegleitende Weiterbildung, um den Transfer von Fachwissen in die Praxis zu sichern und die angeleitete Praxisreflexion zu stimulieren.

Den größten Einfluss auf die pädagogische Prozessqualität übt die Fachpraxis selbst aus. Fragen der Qualität des pädagogischen Handelns werden im Rahmen der Konzeptions-, Organisations- und Teamentwicklung behandelt. Methodisch unterstützt werden die Praxisreflexion und Qualitätsentwicklung durch QM-Verfahren der Selbstevaluation oder der kollegialen Beratung. Schlüsselfunktionen mit Blick auf die Qualitätsentwicklung nehmen die Leitung, die Praxisanleitung sowie die Fachberatung ein – sofern sie über die nötigen zeitlichen und personellen Ressourcen verfügen und für diese Aufgaben gut qualifiziert sind. Schließlich sollten auch die Erfahrungen und Einschätzungen von El-

---

2 Sowohl die Bundesländer als verantwortliche Steuerungsebene für die Jugendhilfe als auch die Jugendämter als Träger der öffentlichen Jugendhilfe auf der kommunalen Ebene besitzen erhebliche Gestaltungsmöglichkeiten, etwa bei der Ermittlung und Bestimmung des Betreuungsbedarfs und bei der Priorisierung von Angebotsformen im Zuge der Jugendhilfeplanung, was sich beispielhaft an der Stellung der Kindertagespflege in den Ländern und Kommunen aufzeigen lässt.

tern und Kindern systematisch in die Reflexion der pädagogischen Praxis einbezogen werden.

Wissenschaftliche Forschung und Theoriebildung können alle diese Prozesse beschreiben, systematisieren, informierend unterstützen, konzeptuell und methodisch anleiten sowie empirisch überprüfen. Frühpädagogische Qualitätsforschung bietet dabei einzigartige Gelegenheiten für Lernen und wissenschaftliche Erkenntnis; sie ist aber auch der Prüfstein für die Tauglichkeit vorliegender Handlungskonzepte.

Literatur

Aden-Grossmann, W. (2011): Der Kindergarten: Geschichte – Entwicklung – Konzepte. Weinheim.

Ahnert, L. (2010): Wieviel Mutter braucht ein Kind? Heidelberg.

Alt, C. u. a. (2014): Kita und Kindertagespflege für unter Dreijährige aus Sicht der Eltern – gleichrangig, aber nicht austauschbar? Nutzerprofile, Betreuungspräferenzen und Zufriedenheit der Eltern auf Basis des DJI-Survey (AIDA). Zeitschrift für Pädagogik, 60, S. 782–801.

Baumrind, D. (1991): Effective parenting during early adolescent transitions. In: P. A. Cowan & M. Hetherington (Eds.): Family transitions. Hillsdale, pp. 111–165.

Bien, W. u. a. (2006): Wer betreut Deutschlands Kinder? DJI-Kinderbetreuungsstudie. Weinheim.

BMFSFJ (Hrsg.) (2012): Vierter Zwischenbericht zur Evaluation des Kinderförderungsgesetzes. Berlin: Bundesministerium für Familie, Senioren, Frauen und Jugend.

BMFSFJ (Hrsg.) (2013): 14. Kinder- und Jugendbericht. Bericht über die Lebenssituation junger Menschen und die Leistungen der Kinder- und Jugendhilfe in Deutschland. Berlin: Bundesministerium für Familie, Senioren, Frauen und Jugend.

BMFSFJ (Hrsg.) (2014): Fünfter Zwischenbericht zur Evaluation des Kinderförderungsgesetzes. Berlin: Bundesministerium für Familie, Senioren, Frauen und Jugend.

Borke, J. & Keller, H. (2014): Kultursensitive Frühpädagogik. Stuttgart.

Brandtstädter, J. (1990): Evaluationsforschung: Probleme der wissenschaftlichen Bewertung von Interventions- und Reformprojekten. Zeitschrift für Pädagogische Psychologie, 4, S. 215–227.

Bronfenbrenner, U. (1981): Die Ökologie der menschlichen Entwicklung. Natürliche und geplante Experimente. Stuttgart.

Bronfenbrenner, U. & Morris, P. A. (1998): The ecology of developmental processes. In: W. Damon & R. M. Lerner (Eds.): Handbook of child psychology, Vol. 1: Theoretical models of human development. Hoboken, pp. 993–1028.

Bühler-Niederberger, D. (2011): Lebensphase Kindheit. Theoretische Ansätze, Akteure und Handlungsräume. Weinheim.

Deci, E. L. & Ryan, R. M. (1993): Die Selbstbestimmungstheorie der Motivation und ihre Bedeutung für die Pädagogik. Zeitschrift für Pädagogik, 39, S. 223–238.

Fey, D. u. a. (2012): Das Nationale Bildungspanel (NEPS) unter besonderer Berücksichtigung von Bildungsprozessen und -institutionen im vorschulischen Alter. In: S. Viernickel u. a. (Hrsg.): Krippenforschung: Methoden, Konzepte, Beispiele. München, S. 35–46.

Fröhlich-Gildhoff, K. u. a. (2011): Kompetenzorientierung in der Qualifizierung frühpädagogischer Fachkräfte. WiFF Expertise, Band 19. München.

Fthenakis, W. E. (Hrsg.) (2014): Frühpädagogische Ausbildungen international. Reformen und Entwicklungen im Blickpunkt. Köln.

Fthenakis, W. E. & Kalicki, B. (2000): Die »Gleichberechtigungsfalle« beim Übergang zur Elternschaft. In: J. Maywald u. a. (Hrsg.): Familien haben Zukunft. Reinbek, S. 161–170.

Fthenakis, W. E. & Textor, M. R. (Hrsg.) (2000): Pädagogische Ansätze im Kindergarten. Weinheim.

Fthenakis, W. E. u. a. (2002): Paare werden Eltern. Die Ergebnisse der LBS-Familien-Studie. Opladen.

Fthenakis, W. E. u. a. (Hrsg.) (2003): Träger zeigen Profil. Qualitätshandbuch für Träger von Kindertageseinrichtungen. Weinheim.

Fuchs-Rechlin, K. & Bergmann, C. (2014): Der Abbau von Bildungsbenachteiligung durch Kindertagesbetreuung für unter 3-Jährige – zwischen Wunsch und Wirklichkeit. Zeitschrift für Erziehungswissenschaft, 17, S. 95–118.

Grossmann, K. & Grossmann, K. E. (2004): Bindungen: Das Gefüge psychischer Sicherheit. Stuttgart.

Hanssen, K. u. a. (Hrsg.) (2014): Arbeitsplatz Kita. Analysen zum Fachkräftebarometer Frühe Bildung. München.

Keller, H. (2011): Kinderalltag. Kulturen der Kindheit und ihre Bedeutung für Bindung, Bildung und Erziehung. Berlin.

König, A. (2009): Interaktionsprozesse zwischen ErzieherInnen und Kindern. Eine Videostudie aus dem Alltag des Kindergartens. Wiesbaden.

Leu, H. R. & Kalicki, B. (2014): Zur Professionalisierung und Kompetenzorientierung in der Weiterbildung frühpädagogischer Fachkräfte. In: T. Betz & P. Cloos (Hrsg.): Kindheit und Profession. Konturen und Befunde eines Forschungsfeldes. Weinheim, S. 191–205.

Liegle, L. (2013): Frühpädagogik. Erziehung und Bildung kleiner Kinder. Ein dialogischer Ansatz. Stuttgart.

MacNaughton, G. & Williams, G. (2004): Teaching young children: Choices in theory and practice. London.

Meiner, C. (2014): Jeder nach seinen Möglichkeiten. Zur finanziell ungleichen Belastung von Familien durch Kindertagesbetreuung in Nordrhein-Westfalen. Dortmund.

Mudiappa, M. & Artelt, C. (Hrsg.) (2014): BiKS – Ergebnisse aus den Längsschnittstudien. Bamberg.

Pianta, R. C. & Hamre, B. K. (2009): Conceptualization, measurement, and improvement of classroom processes: Standardized observation can leverage capacity. Educational Researcher, 38, pp. 109–119.

Preissing, C. (Hrsg.) (2003): Qualität im Situationsansatz. Qualitätskriterien und Materialien für die Qualitätsentwicklung in Kindertageseinrichtungen. Weinheim.

Prengel, A. & Winklhofer, U. (Hrsg.) (2014): Kinderrechte in pädagogischen Beziehungen. Band 1: Praxiszugänge. Leverkusen.

Roßbach, H.-G. u. a. (2008): Auswirkungen eines Kindergartenbesuchs auf den kognitiv-leistungsbezogenen Entwicklungsstand von Kindern – Ein Forschungsüberblick. Zeitschrift für Erziehungswissenschaft, Sonderheft 11, S. 139–158.

Roßbach, H.-G. & Tietze, W. (2010): Kindergarten-Skala-Erweiterung (KES-E). Berlin.

Roux, S. & Tietze, W. (2007): Effekte und Sicherung von (Bildungs-)Qualität in Kindertageseinrichtungen. Zeitschrift für Soziologie der Erziehung und Sozialisation, 27, S. 367–384.

Schreyer, I. u. a. (2014): AQUA – Arbeitsplatz und Qualität in Kitas. Ergebnisse einer bundesweiten Befragung. München.

Strätz, R. u. a. (2003). Qualität für Schulkinder in Tageseinrichtungen: Ein nationaler Kriterienkatalog. Weinheim.

Sylva, K. u. a. (2006): ECERS-E: The Early Childhood Environment Rating Scale Curricular Extension to ECERS-R. London.

Tietze, W. & Viernickel, S. (Hrsg.) (2002): Pädagogische Qualität in Tageseinrichtungen für Kinder: Ein nationaler Kriterienkatalog. Weinheim.

Tietze, W. u. a. (1997): Kindergarteneinschätzskala (KES). Neuwied.

Tietze, W. u. a. (1998): Wie gut sind unsere Kindergärten? Eine Untersuchung zur pädagogischen Qualität in deutschen Kindergärten. Neuwied.

Tietze, W. u. a. (Hrsg.) (2013): Nationale Untersuchung zur Bildung, Betreuung und Erziehung in der frühen Kindheit (NUBBEK). Berlin.

Viernickel, S. u. a. (2013): Schlüssel zu guter Bildung, Erziehung und Betreuung – Bildungsaufgaben, Zeitkontingente und strukturelle Rahmenbedingungen in Kindertageseinrichtungen. Berlin.

Viernickel, S. u. a. (2015): Qualität für alle. Wissenschaftlich begründete Standards für die Kindertagesbetreuung. Freiburg.

Weltzien, D. (2014): Pädagogik: Die Gestaltung von Interaktionen in der Kita. Weinheim.

Wood, D. u. a. (1976): The role of tutoring in problem solving. Journal of Child Psychology and Psychiatry, 17, pp. 89–100.

20 Jahre Qualitätsdebatte in der Kindheitspädagogik –
Anmerkungen zu Erfolgen und Defiziten

Detlef Diskowski

Seit vielen Jahren ist die Debatte von einer bemerkenswerten Sprachverwirrung geprägt. Qualitäts-Sicherung, Qualitäts-Entwicklung, Qualitäts-Feststellung, Qualitäts-Messung – alles geht munter durcheinander, meint dasselbe oder auch Gegensätzliches. Der Qualitätsbegriff erscheint wie ein Joker: Er passt überall hin, zählt viel und ist doch oft inhaltsleer. »Irgendwas mit Qualität machen« (Diskowski 2010) ist jedenfalls wichtig, und alle machen mit. Insofern ist es richtig, wenn Experten wie Peter Moss zum Innehalten und Nachdenken über diesen vielgebrauchten Begriff auffordern.

Im Gegensatz zu Peter Moss (vgl. auch den Beitrag in diesem Band) sehe ich allerdings die technologische Überformung und die vermeintliche Objektivität des Begriffs »Qualität« nicht (vgl. Dahlberg, Moss & Pence 1999). Gerade aus der Ökonomie können wir lernen, dass Qualität erst einmal nur die Übereinstimmung mit einer Erwartung bezeichnet. Etwas hat in unseren Augen Qualität, wenn es so ist, wie wir es haben wollen – in der Güte, aber auch in der Art und Weise. Diese zweite Seite des Qualitätsbegriffs, die die Beschaffenheit bezeichnet, ist dabei in unserer Debatte weitgehend verschwunden – Qualität erscheint zumeist als Synonym für »gut«. Gerade damit gerät aber die Subjektivität des Begriffs aus dem Blick. Die Ausgangsfrage »Was erwarte ich, wie soll es beschaffen sein?« wird von uns Menschen höchst unterschiedlich gestellt und verlangt nach einer näheren Bestimmung, bevor das Ergebnis mit »gut« oder »schlecht« bewertet werden kann.

Wenn also »Qualität« subjektiv ist, dann braucht es die Klärung von Erwartungen und die Verständigung darüber, damit der Begriff und die Debatte über Qualität nicht beliebig werden.

Struktur-, Orientierungs-, Prozessqualität – ... und die Qualität der Ergebnisse

Es erscheint mir sinnvoll, auf einige Erfolge wie auch auf noch bestehende Defizite in den Qualitätsdimensionen hinzuweisen.

Strukturqualität
Es ist ein Erfolg, dass inzwischen eine breite Übereinstimmung über die Bedeutung vor- und außerschulischer Bildung herrscht, und auch die institutionelle Betreuung für Kleinkinder ist heute kein gesellschaftlicher »Aufreger« mehr, wie noch vor 20 Jahren. Eine Reihe von Strukturparametern der Kindertagesbetreuung sind hinreichend transparent und damit in einer öffentlichen, politischen Debatte kommunizierbar – dank der Arbeiten der

Dortmunder Arbeitsstelle für Jugendhilfestatistik, dank nationalem Bildungsbericht, Bertelsmann-Ländermonitor und weiterer Zahlenwerke zum deutschen Betreuungssystem.

Das ist keineswegs so selbstverständlich, wie es heute scheint. Bis 2006 hatten wir kaum gesicherte Daten über die Kindertagesbetreuung, und über die Personalschlüssel wussten wir nur, dass sie überall schlecht sind. Heute halten wir sie immer noch überall für schlecht, obwohl wir wissen könnten, dass sie zwischen Baden-Württemberg/Bremen und Sachsen-Anhalt/Brandenburg um 100 Prozent differieren. Immerhin aber konnten die öffentliche Aufmerksamkeit und die Diskussionen über Strukturbedingungen bewirken, dass der massive Platzausbau – entgegen der allgemeinen Befürchtung – zu keiner Verschlechterung der Personalstandards geführt hat; im Gegenteil sind milde Verbesserungen zu verzeichnen (Autorengruppe Fachkräftebarometer 2014). Das halte ich für höchst bemerkenswert und war 2007 bestenfalls zu erhoffen – zu erwarten bestimmt nicht. Erfolge muss man meines Erachtens feiern, um den Mut nicht zu verlieren und nicht den Eindruck zu verstärken, dass alles immer schlechter wird.

Aber noch ungelöst und problematisch ist die Unterschiedlichkeit der Strukturbedingungen zwischen den Ländern, wie sie sich zum Beispiel in den Personalschlüsseln zeigt. Damit klaffen die Aufwachsensbedingungen für Kinder in Deutschland unerträglich auseinander, und die Lebens- und Bildungschancen sind höchst ungleich verteilt. Folgerichtig mehren sich die Bemühungen, aufgrund von Artikel 72 (2) Grundgesetz die Bundesregelungskompetenz zur »Herstellung gleichwertiger Lebensverhältnisse« einzuklagen. Das Stichwort heißt »Bundesqualitätsgesetz«; und ob es nun wirklich ein solches Gesetz geben wird oder nicht – die Diskussion über das Auseinanderklaffen der Bildungschancen in Deutschland wird Wirkung zeigen.

Aber nicht nur zwischen den Ländern, auch zwischen den Sozialräumen sind die Entwicklungs- und Bildungschancen ungleich verteilt. Wir wissen, dass nur eine gute, besser noch sehr gute Kindertagesbetreuung die erforderliche kompensatorische Wirkung entfalten kann, um benachteiligten Kindern die ihnen zustehenden Chancen zu eröffnen. Es ist in vergangenen Jahren gelungen, durch die rechtliche Normierung der Personalausstattungen jeweils einheitliche Strukturbedingungen innerhalb der Länder zu schaffen. Das ist eine Errungenschaft, denn bis in die späten 1990er Jahre folgten die Personalzuweisungen und -finanzierungen zumeist eher dem Zufall, der Willkür oder der jeweiligen Kassenlage. Für die Zukunft aber steht meines Erachtens eine systematische Ungleichbehandlung von Einrichtungen an, um den unterschiedlichen Arbeitsbedingungen und Aufgabenstellungen gerecht zu werden. Eine deutliche positive Diskriminierung von Einrichtungen in schwierigen sozialen Gebieten durch mehr Sachmittelzuweisungen und bessere Personalausstattungen ist das geeignete Mittel für mehr Chancengerechtigkeit in den Aufwachsensbedingungen; gleichzeitig kann sie einer sozialen Entmischung der Wohngebiete entgegenwirken.

Ein Entwicklungsdefizit haben wir auch bei der Bildung, Erziehung und Betreuung der älteren Kinder. Fachwelt, Öffentlichkeit und Politik haben mit ihrer Fokussierung auf die frühe Kindheit diese Altersgruppe vergessen. Gedankenlos wird nur noch von »früher Kindheit« und »früher Bildung« geredet und geschrieben – als ob es keine mittlere und ältere Kindheit gäbe. Aus der Entwicklung der sogenannten Ganztagsschulen (der »ganze Tag« der Schule kennt keinen frühen Morgen, keinen Nachmittag oder frühen Abend ... und Ferien sowieso nicht) hat sich die Kinder- und Jugendhilfe verabschiedet (vgl. Diskowski 2009a). Der Hort, immerhin noch ein Kindertagesbetreuungsangebot für rund 450.000 Kinder, ist für die Jugendhilfe[3] bislang kein Thema.

---

3 Das ist sogar wörtlich zu nehmen, wie die Ausgabe 6/2014 der Zeitschrift »jugendhilfe« zeigt, die es schafft, in ihrem Themenheft zum Ganztag den Hort zu vergessen.

Orientierungsqualität

Orientierungsqualität als die »Vorstellungen des pädagogischen Personals über kindliche Entwicklung, über pädagogische Ziele und Normen sowie über Auffassungen von pädagogischer Qualität in der Kindertagesbetreuung« (BAGLJÄ 2000) findet so viel Material und Anregung, dass die Frage nicht unberechtigt ist, ob dabei die Orientierung womöglich verlorengeht. Wir haben eine Bundesregelung und 16 landesgesetzliche Regelungen, 16 Bildungspläne und einen gemeinsamen Rahmen der JFMK/KMK; es gibt die Kriterienkataloge der Nationalen Qualitätsinitiative (NQI), die Merkmale der Integrierten Qualitätsskala IQS (KES-Familie, ECERS-E …). Eine Vielzahl von Träger-, Landes- und Bundes-Modellprojekten erfindet beständig die Pädagogik neu, und ein schier unüberschaubarer Büchermarkt bietet sich der Fachwelt an.

Der von Peter Moss geforderte »politisch-ethische Diskurs« scheint mir angesichts dieser Anregungsfülle gesichert, und eine von ihm befürchtete vermeintliche Objektivität eines Qualitätsbegriffs ist angesichts dieser Buntheit kaum zu befürchten. Es stellt sich meines Erachtens vielmehr die Frage, ob es noch die Chance für eine Verständigung im Sinne von Einigung gibt – oder ob alles beliebig bleibt. Wo es für beinahe jedes Thema eine Vielzahl von Veröffentlichungen, Hinweisen, Ratschlägen und Modellen gibt, kann sich eine gemeinsame Basis des Fachwissens auflösen – und alles ist möglich. Und dann wäre eigentlich auch alles egal …

Prozessqualität

Prozessqualität soll beschreiben, welche Qualität von den Personen in der pädagogischen Arbeit realisiert wird, und ich finde es einen erheblichen Fortschritt, dass es inzwischen möglich ist, über die Art und Weise sowie über die Güte pädagogischen Handelns anhand operationalisierter (und damit erst kommunizierbarer Kriterien) reden zu können. Noch vor wenigen Jahren wurde bei uns das »einzigartige, subjektive, situations- und beziehungsgebundene« pädagogische Handeln für nicht messbar gehalten; und die wenigen, die es versucht haben, wurden als Erbsenzähler beschimpft. Vielmehr galten die Vielfalt der Angebote und die Gestaltungsfreiheit der Träger als hohe Werte. Heute kann in einer repräsentativen Anzahl von Einrichtungen eine nationale Untersuchung zur Bildung, Betreuung und Erziehung in der Kindheit (NUBBEK; Tietze u. a. 2013) durchgeführt werden; und wenn auch niemand ernsthaft behauptet, mithilfe der eingesetzten Skalen sei pädagogische Qualität vollständig zu erfassen, wird doch die Messung anhand der für wesentlich gehaltenen Qualitätskriterien für sinnvoll angesehen.

Im Lichte dieser Qualitätskriterien zeigen sich nun unter dem Mantel der gelobten Vielfalt eine erhebliche Streuung in der Qualität und ein weitverbreitetes Mittelmaß. Die proklamierte »bunte Blumenwiese« der deutschen Kindertagesbetreuung hat tatsächlich weite karge Gebiete und stark verdorrte Stellen; nur knapp zehn Prozent blühen und gedeihen prächtig.

Unbestritten wird die Prozessqualität von den Strukturbedingungen stark beeinflusst. Die breite Streuung der realisierten Betreuungsqualität unter denselben Rahmenbedingungen verweist aber auch auf andere Wirkfaktoren. Gemessen mit der KRIPS (Krippenskala) beeinflussen die Strukturbedingungen die Prozessqualität bis zu 25 Prozent, gemessen mit der KES (Kindergartenskala) bis zu 33 Prozent. Ein erheblicher Teil des verbleibenden Restes ist selbstgemacht – also unmittelbar in der Praxis beeinflussbar. Neben allen wichtigen und berechtigten Klagen über die Strukturbedingungen (die keineswegs überall schlecht sind) wäre diese Tatsache verstärkter Aufmerksamkeit wert. Dass dies nicht in ein »Erzieher-Bashing« ausarten darf, scheint mir klar; vor allem nicht vonseiten der Administration oder der Wissenschaft, deren Akteure selber diese Arbeit in der Regel nie verantwortlich ausüben mussten. Aber die Pädagoginnen und Pädagogen selbst hätten das zum Thema zu machen: Sie sollten eine den Kindern unzuträgliche Praxis thematisieren und Standards moderner

Pädagogik in einer kollegialen Diskussion einfordern.

Die Gründe für das breite Mittelmaß und die gut zehn Prozent an schlechten Einrichtungen sind vielfältig, und sicherlich ist Überforderung der pädagogischen Fachkräfte einer der wichtigsten. Überforderung aber hat verschiedene Ausprägungen und unterschiedliche Ursachen. Es lohnt sich dabei auch, die – im besten Wollen in der Wirkung sicher nicht bedachten – durch Administration und Wissenschaft produzierten Überforderungen zu betrachten. Mir erscheinen deren Auswirkungen als nicht unerheblich.

Ergebnisqualität

Bisher wenig im Fokus steht die Ergebnisqualität (der »Outcome«, die Wirkungen der Kindertagesbetreuung). Obwohl es doch letztlich nur darauf ankommt, wissen wir hierüber noch sehr wenig. Erfreulich ist, dass es nach vielen Jahren der wissenschaftlichen Vernachlässigung der Kindheitspädagogik im Westen unserer Republik vermehrt Bemühungen gibt, etwas darüber zu erfahren, wie die pädagogische Arbeit bei den Kindern ankommt; ob sie bewirkt, was sie in ihren Zielen beschreibt. Eigentlich eine Selbstverständlichkeit, aber keineswegs üblich, gab es zum Beispiel ernsthafte und fundierte Überprüfungen von Programmen kompensatorischer Sprachförderung – neben den üblichen »Programmevaluationen«. So befasste sich NUBBEK nicht nur mit Struktur-, Orientierungs- und Prozessqualität in Kitas und Familien, sondern wollte mehr erfahren über die Wirkungen auf die Kinder. Anfänge sind also gemacht. Hier muss es weitergehen, damit gesicherte Kenntnisse darüber erworben werden, wo und wie vorrangig Qualität zu verbessern ist, um den Kindern bessere Lebenschancen zu ermöglichen.

Hindernisse auf dem Weg

Der Fortschritt ist manchmal eine Schnecke, und die muss dann auch noch Hindernisläufe absolvieren. Auf der strukturellen Ebene finden sich eine Zersplitterung der Verantwortung und ein Gewusel von Akteuren (Diskowski 2009b). Neben dem Bund und 16 Ländern haben wir knapp 300 Landkreise sowie gut 100 kreisfreie Städte, die in der Regel als örtliche Träger der öffentlichen Jugendhilfe die Gesamtverantwortung für die Kinder- und Jugendhilfe tragen. Daneben gibt es in Deutschland knapp 12.000 Gemeinden, zu deren zentralen Aufgabe im Rahmen der Daseinsvorsorge ihrer Bürger auch die Kindertagesbetreuung gehört. Schließlich gibt es noch eine Vielzahl an freien Trägern von Einrichtungen mit ihren Verbänden und Interessenvertretungen, deren Selbstständigkeit von der öffentlichen Jugendhilfe zu achten und zu fördern ist (§ 4 SGB VIII).

Die politische Ebene

Diese zersplitterte Verantwortung ist durch eine Reihe von Prinzipien und Regularien zementiert, sodass es erheblicher Anstrengungen bedarf, die Schnecke zum Vorwärtskriechen zu bewegen. Drei in der Fachdebatte weniger bekannte Barrieren möchte ich im Folgenden nennen:

Zum einen ist hier das grundgesetzlich bestimmte Kooperationsverbot anzuführen, das Bund und Ländern in der Bildungspolitik jeweils getrennte Aufgaben zuweist und eine Kooperation verhindert – selbst wenn erkannt wurde, dass die jeweils rechtlich zuständige Ebene die Aufgabe nicht alleine schultern kann. Zum Beispiel mussten argumentative Klimmzüge vollbracht werden, um überhaupt zu begründen, dass der Bund den »U3-Ausbau« fördern darf.

Zum zweiten führt, im Verhältnis der Kommunen zu ihren Ländern, das Konnexitätsprinzip (»Wer bestellt, bezahlt«) dazu, dass landesgesetzlich eingeführte Qualitätsverbesserungen auch allein vom Land bezahlt werden müssen. Ganz klar, dass ein Land wenig Neigung verspürt, Personalschlüsselverbesserungen etc. einzuführen, wenn es die Zeche alleine bezahlt. Es droht die Situation, dass keiner mehr bestellt und alle dürsten – keine gute Voraussetzung, um allgemein als notwendig erkannte Veränderungen anzugehen.

Ökonomen wie Stefan Sell (2014) weisen seit vielen Jahren neben der Unterfinanzierung des Systems auch auf Fehlfinanzierungen hin, dass also zum dritten Kosten und Nutzen in der Kindertagesbetreuung eklatant auseinanderfallen. Die Mittel müssen fast ausschließlich von Kommunen und Ländern aufgebracht werden, die Rendite stellt sich hauptsächlich beim Bund und den Sozialversicherungssystemen ein.

Zudem ist diese Rendite (bessere Bildung = höhere Produktivität und weniger Kosten für Sozialversicherung etc.) erst langfristig zu erwarten. Die Politik wird bestimmt durch den Vier- oder Fünf-Jahres-Rhythmus der Legislaturperioden; langfristige Planung und nachhaltige Gestaltung stehen dazu im Widerspruch und werden von Wählern auch nicht immer honoriert. Wir sind aber als Wähler und Teil der öffentlichen Meinung Bestandteil dieses Systems, und das Schimpfen auf »die Politik« ist bestenfalls emotionale Entlastung und Suche nach einem Sündenbock. Nach 25 Jahren in Landesministerien kann ich sicher behaupten: Die Politik macht meist genau das, was auf den Straßen und Marktplätzen gefordert wird. (Sie ist nur häufig ein wenig klüger, weil sie nicht sofort den Meinungen der Stammtische folgt.) Wer daran etwas ändern will, wird den gemütlichen Fachzirkel verlassen und auf die Straßen und Marktplätze gehen und dort für seine Prioritäten werben müssen.

Die normativ-konzeptionelle Ebene

Der Überfluss an Anregungen, Materialien, Konzepten und Programmen und deren Beitrag zur Orientierungsqualität wurde bereits kurz thematisiert. Meines Erachtens ist hier die Möglichkeit zu bedenken, dass dieser Überfluss nicht nur Orientierungslosigkeit zur Folge hat, sondern auch erheblich zur beklagten Überforderung der Praxis beiträgt.

Eine bisher noch nicht hinreichend genutzte Chance, zur Orientierung im Überfluss der Anregungen beizutragen, zeigt sich in den Bildungsplänen der Länder. Die mehr oder weniger verbindlichen Bildungspläne waren ein großer Fortschritt. Es ist schließlich offensichtlich, dass es angesichts der Bedeutung von Kindertagesbetreuung für das einzelne Kind wie für die Zukunft der Gesellschaft insgesamt nicht gleichgültig sein kann, was die Pädagogik methodisch, inhaltlich ausmacht. Es war also richtig und wichtig, dass sich die Gesellschaft über Ziele und Aufgaben der Kindertagesbetreuung verständigt; und es war notwendig, dabei zwischen der zur Beliebigkeit verkommenen Buntheit der Kindertagesbetreuung-West und der verordneten, durchgestalteten Belehrungspädagogik-Ost einen Mittelweg zu finden.

Wie aber dieser Weg genau aussehen wird, das müssen wir erst noch üben. Das Instrument »Bildungsplan« ist in der Kindertagesbetreuung relativ neu und noch nicht wirklich verstanden. Insofern ist weder selbstzufriedene Gelassenheit noch sind solche Überarbeitungen von Bildungsplänen angezeigt, die nur immer wieder neue Kapitel und Themen hinzufügen. Wenn zuweilen Bildungspläne evaluiert werden, dann sollten tatsächlich auch die Pläne evaluiert werden und nicht die Erzieherinnen und Erzieher daraufhin, ob und wie sie die Pläne umsetzen.

Die Administration, die Wissenschaft und die Praxis müssen dieses Instrument erst noch verstehen und nutzen lernen. Mir erscheinen 500-Buchseiten-Bildungspläne ebenso wenig zukunftsfähig wie solche, die eher ein pädagogisches Gesamtkonzept oder einen Katalog des Wünschenswerten darstellen. Der Wert von Bildungsplänen liegt meines Erachtens nicht darin, dass Wissenschaftler aufschreiben, was sie für gute Pädagogik halten. Bildungspläne haben ihren Wert nicht als besonders glänzende Sterne am Bücherhimmel, sondern als gesellschaftliche Verständigung darüber, was Kinder in jeder einzelnen Einrichtung des Landes erwarten dürfen. Sie wären dann Kodifizierung des aktuellen Standes der Pädagogik. Sie würden die gesellschaftlich bestimmten Erziehungsziele und kein pädagogisches Umsetzungskonzept darstellen. Sie wären eine knappe normative Vorgabe, die von allen Kitas zu berücksichtigen ist; und sie würden sich auf den allen Einrichtungen gemeinsamen Kern konzentrieren und die Gestaltung sowie die Umsetzung der Ziele der Praxis überlassen – die das in der Regel auch besser weiß und besser kann. Das erfordert Zurückhaltung, ja eine gewisse Demut der Verfasser der Pläne und ihrer Auftraggeber, sich auf die eigenen Aufgaben, auf die eigene Rolle und die eigene Kompetenz zu konzentrieren (Diskowski 2008, 2014).

Susanne Viernickel und Kolleginnen (2013) haben in ihrer interessanten Studie Überforderungen der Praxis festgestellt und in Beziehung zu den Bildungsplänen und den Strukturbedingungen gesetzt. Das ist plausibel, auch wenn beide Gründe der Überforderung meines Erachtens differenzierter zu betrachten wären. Die Personalschlüssel sind höchst unterschiedlich, und es wäre schon merkwürdig, wenn die Überforderung trotzdem überall gleich wäre. Und auch die Bildungspläne sind höchst unterschiedlich, und es wäre interessant zu wissen, wie das von Viernickel und Kolleginnen diagnostizierte »Umsetzungsdilemma« aussähe, wenn sich die Bildungspläne auf das Wesentliche konzentrierten – wenn also Bildungspläne keine Umsetzungskonzepte, sondern Zielkataloge wären. Den drei von Viernickel und Kolleginnen gefundenen Typen im Umgang mit den Plänen böten sich dann neue Chancen:

Der »wertekernbasierte Typ«, der ein gesichertes professionelles Fundament hat, würde sich durch einen auf das Wesentliche konzentrierten Bildungsplan bestätigt finden. Der Plan sagte ihm nichts wesentlich Neues; er bildete aber eine Verständigungsbasis mit Kollegen und Eltern.

Dem »umsetzungsorientierten Typ«, der allen neuen Erwartungen hinterherhechelt und sie umsetzen will, würde die Desorientierung genommen. Er könnte sich darauf konzentrieren, die Anforderungen aus den Plänen mit seinem Wissen und Können in Übereinstimmung zu bringen, statt fremde Konzepte »umzusetzen«.

Der »distanzierte Typ« schließlich, der die Bildungspläne aussitzen will, wie er alle Entwicklungen der Pädagogik ebenfalls ausgesessen hat, verlöre die Legitimation für sein Heraushalten, wenn nicht mehr alles beliebig erschiene, sondern ein machbarer Kern an Anforderungen formuliert wird.

Wissenschaft und Praxis

Die für die Bildungspläne angesprochene Neubesinnung des Verhältnisses von Wissenschaft und Praxis erscheint auch in anderen Zusammenhängen hilfreich. Die Zunahme der Studiengänge im Bereich der Frühpädagogik an den Hochschulen, die Förderung von Instituten und insgesamt die Bereitstellung von Forschungsmitteln sind ein begrüßenswerter Fortschritt. Trotzdem haben wir immer noch ein deutliches Defizit an wissenschaftlicher Forschung in der Kindheitspädagogik. Es fehlen in erster Linie Forschungen über Wirkungszusammenhänge. Auch wenn in komplexen Systemen selten eindeutige »Wenn-dann-Beziehungen« zu identifizieren sind, braucht die pädagogische Praxis verlässliche Hinweise über wahrscheinliche Wirkungszusammenhänge.

Keinen Mangel haben wir dagegen an solchen Evaluationen, die nur schlichte Projektchroniken darstellen. Sie beschreiben in der Regel, wie erfolgreich das Projekt gearbeitet hat. Falls sie überhaupt gelesen werden, liefern sie keinen Erkenntnisgewinn für die allgemeine Praxis. Niemand in Deutschland hat einen Überblick über die Vielzahl der »Modellprojekte«. Niemand weiß, ob ein neu geplantes Vorhaben nicht schon mehrfach durchgeführt worden ist und ob es verallgemeinerbare Ergebnisse gebracht hat. Das ist nicht einmal vorrangig den projektbeantragenden und -durchführenden Wissenschaftlern zuzuschreiben, die verständlicherweise Beschäftigungsmöglichkeiten suchen. Hier wirkt die Bildungsadministration gutwillig, aber kontraproduktiv, wenn sie Projekte und

Modelle finanziert, die nicht auf Erkenntniszugewinn angelegt sind. Zugespitzt ausgedrückt: Modellversuche, die bei Erfolg nicht breit umgesetzt werden sollen, sind vergeudetes Geld.

Nicht jede Empfehlung eines Wissenschaftlers ist auch eine wissenschaftliche; oft sind sie der eigenen schmalen Empirie als Eltern oder kurzen Praxisbesuchen entsprungen und drücken eher eigene Werthaltungen und Ziele aus, als dass sie wissenschaftlich begründet wären. Die wenigsten der mit dem Attribut »wissenschaftlich« geadelten Konzepte sind tatsächlich Theorie[4] oder nur theoretisch fundiert – und wie es praktisch geht, das wissen die Praktikerinnen und Praktiker in der Regel am besten. Wissenschaftliches Know-how, gezielte Forschung wird dringend gebraucht. Für die Praxis wertvolle Ratschläge sind jedoch nur von jenen zu erwarten, die auch hinreichend praktische Erfahrungen haben.

Wir brauchen weiterhin die Entwicklung von alltagstauglichen Hilfsmitteln für die Praxis. Umfangreiche Beobachtungskataloge, die von den Fachkräften nicht eingesetzt werden können, weil sie eine spezielle, aufwändige Beobachtungsschulung verlangen, oder weil deren Anwendung so viel Zeit kostet, die den Kindern vorenthalten wird, braucht die Praxis nicht. Womöglich sind diese »Werkzeuge« für qualifizierte Diagnostiker gut, doch dann müssen diese auch vorhanden sein. Daneben gibt es aber bereits eine Vielzahl selbstgestrickter Hilfsmittel, die daraufhin zu untersuchen wären, ob ihre Ergebnisse hinreichend valide sind.

In den zwanzig Jahren Qualitätsdebatte wurde schon viel erreicht. Gleichzeitig gibt es aber noch viel zu tun – in gemeinsamen Anstrengungen für die Verbesserung von Rahmenbedingungen und indem niemand versäumt, auch vor der eigenen Tür zu kehren. Das kann doch tatkräftige Menschen nur fröhlich stimmen!

Literatur

Autorengruppe Fachkräftebarometer (2014): Fachkräftebarometer Frühe Bildung 2014. München: Weiterbildungsinitiative Frühpädagogische Fachkräfte.

BAGLJÄ (Bundesarbeitsgemeinschaft der Landesjugendämter) (2000): Qualität in Kindertageseinrichtungen (beschlossen in der 88. Arbeitstagung vom 03. bis 05.05.2000 in Halle/Saale). www.kindergartenpaedagogik.de/78.html (letzter Zugriff 15.01.2015).

Dahlberg, G.; Moss, P. & Pence, A. (1999): Beyond quality in early childhood education and care: Postmodern perspectives (1st. edn.). London.

Diskowski, D. (2008): Bildungsstandards und Bildungssteuerung. In: W. Thole u. a. (Hrsg.): Bildung und Kindheit – Pädagogik der Frühen Kindheit in Wissenschaft und Lehre. Opladen, S. 153–164.

Diskowski, D. (2009a): Spricht eigentlich noch jemand über den Hort ... oder hat die Kinder- und Jugendhilfe die Kinder im Grundschulalter schon aufgegeben? KiTa aktuell NRW 11/2009, S. 230–233 (sowie in anderen Länderausgaben von KiTa aktuell).

Diskowski, D. (2009b): Zur Entwicklung der Kindertagesbetreuung – Die Qualitäts- und die Bildungsdebatte in der Kindertagesbetreuung. Recht der Jugend und des Bildungswesens, Heft 1, S. 93–113.

Diskowski, D. (2010): Irgendwas mit Qualität machen – Acht Thesen zur gegenwärtigen Debatte. klein & groß, Heft 3, S. 6–13.

Diskowski, D. (2013): Kopf und Bauch – Ein unbegriffener Zusammenhang in der Handlungskompetenz von Erzieherinnen. Theorie und Praxis der Sozialpädagogik, Heft 3, S. 26 f.

Diskowski, D. (2014): Ja, mach nur einen Plan... – Anmerkungen zu Chancen und Grenzen der Bil-

---

4 Wie wenig pädagogische Wissenschaft mit der ihr eigenen Kompetenz noch oft anzufangen weiß, zeigt sich im inflationär gebrauchten Begriff »Theorie«, hinter dem sich oft »Konzept«, »Anzustrebendes«, »Plan« oder »Vorhaben« verbirgt. An wirklicher Theorie dagegen gibt es großen Mangel (vgl. Diskowski 2013).

dungspläne. Theorie und Praxis der Sozialpädagogik, Heft 9, S. 19 ff.

Sell, S. (2014): Die Finanzierung der Kindertagesbetreuung vom Kopf auf die Füße stellen. Das Modell eines »Kita-Fonds« zur Verringerung der erheblichen Unter- und Fehlfinanzierung der Kindertagesbetreuung in Deutschland (Remagener Beiträge zur Kinder- und Jugendhilfe 07-2014). www.stefan-sell.blogspot.de/p/veroffentlichungen.html (letzter Zugriff 17.01.2015).

Tietze, W. u. a. (2013): NUBBEK – Nationale Untersuchung zur Bildung, Betreuung und Erziehung in der frühen Kindheit. Weimar, Berlin.

Viernickel, S. u. a. (2013): Schlüssel zu guter Bildung, Erziehung und Betreuung – Bildungsaufgaben, Zeitkontingente und strukturelle Rahmenbedingungen in Kindertageseinrichtungen. www.der-paritaetische.de/uploads/tx_pdforder/expertise_gute_bildung_2013_Kapitel_1-3_web.pdf (letzter Zugriff 06.05.2015).

Über die Qualität hinaus zu einer ethischen und politischen Frühpädagogik

Peter Moss
(deutsche Übersetzung: Pamela Oberhuemer)

»Wir befinden uns wahrhaftig im ›Zeitalter der Qualität‹ ... Kein Tag vergeht, ohne dass das Wort in zahllosen Zusammenhängen auftaucht, in Verbindung mit zahllosen Tätigkeiten und Institutionen, Waren und Dienstleistungen. Jeder will Qualität anbieten, jeder will sie haben. Wenn Kritik in der aktuellen Diskussion um Qualität überhaupt zugelassen wird, dann geht es meistens um die begriffliche Definition, so zum Beispiel: Wie sieht gute Qualität in frühpädagogischen Tageseinrichtungen aus? ... Das Konzept hat inzwischen eine so dominante Position erreicht, dass es kaum infrage gestellt wird. Zum größten Teil wird davon ausgegangen, dass es etwas Objektives, Echtes und Erfassbares gibt, das sich Qualität nennt. Wir sind hingegen der Auffassung, dass das Konzept selbst im Kern zu hinterfragen ist – denn es gibt doch ein Problem mit der Qualität« (Dahlberg, Moss & Pence 2013, S. 4).

Diese Passagen entstammen einem Buch, das ich mit Gunilla Dahlberg aus Schweden und Alan Pence aus Kanada geschrieben habe und das zum ersten Mal vor 15 Jahren veröffentlicht wurde. Das Buch »Beyond Quality in Early Childhood Education and Care [Über die Qualität hinaus in der frühkindlichen Bildung, Erziehung und Betreuung]« kommt zu der Schlussfolgerung, dass »Qualität« kein selbstverständlicher oder neutraler Begriff ist, sondern ein streitbares und problematisches Konzept, dessen Anwendung eine Entscheidung, keine Notwendigkeit ist. Seitdem ich das Buch geschrieben habe, habe ich mich entschieden, das Konzept sowie die Sprache der »Qualität« nicht zu benutzen.

In diesem Beitrag werde ich mich nun weiter dem Problem mit der Qualität zuwenden und fragen, warum wir heute so viel über »Qualität« sprechen. Meiner Meinung nach ist »Qualität« Teil eines vorherrschenden anglo-amerikanischen Diskurses über frühkindliche Bildung, Erziehung und Betreuung – Teil einer Geschichte mit globalem Einfluss. Dieser Diskurs, in dem »Qualität« eine Schlüsselrolle spielt, ist in einem positivistisch-modernistischen Paradigma positioniert und wird durch bestimmte psychologische (z.B. entwicklungspsychologische) und ökonomische (z.B. humankapitalistische) Theorien dominiert. Er spiegelt außerdem eine Geschichte, die das Arbeitsfeld vorwiegend als eine technizistische Praxis sieht, wogegen frühkindliche Bildung und Erziehung, wie Bildung und Erziehung überhaupt, immer vor allem politische und ethische Praxis sind. Anstatt dieses dominanten Diskurses, den ich »die Geschichte von Qualität und hohen Renditen« nenne, werde ich eine alternative Geschichte anbieten, die ich befriedigender und hoffnungsvoller finde – nämlich »die

Geschichte von Demokratie, vom Experimentieren und von Potenzialen«.

Bei der Entwicklung meiner Argumentationslinie beziehe ich mich auch auf zwei weitere Bücher: auf das mit Gunilla Dahlberg im Jahr 2005 veröffentlichte Werk »Ethics and Politics in Early Childhood Education« [Ethik und Politik in der frühkindlichen Bildung und Erziehung] sowie auf ein neues Buch von mir mit dem Titel »Transformative Change and Real Utopias in Early Childhood Education: a Story of Democracy, Experimentation and Potentiality« [Transformativer Wandel und reale Utopien in der frühkindlichen Bildung und Erziehung: eine Geschichte von Demokratie, vom Experimentieren und von Potenzialen]. Beide Bücher sind in der Reihe »Contesting Early Childhood« [Streitpunkt frühe Kindheit] erschienen, deren erklärtes Ziel es ist, »dominante Diskurse in der frühen Kindheit zu hinterfragen und alternative Geschichten anzubieten in einem Feld, das heute aus einer Vielfalt von Perspektiven und Debatten besteht«. Diese Reihe mit aktuell 13 Büchern ist Teil einer weit verbreiteten Bewegung in der frühkindlichen Bildung, Erziehung und Betreuung, die sowohl vorherrschende Diskurse infrage stellt als auch der »Vielfalt von Perspektiven und Debatten« Raum gibt[5].

Diese »Widerstandsbewegung« erzählt unterschiedliche Geschichten aus verschiedenen theoretischen Perspektiven (z. B. Foucault, Derrida, Levinas, Deleuze, Barad), die die Welt aus unterschiedlichen paradigmatischen Positionen heraus betrachten. Die Frage des Paradigmas, das heißt der Denkweise oder Auffassung der Welt, die unser Weltverständnis und unsere Beziehung zur Welt formt, ist von zentraler Bedeutung. Denn heute ist die frühkindliche Bildung durch eine »paradigmatische Trennung« (Moss 2007) gekennzeichnet: Einerseits ist sie in einem positivistischen Paradigma oder Paradigma der regulierenden Moderne verortet, andererseits in einem Paradigma, das man als postfundamentalistisch (»post-foundational«) bezeichnen könnte. Diese Perspektivenvielfalt ist nicht notwendigerweise problematisch, sondern womöglich gesund mit ihrem Potenzial, neues Denken durch Begegnungen mit Differenz zu generieren. In der Praxis ist aber nicht nur der Mangel an Dialog tief beunruhigend, sondern auch der Mangel an jeglicher Form der Begegnung zwischen unterschiedlichen Positionen; hinzu kommt die ungesunde Dominanz einer bestimmten Position in nationalen und internationalen Diskussionen und Politikvorgaben, nämlich die des Paradigmas der regulierenden Moderne.

Statt einer demokratischen Politik der frühen Kindheit, in der unterschiedliche paradigmatische Positionen begrüßt, ausgetauscht und infrage gestellt werden, sind wir mit einer »Diktatur der Alternativlosigkeit« konfrontiert, wie Roberto Unger sie nennt (2005, S. 1) – einer Diktatur, in der »Qualität« gedeiht, indem sie eine aktive Rolle in der »Governance« von Kindern, Erwachsenen und Dienstleistungen spielt.

Das Problem mit der Qualität

Im »Zeitalter der Qualität« wird dieser Begriff endlos und überall verwendet. Diese Allgegenwart führt dazu, dass das Konzept oft bedeutungslos bleibt, indem es verallgemeinernd und unspezifisch eingesetzt wird, um zu suggerieren, dass eine Ware – ob ein Auto, Gemüse oder eine Dienstleistung – gut, überdurchschnittlich, begehrenswert oder nicht schlecht ist. Der Qualitätsbegriff ist hier leere Rhetorik, verbale Verschönerung, die uns nichts erzählt (niemand wirbt für ein qualitätsarmes Auto oder für qualitätsarmes Gemüse!). In dem Sinne, wie wir es auch in unserem Buch »Über die Qualität hinaus« geschrieben haben, ist der Begriff ein »leeres Fass geworden, das wir mit beliebig austauschbaren Zu-

---

5 Weitere Informationen unter: www.routledge.com/books/series/SE0623/.

schreibungen füllen können« – oder es einfach als leeres, aber dekoratives Fass belassen.

Doch viele Leute wollen weitergehen, wollen der »Qualität« eine Bedeutung geben. Sie fragen, was unter »Qualität« genau zu verstehen ist, versuchen, das Konzept zu operationalisieren und anzuwenden. Was heißt zum Beispiel »Gute Qualität in frühpädagogischen Settings«? Wenn wir beginnen, mit dem Begriff »Qualität« zu arbeiten, ihm Bedeutung zuzuschreiben, wird es bald offensichtlich, dass das Konzept weder natürlich noch neutral, sondern mit Werten und Annahmen durchtränkt ist. Die erste Frage, die wir also stellen sollten, lautet: »Was bedeutet der Begriff?« Und die nächste Frage heißt: »Was sind die Folgen, wenn wir dieses Konzept verwenden?«

Was bedeutet der Begriff »Qualität«? Ausgehend von den Argumenten in dem Buch »Über die Qualität hinaus« würde ich Qualität als einen universellen, kenntlichen, stabilen und objektiv feststellbaren Standard technizistischer Praxis (z. B. die Organisation von Kindern im Raum, die Organisation des Personals, das Bildungsprogramm) beschreiben, der durch Expertinnen und Experten auf der Grundlage wissenschaftlich nachweisbarer Evidenz hinsichtlich wünschenswerter und vorformulierter Effekte (z. B. Entwicklungs- oder Lernergebnisse) hervorgebracht, definiert, angewendet und gemessen werden kann. Bei diesem Verständnis geht es um »eine Suche nach definitiven und universellen Kriterien, nach Gewissheit und Ordnung« (Dahlberg u. a. 2013, S. 111), und es bleibt weder Zeit noch Möglichkeit für die Berücksichtigung von Komplexität und Diversität, Werten und Kontexten, Subjektivität und vielfältigen Perspektiven. Denn sobald wir zugeben, dass es legitime andere Auffassungen über frühkindliche Bildung, Erziehung und Betreuung geben könnte, die auf unterschiedlichen Perspektiven und Wertvorstellungen basieren, wird das Konzept der »Qualität« bedeutungslos – es kann nicht vielfältige Qualitäten geben!

»Qualität« ist also ein Konzept, das sich auf die Annahme der Macht der Wissenschaft stützt – eine Macht, die von Expertinnen und Experten gesteuert und durch Techniker angewendet wird, die uns sagt, was wir tun müssen. Wir als Bürgerinnen und Bürger müssen demnach keine Verantwortung mehr für frühkindliche Bildung, Erziehung und Betreuung übernehmen, sondern sie an diejenigen übergeben, die einen privilegierten Zugang zur Wahrheit beanspruchen. Auf diese Weise ist »Qualität« ein Werkzeug des Managements und der Kontrolle, ein Mittel, um Konformität nach einer vermeintlich objektiven Norm zu sichern – eine Konformität, die oft durch Zahlen ausgedrückt wird, wie zum Beispiel die Ergebnisse einer Einschätzskala, die uns mitteilen, inwiefern diese Kinderkrippe oder jener Kindergarten dem autorisierten Standard entspricht. Eine andere Art und Weise »Qualität« wahrzunehmen, besteht darin, sie als »humane Technologie« zu sehen, wie es Nikolas Rose (1999) ausdrückt: »Governance-Technologien ... durchdrungen mit Aspirationen, das Verhalten so zu steuern in der Hoffnung, bestimmte wünschenswerte Effekte zu erreichen und bestimmte nicht wünschenswerte Ereignisse zu vermeiden« (S. 52). So verstanden, kann »Qualität« gesehen werden als »... eine Technologie der Normierung, die Standards für die Leistungsmessung etabliert ... eine Technologie der Distanz, die vorgibt, Leistung überall in der Welt messen zu können, unabhängig vom jeweiligen Kontext ... (und) eine Technologie der Regulierung, die dem Management ein mächtiges Werkzeug an die Hand gibt« (Dahlberg u. a. 2013, S. ix).

Das Konzept »Qualität« ist so das Konstrukt einer bestimmten paradigmatischen Position, die Gunilla Dahlberg und ich in unserem Buch »Ethics and Politics in Early Childhood Education« das »regulierende Moderne« nennen. Dieses Paradigma ist hoch instrumentell, kalkulatorisch und technizistisch; es schätzt Ordnung, Kontrolle, Macht, Objektivität, Gewissheit, Stabilität, Geschlossenheit. Es nimmt an, dass es eine richtige Antwort auf jede Frage gibt, die durch die Wissenschaft und durch Expertinnen und Experten erklärt werden kann. So geht die zugrundeliegende Annahme des Konzepts der »Qualität« von der Überzeugung aus, dass es einen universell gültigen, objektiven und stabilen Standard für die Ordnung und Kontrolle der Bildungspraxis geben kann.

Was sind nun die Konsequenzen eines »Zeitalters der Qualität«, in dem ein Konzept aus einem bestimmten paradigmatischen Kontext und mit einer bestimmten Bedeutung eine so breite Verwendung findet und gleichzeitig – aufgrund seiner dominanten Stellung – nicht infrage gestellt wird; ein Konzept, das als natürlich und neutral behandelt wird und kritische Fragen und Anfechtungen meidet?

Zum einen: Dieses Konzept trägt zur Verbreitung einer Auffassung der frühkindlichen Bildung und Erziehung bei, die simplifizierend, reduktionistisch und ausschließend ist, die nicht in der Lage ist, mit Komplexität und Vielfalt, Kontext und Ungewissheit umzugehen – ein Ansatz, den die schwedische Wissenschaftlerin Hillevi Lenz-Taguchi folgendermaßen beschrieben hat:

»Desto mehr wir dem Anschein nach über die Komplexität des Lernens wissen, über die diversen Strategien und vielfältigen Theorien des Wissens, umso mehr versuchen wir, Lernstrategien und Bildungsziele anzuwenden, die die Komplexitäten dieses Lernens und Wissens reduzieren. Entscheidungsträger suchen nach allgemeinen Richtlinien und eindimensionalen Standards für die Praxis. Diese basieren auf zeitgenössisch-aktualisierten entwicklungsangemessenen Praktiken ... mit dem Ziel, konsistente und gleichwertige Qualität für alle anzubieten, indem alle nach den gleichen universellen, vergleichbaren und zentralisierten Standards beurteilt werden ... Tatsache ist: Je komplexer die Dinge werden, umso größer scheint unser Wunsch nach Reduktionsprozessen und dem damit einhergehenden Kontrollzuwachs. Doch gerade diese Reduktionsstrategien sind mit dem Risiko verbunden, die inklusive Praxis und die soziale Gerechtigkeit auszuschließen, die wir vorgeben erreichen zu wollen« (2010, S. 14).

»Qualität« ist nur eine der vielfältigen »humanen Technologien«, die an dieser Suche nach »eindimensionalen Standards« beteiligt sind, denn »Qualität kann nicht rekonzeptualisiert werden, um Komplexität, Wertvorstellungen, Diversität, Subjektivität, vielfältigen Perspektiven sowie anderen Merkmalen unserer Lebenswelt Rechnung zu tragen, die wir als ungewiss und vielschichtig wahrnehmen ... Es geht um die Suche nach definitiven und universellen Kriterien, nach Gewissheit und Ordnung – oder es geht um nichts« (Dahlberg u. a. 2013, S. 111).

Zu den weiteren Technologien, die zunehmend rigoros angewendet werden, gehören unter anderem: Konzepte und Erkenntnisse der kindlichen Entwicklung, Entwicklungs- und Lernziele, präskriptive Curricula, pädagogische und andere Programme wie entwicklungsangemessene Praxis, Instrumente der Kinderbeobachtung und der normativen Bewertung, regulierende Inspektionsregimes, Bezahlung nach Leistung sowie technizistische (positivistische) Forschung.

Zum zweiten führt »Qualität« als Teil dieser Zusammensetzung unaufhaltsam zu einer stärkeren Regulierung von Kindern, Fachkräften und Eltern, um sicherzustellen, dass korrekte technizistische Praxis präzise angewendet wird, damit festgelegte und standardisierte Ergebnisse erreicht werden. Diese führt im Gegenzug zur dritten Konsequenz des »Zeitalters der Qualität«: zur Priorisierung technizistischer Praxis gegenüber politischer und ethischer Praxis – eine Folge, die ich im Folgenden wieder aufgreifen werde.

Warum reden wir heute so viel über »Qualität«?

In den zurückliegenden Jahrzehnten ist »Qualität« in den Mittelpunkt von Diskussionen im Bereich der frühkindlichen Bildung, Erziehung und Betreuung (und vieler anderer Bereiche) gerückt – so weit, dass wir über das »Zeitalter der Qualität« reden können. Aber in all diesen Diskussionen über Qualität, bei all dem Ringen nach einer Definition von »guter Qualität« fragen wir kaum, warum wir heute überhaupt so viel über »Qualität« reden: Was macht die heutige Welt zu einem so fruchtbaren Boden für die Verbreitung dieses Konzepts?

An dieser Stelle kann ich auf diese Frage nur kurz eingehen. In meinem Buch »Transformative Change and Real Utopias in Early Childhood Education« befasse ich mich eingehender damit. In aller Kürze hier folgende Begründung: »Qualität« ist Teil eines anglo-amerikanischen Diskurses über frühkindliche Bildung, Erziehung und Betreuung, der in den letzten Jahren eine globale Vorherrschaft (Hegemonie) erreicht hat – ein gutes Beispiel einer hegemonialen Globalisierung als »die erfolgreiche Globalisierung eines bestimmten lokalen und kulturspezifischen Diskurses, die so weit geht, dass universelle Wahrheitsansprüche gemacht und alle konkurrierenden Diskurse ›lokalisiert‹ werden« (Santos 2004, S. 149). Zu den weiteren Begriffen, die mit diesem Diskurs assoziiert werden, gehören: »Kindliche Entwicklung«, »Entwicklungsangemessene Praxis«, »Frühe Intervention«, »Programme«, »Einschätzskalen«, »Investition«, »Outcomes«, »Renditen« oder »Humankapital«.

In diesem Diskurs wird behauptet, dass sowohl der individuelle als auch der volkswirtschaftliche Weg zum Erfolg in einem zunehmend wettbewerbsorientierten und globalisierten Markt in der Anwendung der richtigen Technologie in der frühen Kindheit liegt, denn nur dies garantiert die höchsten Renditen bei Investitionen zur Förderung des »Humankapitals«[6] und die Reduzierung sozialer Probleme. Oder einfach ausgedrückt: »Frühe Intervention« plus »Qualität« = gesteigertes Humankapital + Erfolg (oder zumindest Überleben) im »globalen Wettbewerb« – wie manche es nennen. In meinem neuen Buch bezeichne ich dies als »die Geschichte von Qualität und hohen Renditen«.

Ich habe viele Beispiele aus nationalen und internationalen bildungspolitischen Dokumenten, die diese Geschichte erzählen. Hier nur zwei von beiden Seiten des Atlantiks:

»Es gibt substanzielles Beweismaterial, dass der Besuch von qualitativ hochwertigen vorschulischen Bildungseinrichtungen langfristige Vorteile im Hinblick auf die schulische und berufliche Leistung und Sozialisation hat, weil es das spätere Lernen fördert … Erfahrungen aus Europa und den USA zeigen, dass frühe Interventionsprogramme, vor allem diejenigen mit sozial benachteiligten Kindern im Blick, signifikante und positive sozio-ökonomische Renditen bringen können, und dass diese im frühen Erwachsenenleben stabil bleiben. Zu den Effekten gehören bessere Schulleistungen, wenige Klassenwiederholungen, bessere Beschäftigungsquoten, besseres Einkommen, Kriminalitätsprävention, bessere Familienbeziehungen und bessere Gesundheit« (European Commission 2006, S. 5).

»Führende Ökonomen sind sich einig: Frühkindliche Lernprogramme von hoher Qualität können den Weg für Kinder aus einkommensschwachen Familien mit Blick auf ihre Wortschatzerweiterung und ihre soziale und emotionale Entwicklung ebnen; außerdem können sie dazu beitragen, ihnen zu helfen, auf Kurs und in den ersten Schuljahren engagiert zu bleiben. Kinder, die an diesen Programmen teilnehmen, werden eher in der Lage sein, gute Schulleistungen zu erbringen, gute Stellen zu finden und einen erfolgreichen beruflichen Lebenslauf zu erreichen als Kinder, die nicht daran teilnehmen. Und Forschungen haben bewiesen, dass die Steuerzahler eine hohe Durchschnittsrendite durch

---

6 Die Humankapitaltheorie (HCT) bietet eine zentrale Legitimation für die frühkindliche Bildung, Betreuung und Erziehung im dominanten Diskurs. Oft assoziiert mit der Arbeit des amerikanischen Ökonomen James Heckman hat sich HCT »zu einer der mächtigsten Theorien in der modernen Wirtschaftswissenschaft entwickelt … [und] legt besonderen Wert auf Bildung als Schlüssel zum materiellen Weiterkommen des Individuums sowie zum Fortschritt der Wirtschaft insgesamt« (Gillies 2011, S. 224 f.).

Investitionen in qualitativ hochwertige frühkindliche Bildung erhalten – beispielsweise durch verbesserte Bildungsleistungen, erhöhte Arbeitsmarktproduktivität und niedrigere Kriminalitätsraten« (White House 2013).

In meinem letzten Buch erkläre ich genauer, warum ich diese Geschichten nicht mag: meine Ungläubigkeit über diese grandiosen Ansprüche, meine Einwände zu diesem Willen zur Kontrolle sowie zu der Politik, die diesen Geschichten zugrunde liegt. Dazu gehört unter anderem die Behauptung, dass frühkindliche Bildung, Erziehung und Betreuung eine billige technische Lösung für Probleme ist, die durch wachsende Ungleichheit und Unsicherheit entstehen, und dadurch die Notwendigkeit eines radikalen politischen und ökonomischen Wandels umgangen wird. Warum diese Geschichten und damit auch das Konzept der »Qualität« so viel internationale Zugkraft erfahren haben, liegt aus meiner Sicht in der wachsenden Verbreitung von angloamerikanischer Forschung und wissenschaftlichen Zeitschriften begründet – beide stark positivistisch geprägt und durch die englische Sprache befeuert. Untermauert wird dies durch die Verbreitung des Neoliberalismus und die Bedeutung, die diese Ideologie der instrumentellen Rationalität, den kalkulatorischen Beziehungen, der technizistischen Praxis und der Planbarkeit, dem ökonomistischen Denken, dem Wettbewerb und dem Markt gibt. Kurz gesagt: »Qualität« ist das Kind der regulierenden Moderne und des neoliberalen Denkens – eine machtvolle Mischung.

Von der frühkindlichen Bildung und Erziehung als vorrangig technische Praxis zur bevorzugt politischen und ethischen Praxis

»Qualität« ist Teil eines Diskurses, der frühkindliche Bildung und Erziehung – eigentlich alle Bildung und Erziehung – als eine vorrangig technizistische Praxis ansieht. Nach diesem Ansatz liegt das Grundproblem darin, Technologien zu finden, die festgelegte »Outcomes liefern« und »hohe Renditen« für »Investitionen« sichern. Die Kernfrage ist eine technische: What works (Was funktioniert)? Und »Qualität« wird als Antwort angeboten.

Gunilla Dahlberg und ich hingegen haben – neben vielen anderen – diesen Anspruch infrage gestellt. Wir argumentieren, dass frühkindliche Bildung und Erziehung, wie Bildung und Erziehung insgesamt, zuallererst eine politische und ethische Praxis ist; technische Praxis spielt zwar dabei eine Rolle, sollte aber im Dienst der Politik und der Ethik stehen. Warum? Weil Bildung und Erziehung eine beziehungsbasierte Praxis ist und deshalb von einer Ethik der Beziehungen ausgehen sollte – wie die »Ethik der Betreuung« (Joan Tronto und andere feministische Wissenschaftlerinnen), die Postmoderne Ethik (Zygmunt Bauman), die Ethik der Begegnung (Emmanual Levinas) oder die Ethik der Bejahung (Jacques Derrida). Eine Auswahl dieser Denkrichtungen sowie ihrer Implikationen für Bildung und Erziehung werden in dem Band »Ethik und Politik in der frühkindlichen Bildung und Erziehung« vorgestellt und analysiert.

Frühkindliche Bildung, Erziehung und Betreuung als politische Praxis zu verstehen ist deshalb wichtig, weil sie – wie Bildung und Erziehung insgesamt – Antworten auf politische Fragen geben soll. Doch was sind politische Fragen? Die Politikwissenschaftlerin Chantelle Mouffe (2007) bezeichnet »echte politische Fragen [als] Fragen, die Entscheidungen auf der Basis einer Wahl zwischen konkurrierenden Alternativen fordern«. Demnach gehen politische Fragen davon aus, dass es immer mehr als eine Antwort gibt – nicht zuletzt, weil immer vielfältige und oft konkurrierende Interessen und Bedürfnisse, Wertvorstellungen und Perspektiven im Mittelpunkt stehen. Sie argumentiert für eine Demokratie des »agonistischen Pluralismus«, in der »die primäre Aufgabe demokratischer Politik ist, leidenschaftliche Gefühle nicht zu eliminieren oder sie in die private Sphäre zu drängen, um einen rationalen Konsens in der Öffentlichkeit zu etablieren«

(Mouffe 2000, S. 149). Diesem Gedanken folgend, plädiere ich für eine frühkindliche Bildung, Erziehung und Betreuung des agonistischen Pluralismus, die unterschiedliche Antworten auf politische Fragen mit all ihren begleitenden Leidenschaften würdigt, bejaht und schätzt. Eine frühkindliche Bildung, Erziehung und Betreuung, die (wieder nach Mouffe) versteht, dass »Konflikte und Konfrontationen nicht als Zeichen der Unvollkommenheit zu sehen sind, sondern als Garantie, dass die Demokratie lebt und vom Pluralismus bewohnt ist« (ebd.).

Was könnten diese politischen Fragen sein? Meine Herausforderung an Sie als Leserinnen und Leser besteht nun darin, zu ergründen, welche politischen Fragen Sie haben. Hier einige bedenkenswerte Vorschläge: Wie sieht (in den Worten von Karl Mannheim) die Diagnose unserer Zeit aus? Was wollen wir für unsere Kinder – heute und in der Zukunft? Was ist das Hauptanliegen der frühkindlichen Bildung, Erziehung und Betreuung? Was verstehen wir unter »Bildung«, »Erziehung« und »Betreuung«? Was sind die grundlegenden Werte und ethischen Prinzipien der frühkindlichen Bildung, Erziehung und Betreuung? Was ist unser Bild (unsere Konstruktion) des Kindes, der pädagogischen Fachkraft, der frühpädagogischen Tageseinrichtung?

Es gibt weder eine richtige Antwort auf politische Fragen, noch einen richtigen ethischen Ansatz. Es gibt nur Wahlmöglichkeiten zwischen konkurrierenden Alternativen, nur Entscheidungen, die im Rahmen einer demokratischen Bildungspolitik zu treffen sind. In manchen Fällen, zum Beispiel bei der Wahl eines pädagogischen Ansatzes, können unterschiedliche Antworten nebeneinander bestehen. Wir können Pluralität in der Interpretation frühkindlicher Bildung, Erziehung und Betreuung – wie der Bildung insgesamt – aushalten; wir können mit Vielfalt leben. In anderen Fällen aber, zum Beispiel im Fall eines curricularen Rahmenwerks, werden wir vielleicht auf eine gemeinsam vereinbarte Antwort hinarbeiten müssen. In diesem Fall werden wir eine ausgehandelte Lösung durch Prozesse der Konfrontation und Argumentation suchen. (Wobei es im Fall der curricularen Rahmenwerke wichtig ist, ob sie stark präskriptiv sind oder viel Freiraum für lokale Interpretationen und Variationen lassen.)

Anders ausgedrückt: Es gibt immer Alternativen, und es gibt viele Geschichten über die frühkindliche Bildung, Erziehung und Betreuung. Anstatt aber über die »Qualität« der frühkindlichen Bildung, Erziehung und Betreuung zu reden, anstatt »gute Qualität« unter der Fassade einer scheinbar objektiven Wahrheit definieren zu wollen, sollten wir stattdessen reden (dialogisch, konfrontativ, argumentativ) über Alternativen und Wahlmöglichkeiten. Anstatt die »Geschichte von Qualität und hohen Renditen« zu erzählen, in der wir die Definition von »Qualität« den Experten und Expertinnen überlassen, um uns dann dahinter zu verstecken, sollten wir selbst Geschichten über die Art von Bildung und Erziehung erzählen, die wir schätzen, die wir uns wünschen und die wir uns als reale Utopie vorstellen können.

In meinem Buch »Transformative Change and Real Utopias in Early Childhood Education« erzähle ich eine Geschichte über die frühkindliche Bildung und Erziehung, die ich schätze, die ich mir wünsche und vorstelle – wobei ich sehr wohl anerkenne, dass es viele andere Geschichten zu erzählen gibt. Meine Geschichte ist »die Geschichte von Demokratie, vom Experimentieren und von Potenzialen«. Dieser Name der Geschichte soll die Werte, die meiner Vorstellung guter Bildung und Erziehung zugrunde liegen, explizit zum Ausdruck bringen. Neben diesen Werten gibt die Geschichte meine Antworten auf meine politischen Fragen wieder, unter anderem meine Diagnose der Zeitgeschichte und meine Vorstellung darüber, wie frühkindliche Bildung, Erziehung und Betreuung auf die vielfältigen Krisen reagieren sollte, die im Mittelpunkt dieser Diagnose stehen. Ich erzähle über die beziehungsbezogene Ethik, die ich bevorzuge, über meine Auffassungen von Bildung, Erziehung und Betreuung, meine Ansicht über den Zweck frühkindlicher Bildung, Erziehung und Betreuung und über meine Bilder von

Kindern, pädagogischen Fachkräften und frühpädagogischen Tageseinrichtungen. Darüber hinaus hat die Geschichte von Demokratie, vom Experimentieren und von Potenzialen natürlich auch einen eigenen Wortschatz:

Ich spreche von »Projekten«, »Potenzialen« und »Möglichkeiten«; von »Ungewissheit«, »Staunen« und »Überraschung«; von »dazwischen«, »Fluglinien« und »Rhizomen«; von »Vorstellungen«, »Interpretationen« und »Sinnbildung«; von »Demokratie« und »Experimentieren«. Diese sind Begriffe, die Beziehungen und Verantwortung in den Vordergrund rücken, die Immanenz und Entstehung, Diversität und Komplexität, das Ethische und das Politische deutlich machen. Ich nutze einen anderen Wortschatz, nicht nur um eine andere Denkart über frühkindliche Bildung zu signalisieren und zum Ausdruck zu bringen, sondern weil ein alternativer Wortschatz uns helfen kann, uns vom Griff anderer Geschichten zu befreien« (Moss 2014, S. 76).

Dies ist meine Vorstellung einer »guten« frühkindlichen Bildung – wobei »gut« ein immanent politischer und ethischer Begriff ist. Die Geschichte von Demokratie, vom Experimentieren und von Potenzialen ist demnach eine explizite politische und ethische Aussage, und ich erwarte keine uneingeschränkte Zustimmung. Ich weiß, dass es andere Geschichten gibt, und ich will keinen Wahrheitsanspruch für meine Lieblingsgeschichte reklamieren. Als Wissenschaftler stimme ich mit Bent Flyvbjerg überein, dass »[k]eine alleinige Stimme, auch nicht die Stimme des Wissenschaftlers, die letzte Autorität beanspruchen darf. Das Ziel ist vielmehr, Stoff für Dialog und um soziale Praxis zu produzieren, als ein ultimatives, eindeutig verifiziertes ›Wissen‹ zu generieren« (2006, S. 41).

Wir können Evaluation anders angehen, wenn wir »über die Qualität hinaus« denken

Im Rahmen des vorherrschenden Diskurses bedeutet Evaluation die Konformität mit einer stabilen, objektiven und universellen Norm. Ein Kindergarten von »guter Qualität« erfüllt die Standards, die Expertinnen und Experten vorgegeben haben, indem zum Beispiel eine hohe Bewertung auf einer Ordinalskala erreicht wird. So verstanden bedeutet Evaluation die Anwendung technischer Messinstrumente durch Techniker. Ein Beispiel ist die breit eingesetzte Einschätzskala ECERS (Early Childhood Environmental Rating Scale). Hier handelt es sich um Evaluation, die eine Tatsache behauptet – nämlich wie weit dieser Kindergarten der Norm entspricht –, und oft wird diese Tatsache in Zahlen ausgedrückt.

Es gibt aber viele »Sprachen der Evaluation« (so der Untertitel von »Über die Qualität hinaus« in den neueren Auflagen). Beispielsweise bedeutet Evaluation nach dem Verständnis der Geschichte von Demokratie, vom Experimentieren und von Potenzialen eine wertorientierte Entscheidung im Rahmen einer partizipatorisch-demokratischen Praxis zu treffen, in der Bürgerinnen und Bürger (Kinder und Erwachsene) verschiedene Formen der Evidenz – »Dokumentation« – in einem Prozess der Sinnbildung betrachten. Dies geschieht durch Zuhören, Dialog, Konfrontation und Reflexion, in einem Prozess, der immer mit Bezug zu anderen und in Bezug auf politische und ethische Entscheidungen unternommen wird. Ein Beispiel für diese Sprache der Evaluation stellt die in den kommunalen Bildungseinrichtungen in Reggio nell'Emilia entstandene Praxis der »pädagogischen Dokumentation« dar, die heute in vielen Ländern eingesetzt wird.

Einfach ausgedrückt: Pädagogische Dokumentation macht Lernprozesse und Bildungspraxis sichtbar, indem diese in vielfältigen Formen dokumentiert werden (durch Notizen, Fotos, Video- und Audioaufnahmen, durch die künstlerisch-kreativen

Produkte der Kinder etc.). Auf diese Weise können sie mit anderen geteilt, diskutiert, reflektiert, interpretiert und, wenn notwendig, evaluiert werden. Alle sind daran beteiligt – Kinder, pädagogische Fachkräfte, Assistenzkräfte, Familien, Verwaltungspersonal und andere Bürgerinnen und Bürger –, und die pädagogische Dokumentation eröffnet »die Möglichkeit, ›alles mit allen‹ zu diskutieren und diese Dialoge auf reale, konkrete Dinge zu beziehen« (Hoyuelos 2004, S. 7). So werden Bildungspraxis und Bildungseinrichtung transparent, indem »der aktive und sichtbare Austausch von Ideen zwischen einer Bildungseinrichtung und ihrem Umfeld, einschließlich der Familien, Gemeindemitglieder und Entscheidungsträger« ermöglicht wird; die Bildungseinrichtung wird dadurch zu »einem Treffpunkt der Ko-Konstruktion … (und) einem demokratischen Forum, indem vielfältige Ideen, Diskussionen und Verhandlungen bei unterschiedlichen Ansichten einer Erfahrung« angeregt werden (Turner & Wilson 2010, S. 10).

Evaluation ist immer wichtig, sie ist immer notwendig. Was und wie wir aber evaluieren, ist eine bewusste Entscheidung – keine Notwendigkeit. Und dies bringt mich zum letzten Teil meines Beitrags.

Qualität ist eine Entscheidung, keine Notwendigkeit

»Qualität« ist Teil der Sprache eines vorherrschenden Diskurses – einer Geschichte, die behauptet, die einzige zu sein, oder zumindest die einzige, die es sich anzuhören lohnt. Aber es gibt noch andere Diskurse, die mit anderen Werten, Überzeugungen und Annahmen arbeiten und auch einen anderen Wortschatz verwenden. Demnach ist die Arbeit mit »Qualität« eine Entscheidung – und keine Notwendigkeit. Wenn wir uns »über die Qualität hinaus« bewegen, sprechen wir nicht mehr über »hohe Qualität«, »gute Qualität« oder einfach nur »Qualität«, sondern über das, was wir wirklich schätzen und wollen – über das, was wir für »gut« halten: Das ist der Schritt zur »Ethik und Politik in der frühkindlichen Bildung«. Wir haben eine Entscheidung getroffen und übernehmen Verantwortung für diese Entscheidung; sie wird nicht an Expertinnen und Experten delegiert.

Es geht also nicht darum, eine bestimmte Geschichte auszuschließen, und auch nicht darum, zum Beispiel die Geschichte von Qualität und hohen Renditen zu zensieren. Das Ziel ist vielmehr, die Erzählenden dieser lautstarken Geschichte auf die Ursprünge und die Bedeutungen ihrer Geschichte aufmerksam zu machen und sie zu ermutigen, einige alternative Geschichten anzuhören – um mehr Bewusstsein für die »Vielfalt der Perspektiven und Diskurse« zu erreichen. Mein Anliegen deckt sich mit dem, das Gunilla Dahlberg, Alan Pence und ich in unserem Buch »Über die Qualität hinaus« angeregt haben:

»Was wir aber für alle, die sich für die frühe Kindheit und für frühpädagogische Institutionen engagieren, wichtig finden, ist die Erkenntnis, dass es verschiedene Perspektiven gibt, dass die Arbeit, die wir machen (ob als Fachkräfte oder Eltern oder Entscheidungsträger oder Wissenschaftlerinnen und Wissenschaftler), immer eine bestimmte Perspektive einnimmt – und dass deshalb Entscheidungen – oder Wertentscheidungen – immer mit enormen Implikationen für Theorie und Praxis gefällt werden … [Es ist an der Zeit], dass Wissenschaftlerinnen und Wissenschaftler, pädagogische Fachkräfte und andere, die die Welt aus unterschiedlichen Perspektiven sehen, miteinander in einen Dialog treten; nicht um zu beweisen, wer Recht hat, sondern um gegenseitiges Verständnis und gegenseitige Anerkennung zu suchen und zu verstehen, wie und warum sie ihre Entscheidungen getroffen haben« (Dahlberg u. a. 2013, S. 126).

Literatur

Dahlberg, G. & Moss, P. (2005): Ethics and Politics in Early Childhood Education. London.

Dahlberg, G.; Moss, P. & Pence, A. (2013): Beyond Quality in Early Childhood Education and Care: Languages of Evaluation (3rd. edn.). London.

European Commission (2006): Efficiency and Equity in European Education and Training Systems (COM 481 final). Brussels: European Commission. www.ec.europa.eu/education/policies/2010/doc/comm481_en.pdf.

Flyvbjerg, B. (2006): Social science that matters. Foresight Europe (October 2005–March 2006), pp. 38–42.

Gillies, D. (2011): State education as high-yield investment: Human Capital Theory in European policy discourse. Journal of Pedagogy, 2 (2), pp. 224–245.

Hoyuelos, A. (2004): A pedagogy of transgression. Children in Europe, 6, pp. 6–7.

Lenz Taguchi, H. (2010): Rethinking pedagogical practices in early childhood education: a multidimensional approach to learning and inclusion. In: N. Yelland (Ed.): Contemporary Perspectives on Early Childhood Education. Maidenhead.

Moss, P. (2007): Meetings across the paradigmatic divide. Educational Philosophy and Theory, 39(3), pp. 229–240.

Moss, P. (2014): Transformative Change and Real Utopias in Early Childhood Education: a Story of Democracy, Experimentation and Potentiality. London.

Mouffe, C. (2000): Politics and passions: the stakes of democracy. Ethical Perspectives, 7(2–3), pp. 146–150.

Mouffe, C. (2007): Artistic Activism and Agonistic Spaces. Art and Research, 1(2). Summer.

Rose, N. (1999): Powers of Freedom: Reframing Political Thought. Cambridge.

Santos, B. de S. (2004): Interview with Boaventura de Sousa Santos. Globalisation, Societies and Education, 2(2), pp. 147–160.

Turner, T. & Wilson, D. G. (2010): Reflections on documentation: A discussion with thought leaders from Reggio Emilia. Theory Into Practice, 49(1), pp. 5–13.

Unger, R. M. (2005): What Should the Left Propose? London.

White House (2013): Fact Sheet President Obama's Plan for Early Education for all Americans. www.whitehouse.gov/the-press-office/2013/02/13/fact-sheet-president-obama-s-plan-early-education-all-americans.

Kritisch bleiben – größer denken
Zu Peter Moss' Vorbehalten gegenüber der Definition und Vermessung von Qualität

Ulla Grob-Menges

Nach wie vor schafft es die Qualität in Pflegeheimen mit schöner Regelmäßigkeit in die negativen Schlagzeilen. Und das, obwohl es seit 2008 den sogenannten Pflege-TÜV gibt. Mit Erstaunen stellt die Öffentlichkeit dann aufgrund der TÜV-Ergebnisse fest, dass Deutschland pflegetechnisch ein Paradies sein muss: nur Bestnoten! Mit Beginn des Jahres 2014 ist eine überarbeitete Version in Kraft. Allerdings glauben die Kritiker nicht, dass sich die Situation ändern und bessere Pflege garantiert wird.[7]

Verhältnis von Instrument zu Gegenstand

Mit der Qualität und ihrer Feststellung ist das so eine Sache. Anhand des Beispiels Pflege-TÜV lassen sich einige zentrale Aspekte verdeutlichen, die Wissenschaftler wie Peter Moss schon früh zu Skeptikern machten, wenn es darum ging, Qualität gerade auch in früher Bildung, Betreuung und Erziehung allgemeingültig erfassen und vermessen zu wollen.

Die Kritik konzentriert sich in der Altenpflege auf den sogenannten Pflege-TÜV als Instrument zur Qualitätsfeststellung. Es beginnt schon mit den zu überprüfenden Kriterien. Der Katalog ist umfangreich, und niemand wird den Fachleuten, die ihn zusammengetragen haben, Leichtfertigkeit oder Inkompetenz vorwerfen. Doch wie steht es mit der Anwendung? Eigentlich wurde der Pflege-TÜV ja geschaffen, um zum Beispiel Angehörigen, die einen Pflegeplatz für die Oma suchen, eine Orientierung über die Qualität von verschiedenen Heimen an die Hand zu geben. Was sagt aber eine Bewertung aus, wenn die notgedrungen schlechten Noten wegen häufig auftretendem Wundliegen, mangelnder Flüssigkeitsversorgung oder routinemäßigem Fixieren der alten Leute mit Punkten für hübsch gestaltete Menükarten ausgeglichen werden können? So was gibt zu reden, ließe sich aber über Gewichtungen regeln. Die Grundproblematik von Qualität und ihrer Messung liegt aber tiefer. Sie zeigt sich dann, wenn ein Dekubitus bei den Bewohnerinnen und Bewohnern, sobald er sauber dokumentiert wird, dem Heim mehr Punkte bringt als kein Wundliegen in einem anderen Haus, weil sich dort dank des Nichtauftretens dieses gravierenden Pflegemangels auch keine Aktenvermerke dazu befinden. Akten und Dokumente zählten mehr als die eigentliche Pflege der alten Menschen, lautet der Vorwurf.

---

7 Vgl. Claudia Kade: Deutschlands Pflege-TÜV fällt durch den TÜV. Die Welt (online), 16.11.2014. Trotz Reform: Pflege-TÜV lässt Heimen zu viele Schlupflöcher. Spiegel-online, 20.01.2014.

Messen in welchem Interesse?

Weil das Instrument von den Krankenkassen geschaffen wurde und durch deren eigenen Medizinischen Dienst angewandt wird, schwingt in der Diskussion grundsätzliches Misstrauen über Sinn und Ziel der Kontrollen mit. Früher hätte man hier automatisch nach dem »erkenntnisleitenden Interesse« gefragt. Diesem Interesse geht eine Reportage des ZDF[8] nach, in der über die Auflistung der Missstände hinaus die Frage gestellt wird, wieso es möglich ist, solche Missstände zu rentabilisieren und damit sogar an die Börse zu gehen. Einsparungen am Essen, Verbrauchsmaterialien sowie »optimierte« Personalkosten sind Posten, die auch Außenstehenden sofort einfallen, wenn es um Rentabilität geht. Es braucht dazu aber mehr: Gesetze, von denen es heißt, dass sie schlechte Pflege belohnen. Ungenaue Vorgaben zu Personalschlüsseln, während die Platzierung eines Waschbeckens zentimetergenau vorgeschrieben ist, Vergütungsregelungen für Pflegehandlungen im Minutentakt und keine echte Kontrolle. Und über allem schwebt der politische Wille zur Privatisierung. Altenpflege ist ein Wachstumsmarkt, der Investoren anlockt. Gemäß Boris Augurzky, Initiator des Pflegeheim Rating Reports, werfen über 60 Prozent der Heime Gewinn ab, und 30 Prozent schreiben eine schwarze Null.

Falls Ihnen das eine oder andere in der einen oder anderen Art auch im Frühbereich bekannt vorkommen sollte, wird es Zeit, sich mit Peter Moss' Vorbehalten auseinanderzusetzen.

Gegen den Zugzwang

Die erkenntnistheoretische Position von Peter Moss und seinen Mitstreiterinnen und Mitstreitern[9] ist radikal. Sie basiert auf den Vorstellungen der Postmoderne, für die alles Konstruktion ist.

»In a socially constructed world, there can be no external position of certainty, no universal understanding that is beyond history or society, no metanarrative to offer external legitimation« (Dahlberg u. a. 2000, S. 24).

»From the postmodern perspective, the world is infinitely more complex than maps we draw, the descriptions we make and the categories we use. From this follows that concepts never can be neutral or innocent« (ebd., S. 25).

Für Moss ist es völlig unvorstellbar, dass es so etwas wie *eine* weltweite frühe Bildung, Betreuung und Erziehung gibt, die – einmal definiert – naturwissenschaftlich vermessen werden kann. Die postmoderne Grundhaltung verträgt sich schlecht mit einem positivistischen Wissenschaftsverständnis.

Mit anderen Worten: Nicht nur Qualität ist eine Definitionsfrage. Schon die Frage, was wir zum Beispiel unter früher Kindheit verstehen, wie wir das »Kind«, seine »Entwicklung« sehen, ist abhängig vom sozialen, historischen, geografischen Kontext, in dem sie gestellt wird. Sie fällt entsprechend unterschiedlich aus. Und – welche Vorstellung sich dann durchsetzt, hat auch etwas mit Macht zu tun. Und hier liegt auch das Interesse, was wie gesehen, wie bewertet und wie beeinflusst werden soll.

Auch ohne die geopolitische Spitze in Peter Moss' Schriften gegen den anglo-amerikanischen Diskurs zu stützen, lässt sich nicht leugnen, dass die Ökonomisierung aller Lebensbereiche auch vor der frühen Kindheit nicht haltgemacht hat. Als Beleg mag die Forschungsreihe »Starting Strong« der OECD dienen. Moss, noch an der Entstehung des ersten Bandes beteiligt, mahnte anlässlich der Vorstellung von »Starting Strong« im Frühsommer 2001 in Stockholm:

---

8 ZDF *Zoom*: Auf Kosten der Alten – Was in Pflegeheimen schief läuft, 21.01.2015.
9 Brougère, G. & Vandenbroeck, M. (2007): Repenser l'éducation des jeunes enfants, Bruxelles. In diesem Reader finden sich Beiträge verschiedener Vertreterinnen und Vertreter des post-fundamentalistischen Ansatzes.

»... I think that cross-national work should expose us to singularity and alterity, to difference and dissensus, to complexity and multiple perspectives, to amazement and surprise, to uncertainty and ambivalence. It should offer us the provocation of an encounter when, in the words of Deleuze, something in the world forces us to think« (Moss 2001).

Bei den folgenden Bänden war Moss nicht mehr dabei. Enthielt der zweite noch weitere Länderberichte, war der dritte bereits eine Qualitäts-Werkzeugkiste. Die Richtung ist eingeschlagen, und die OECD sucht weiter nach Daten. Auf einer Tagung, zu der anlässlich eines OECD Netzwerk-Treffens im vergangenen Jahr in Berlin das ICEC und das BMFSFJ eingeladen hatten, sollten mit deren Hilfe die folgenden Fragen beantwortet werden: Wie lassen sich »child outcomes« messen, und welche Herausforderungen gibt es dabei? Auf welche Fähigkeiten kommt es langfristig für Bildungserfolg und eine gelingende Lebensführung an? Wie können die Ergebnisse von Längsschnittstudien im Sinne einer evidenzbasierten Politik für Qualitätsverbesserungen herangezogen werden? (ICEC 2014)

Diese Entwicklung scheint mir ein schönes Beispiel für den Zugzwang, unter den wir heute geraten. Peter Moss spricht in diesem Zusammenhang oft von der Diktatur der angeblich fehlenden Alternativen.

Eigene Ansprüche ernst nehmen

Wem der Zugang zu der philosophisch aufgeladenen Argumentation von Moss schwerfällt, weil er die Bücher von Deleuze & Co. nicht auf seinem Nachttisch liegen hat, wird trotzdem zugeben müssen, dass der Diskus in der Arbeit mit kleinen Kindern zunehmend vom ökonomischen Denken durchtränkt ist. Und dabei geht es nicht um die ewige Frage, ob das Geld in der Kita reicht. Wie lautet denn das schlagkräftigste Argumente der letzten Jahre? Investitionen in frühe Bildung, Betreuung und Erziehung rentieren sich! Nicht nur für die Kinder und deren bessere Zukunft, was in der Folge der Gesellschaft Gefängnis- und Gesundheitsausgaben erspart (wie noch in den 1960er Jahren in den USA gestartete Programme wie »Head Start«, »High/Scope Perry Pre-School Project« oder das »Abecedarian Early Intervention Project« begründet wurden), sondern indem die Eltern in der Erwerbstätigkeit gehalten werden können, was dem Staat Steuern und Sozialabgaben einbringt. Abgesehen davon, dass da auch die Kleinsten schon unter dem Aspekt des Humankapitals – »Im kleinen Forscher steckt der künftige Nobelpreisträger« – betrachtet werden: Ist es nicht paradox, dass ausgerechnet die frühe Bildung, das Kerngeschäft der Krippen, Kindergärten und Kitas seit ihrer Entstehung, den eigenen Zielsetzungen das Wasser abgräbt? Denn das im Frühbereich verankerte ureigenste Verständnis von Bildung als Persönlichkeitsentwicklung und Verantwortungsaufbau gegenüber sich selbst und den anderen hat einen schweren Stand gegen den statistisch signifikanten Nachweis von »child outcomes«, um den es in dieser Art Qualitätsdiskussion geht. Dies gilt vor allem im internationalen Vergleich, denn was wäre der Politiker schon ohne seine Rankings und ohne die Beschwörung der weltmeisterlichen Statusfrage.

Natürlich haben all die Versuche der letzten Jahre, Qualität zu schaffen, sie nachzuweisen und zu sichern, den Frühbereich belebt. Es gab und gibt eine lebhafte Diskussion, und das alleine ist schon wertvoll. Vieles ist entstanden. Vielleicht zu viel, zu heterogen, von unterschiedlichem Niveau und Reichweite. Projekte und Initiativen, Legionen von Bildungsplänen, Beobachtungsinstrumenten, Förderprogrammen etc. rollen seit Jahren über den Bereich hinweg. Mitten im Gewusel steht die Erzieherin: tapfer, unerschütterlich engagiert und fest entschlossen, auch die neueste Idee zugunsten der Kinder umzusetzen – und am Rande des Nervenzusammenbruchs. Der Ruf nach einem verbindlichen Rahmen wird laut. Den garantiert aber kein Gesetz, sondern nur eine gemeinsame Grundhaltung, über die sich die Gesellschaft zu verständigen hätte.

Hier könnte Peter Moss wieder ins Spiel kommen. Er ist nicht nur kritisch. Er setzt dem positivistischen, der Ökonomisierung der Gesellschaft dienenden Qualitätsverständnis die post-fundamentalistische Denkweise[10] entgegen. Er fordert eine Diskussion über Ethik und Politik in der FBBE. Er ist überzeugt, vor allem in der Reggio-Pädagogik das Gegenmodell zum technokratischen Modell der Marktorientierung in einem demokratischen Bildungsangebot gefunden zu haben.

Vom Tunnelblick zum 360°-Panorama

Über die Frage, ob skalierte Qualitätsmessungen den Gehalt pädagogischen Handelns je erfassen können und wirklich dem Anspruch an das Lernverständnis der frühen Bildung entsprechen, ob eine neoliberal getriggerte Sicht den Bedürfnissen von Kindern und Eltern gerecht werde, lässt sich nicht nur streiten, sondern sollte herzlich gestritten werden. Das ökonomische Modell fördert – nein, fordert – die Fraktionierung der Welt in kleine, berechenbare Einheiten, zum Beispiel Pflegehandlungen im Minutentakt. Bildungsprozesse verlangen mehr (wirkliche Pflege natürlich auch).

Peter Moss erweitert inzwischen die Diskussion: Er fordert eine demokratische Volksschule (Moss 2014). In Absetzung zum missverständlichen englischen Begriff »public« school, der in britischer Tradition für elitäre Privatschulen steht, versteht Moss unter »public education« ein Bildungssystem, das – weil alle Kinder ein Recht auf Bildung haben – in der Verantwortung der Öffentlichkeit steht. Demokratisch ist nicht nur die äußere Verfassung, sondern auch die innere. Ihm schwebt eine radikal demokratische Gemeinschaftsschule vor, die den Namen verdient.[11] Zudem müsste diese Volksbildung für ihn alle Stufen umfassen. Es geht nicht nur darum, den Vorschulbereich und die obligatorische Schule zusammenzuführen – was alleine schon ein großer Schritt wäre –, sondern bereit zu sein, die Tertiärstufe (Universität) mitzudenken.

Gemeinhin kennen wir in der Diskussion um Frühe Bildung nur den Tunnelblick auf die Kinder vor der Schulpflicht. Doch Moss' Ausführungen zu dieser neuen »Schule« sind nicht neu. Es gibt wohl keinen Reformpädagogen, bei dem man nicht auf die gleichen zentralen Elemente in der einen oder anderen Weise stoßen würde. Wichtig ist der erweiterte Ansatz, die Einbettung der Frühpädagogik in eine umfassende Kindheitspädagogik, in der Ansprüche an den Umgang mit Kindern nicht mit dem sechsten Geburtstag abbrechen. Es ist eigentlich nicht einzusehen, warum trotz der Aufmerksamkeit, die frühe Kindheit heute – endlich und zu Recht – beansprucht, die Arbeit mit kleinen Kindern immer noch am Katzentisch stattfindet. Und es ist eine Überlegung wert, ob nicht eine so geöffnete Diskussion, die den Anspruch hat, das Wissen über die Lern- und Bildungsprozesse von kleinen Kindern auch auf ältere Kinder und Jugendliche auszuweiten, hilft, den Eklektizismus und den kräftezehrenden Klein-klein-Aktionismus im Frühbereich zu überwinden. Hier heißt es, sich gesellschaftlich neu über die Zukunft der Kinder und damit der Gesellschaft zu verständigen. Dann ließen sich vielleicht auch wieder Prioritäten setzen, Richtungen aufzeigen und die Praxis davon entlasten, ständig neue Maßnahmenkataloge abzuarbeiten.

---

10 Stichwort »post-foundational theorising«: Fundamentalistische Theorien beruhen auf einer erkenntnistheoretischen Position, nach der man den Wahrheitsgehalt von Aussagen an ihrer Übereinstimmung mit bestimmten Grundüberzeugungen (z. B. empirischen Beobachtungen) überprüfen kann. Die meisten naturwissenschaftlichen Theorien sind fundamentalistisch. Post-fundamentalistische Theorien gehen davon aus, dass jede Theorie ihre eigenen Kriterien »mitbringt«, an denen ihr Wahrheitsgehalt gemessen werden sollte. Es gebe demnach keine theorie-externe, neutrale Position, von der aus der Wahrheitsgehalt einer Theorie objektiv geklärt werden könnte, etwa weil die Welt immer schon theoretisch »vorbelastet« ist. Solche Theorien sind vor allem in den Sozialwissenschaften relevant (vgl. Henning: Dict.leo.org, Forumsdiskussion Übersetzungsvorschläge).

11 Peter Moss orientiert sich stark an der Reggio Emilia.

Literatur

Dahlberg G. u. a. (2000): Beyond Quality in Early Childhood Education and Care – Postmodern Perspectives (2nd. edn.). London.

Internationales Zentrum Frühkindliche Bildung, Betreuung und Erziehung (ICEC) (2014): Monitoring in der frühkindlichen Bildung: Was sagen (inter)nationale Längsschnittstudien über die Wirkung früher Bildung auf die kindliche Entwicklung aus? Berlin, 17. November 2014.

Moss, P. (2001): Beyond Early Childhood Education and Care. OECD Conference: Early Childhood Education and Care. Stockholm, 13.–15 Juni 2001.

Moss, P. (2014): A democratic public education. Education of Social Change lecture series. Cardiff University School of Social Sciences, 7. Juni 2014. www.vimeo.com/60439622.

Kultur, Kultur ...
Kinderrechte als Qualitätsmerkmal

Lothar Krappmann

Wie manche von Ihnen wissen, war ich lange Jahre im Kinderrechtsausschuss der Vereinten Nationen tätig. Meist verbinden wir die Vereinten Nationen mit ihrem Sicherheitsrat, der sich mit oft wenig durchschlagendem Erfolg anstrengt, militärische Konflikte zu verhindern und Frieden zu stiften. Doch wohl gar nicht verbinden wir die Arbeit der Vereinten Nationen mit Kultur. Das liegt sicher auch daran, dass wir beim Wort Kultur eher an aus dem Alltag herausgehobene Momente des Lebens denken: an Konzert, Theater, Literatur – und nicht an die Einrichtungen und Routinen des täglichen Lebens und noch weniger an die Bemühungen, Recht durchzusetzen. Ich will versuchen, eine Brücke zu schlagen zwischen den Anstrengungen, Recht zu setzen, insbesondere Rechte der Kinder zu sichern, und einer Kultur, die Einrichtungen für Kinder prägen sollte.

Kinderrechte und Kultur des Miteinander-Lebens

Für diesen Brückenschlag muss ich auf eine zweite Aufgabe aufmerksam machen, die die Staaten ihrer Vereinigung, den Vereinten Nationen, zugewiesen haben und die viel weniger Aufmerksamkeit als die Konfliktbewältigung des Sicherheitsrats erhält: nämlich eine friedliche, gerechte und von bürgerlicher Mitverantwortung getragene Lebensgemeinschaft der Menschen aufzubauen, zusammengehalten durch fundamentale Werte und Rechte, die Menschenrechte, die das Leben der Menschen bestimmen sollen. Sie sind die Grundlage für Lebensformen und Wege der Kooperation und Konfliktlösung, in die alle Menschen durch Lernen und Erfahrung, also durch Bildungsprozesse, eingeführt werden müssen, um eine Kultur zu schaffen – eine Kultur, in der die Menschen sich sicher und wohl fühlen und die ihnen Wege anbietet, ihr Miteinander zu regeln und gemeinsam an Aufgaben zu arbeiten.

Auch für diese Aufgabe gibt es einen Rat, den sogenannten Menschenrechtsrat. Die Arbeit des Menschenrechtsrats erscheint weniger spektakulär, obwohl er damit beschäftigt ist, präventiv die schrecklichen Kriegs- und Gewaltausbrüche zu verhindern, die dann den Sicherheitsrat beschäftigen. Ist dies nicht eigentlich die wichtigere Tätigkeit? Wäre der Menschenrechtsrat erfolgreich, könnte man den Sicherheitsrat abschaffen.

Die Welt mit ihren Problemen rückt zusammen

Sie fragen vielleicht, was dies mit Ihrer Kindergruppe oder Schulklasse zu tun hat. Die Probleme sind uns näher, als wir uns oft klarmachen. Als diese UN-Doppelstrategie überlegt und schließlich in einer Charta der Vereinten Nationen mitsamt der Allgemeinen Erklärung der Menschenrechte niedergelegt wurde, in den 1940er Jahren, hat wohl niemand geahnt, wie nah bereits einige Jahrzehnte später die Menschen dieses Planeten einander gekommen sein würden: Damals hatten die Vereinten Nationen erst 50 Mitgliedsstaaten, heute fast 200; viele Länder waren noch Kolonien und Objekte der Ausbeutung; Reisen, Kommunikation, Information von Kontinent zu Kontinent, schon von Land zu Land waren schwierig und aufwändig.

Heute befürchten wir den Übersprung von Ebola nach Europa, bedroht uns mörderischer Krieg im einst so fernen Orient. Aber wir nehmen auch wahr und empören uns, wenn Kinder zur Arbeit versklavt werden, und wir fühlen mit, wenn in anderen Erdteilen Landstriche überflutet oder Städte von Erdbeben zerstört werden. Dies ist eine geteilte Sorge, die auch Kinder spüren und in ihren Einrichtungen ankommt.

Und wir erkennen, dass Klima, Energie, Wasser, Ernährung und Seuchen Probleme geworden sind, die alle Menschen dieser Erde gemeinsam betreffen: als verantwortliche Verursacher und herausgefordert, sich auf Formen des Lebens zu einigen, die die Existenz aller in guter Weise sichern. Aus der Aufteilung der Welt in »wir hier« und »die dort« im Süden oder im Osten entsteht über diese Probleme gerade ein gemeinsames Wir und die Erkenntnis intensiven Aufeinander-Angewiesenseins, das sich damals niemand vorstellen konnte. Es heißt immer: Wir lernen und bilden uns für das Leben. Es ist inzwischen ein sehr weit ausgespanntes und hoch problematisches Leben, für das wir lernen und uns bilden müssen.

Auch Kinder sind betroffen

Die genannten Probleme erreichen auch unsere Kinder, wie Umfragen eindrucksvoll bestätigen, und auch sie sind besorgt. Geteilte Sorge ist auch ein Stück Kultur, und auch junge Kinder entwickeln Vorstellungen und Trauer über Not und Elend. Aber dabei kann das Nachdenken nicht stehenbleiben. Die Aufgabe, die alle betreffenden Herausforderungen zu bewältigen, benötigt ganz offensichtlich nicht nur strukturelle Veränderungen und wissenschaftlich-technische Forschung und Entwicklung, sondern auch Menschen, die den Horizont ihrer Wahrnehmung erweitern, vor Problemen nicht davonlaufen, die umdenken und ihr Handeln als einzelne und in Gemeinschaft mit anderen verändern. Ein simples Beispiel: Maschinen brauchen weniger Energie; Menschen stellen sie ein und aus.

Der Wandel wird nicht erreicht, wenn neues Denken und Handeln »von oben« angeordnet wird. Dann lehnen sich Menschen auf, protestieren gegen Verbote und umgehen sie. Daher geht es darum, Einsicht zu erzeugen und veränderte Verhaltensweisen zu fördern, die Menschen befähigen, konstruktiv mit Problemen umzugehen. Dieses neue Denken und Handeln muss zu selbstverständlichem Handeln werden, zur Lebensform, die nicht zulasten anderer gelebt wird, zur Kultur, in der Werte Menschen verbinden. Lebensformen und Kultur sind das Ergebnis von Bildung.

Diese Fragen betreffen auch schon Kinder, die dabei sind, ihre Handlungsfähigkeiten aufzubauen. Sie können die riesigen Probleme sicher nicht lösen, aber sie können schon erste Schritte in eine Kultur der Solidarität tun, in der sie Einfühlungsvermögen gewinnen, Interessen auszuhandeln lernen und sich aktiv an der Lösung von Problemen beteiligen.

Das ist eine wesentliche Aufgabe für alle Kindereinrichtungen, stets unter Berücksichtigung von Alter und Entwicklungsstand, wie die Kinderrechtskonvention betont. Ich will zeigen, dass diese Konvention den Kindern (Kinder sind nach der Konvention junge Menschen bis 18 Jahre) das Recht gibt, durch Beteiligung handlungsfähig zu werden, und zwar nicht bei punktueller Partizipation, sondern in einem Umfeld geteilter, abgestimmter und koordinierter Verantwortlichkeit.

Recht auf Bildung verlangt nicht nur Schulbesuch

Über die Konvention will ich hier nichts weiter sagen; sie ist inzwischen weithin bekannt: Diskriminierungsverbot, Kindeswohl und Beteiligung sowie Entwicklung und Bildung sind wichtige Grundforderungen. In den Artikeln 28 und 29 steht, was die Vertragsstaaten zum Recht auf Bildung gewährleisten müssen. Insbesondere Artikel 29 bestimmt, welcher Art der Bildungsauftrag der Schule und der frühkindlichen und außerschulischen Bildungseinrichtungen ist. Ich befürchte, dass vor allem dieser Artikel über die inhaltlichen Ziele der Bildung kaum gelesen und von den Vertragsstaaten schlicht vergessen wurde.

Die Staaten sind bei der Umsetzung des Rechts auf Bildung am Schulbesuch hängengeblieben. Alle Kinder sollen die Schule besuchen. Kein Einwand dagegen! Dass das Recht auf Bildung sich auch auf die Jahre vor der Schule erstreckt, wurde lange übergangen. Es war der UN-Kinderrechtsausschuss, der vor etwa zehn Jahren ausdrücklich feststellte, dass Kinder auch ein verbindliches Recht auf frühkindliche Bildung haben.

Da mehr als 50 Millionen Kinder nach wie vor noch nicht in die Schule gehen und in vielen Entwicklungsländern nur eine Minderheit der Kinder unter sechs Jahren eine fördernde Einrichtung besucht, blieb die Erfüllung des Menschenrechts auf Bildung beim Zählen der Kinder und bei der Ermittlung von Prozentsätzen stehen. Die Diskussionen kreisten um Klassen- und Gruppengrößen, Zahl der Lehr- und Betreuungspersonen, ihre Ausbildung und ihre Bezahlung – wichtig, aber die Frage nach den Inhalten der Bildung ging unter.

Auch der UN-Kinderrechtsausschuss kam mit inhaltlichen Nachfragen bei Regierungen selten weiter, denn sie waren auf inhaltliche Themen gar nicht vorbereitet. Dass selbst der Kinderrechtsausschuss nicht durchsetzungsfähiger war, ist erstaunlich, denn dieser Ausschuss hat eigens einen Kommentar zum Bildungsartikel der Konvention verfasst, in dem er darstellt, was die Konvention unter Bildung versteht und dass dies sehr von dem abweicht, was in Schulen und anderen Einrichtungen Priorität hat. In der ganzen Konvention steht nichts über kognitive Förderung, Fachunterricht oder Wettbewerb um beste PISA-Ergebnisse.

Bildung für gemeinsames Leben von frühen Jahren an

Es steht noch nicht einmal in der Konvention, dass Kinder ein Recht auf den Grundschulbesuch haben. Selbstverständlich sollen Kinder in die Grundschule gehen oder wie immer die erste Schulstufe heißt; aber ein Recht haben sie auf primary education und nicht auf primary school, also auf eine grundlegende Bildung. Der deutsche amtliche Text übersetzt irreführend Grundschule. Nein, grundlegende Bildung muss jeder junge Mensch erhalten, und somit ist zu klären, was zur grundlegenden Bildung gehört. Schon dem Wort nach sollte es das sein, was alle lernen müssen, bevor sie sich nach Interessen spezialisieren. Das dürfte eher nach acht oder zehn Schuljahren sein und nicht nach vier, wenn unsere Grundschulen meist enden.

Und diese Bildung muss vor allem auch bereits vor dem Schuleintritt anfangen. Ist frühkindliche Bildung nicht im besten und unabweislichen Sinne grundlegend? Öffnet sie nicht die Augen der Kinder über die Familie hinaus für die Welt, in die sie hineinwachsen? Lernen Kinder nicht schon dort wichtige Handlungsweisen, um mit anderen Kindern und Erwachsenen, mit Gleichen und mit solchen, die schon mehr können, zu kommunizieren, zu kooperieren, Regeln aufzustellen, zu streiten, Lösungen zu finden und sich zu einigen?

Grundlegende Bildung zielt auf die wesentlichen Fähigkeiten, die jeder Mensch braucht, über die er oder sie verfügen können sollte, um mit anderen gemeinsam gutes Leben zu gestalten. Gutes Leben ist ein schwieriger Begriff; es gibt viele Weisen des guten Lebens. Jedenfalls ist gewiss, dass es nicht auf einen engen Kreis von freundlichen Mitmenschen eingegrenzt ist, sondern abhängig ist und beeinflusst wird von Entwicklungen in immer ferneren Bereichen.

Ich bin mit diesen Sätzen schon mitten im Kommentar, den der Kinderrechtsausschuss über die Ziele der Bildung verfasst hat, und zwar für die Schule und frühkindliche Einrichtungen. Dieser Kommentar ist nicht das Produkt eines philosophischen Seminars, in dem Gedanken manchmal weit umherschweifen. Der Ausschuss hat nichts anderes getan, als die rechtlichen Bestimmungen zur Bildung der Kinder, welche die Staaten jedem Kind in der Konvention zugesichert haben, in einen schlüssigen Zusammenhang zu stellen.

Bildung sichert menschliches Zusammenleben

Was haben die Staaten allen Kindern garantiert? »[Die Staaten] stimmen überein«, so heißt es wörtlich, dass die Bildung des Kindes darauf gerichtet sein muss, »die Persönlichkeit, die Begabung und die geistigen und körperlichen Fähigkeiten des Kindes voll zur Entfaltung zu bringen.« Das ist ein ganzheitlicher Ansatz.

Auch im Weiteren geht es nicht um fachliche Bildung, sondern um die Basis des menschlichen Zusammenlebens. Die Staaten erklären, dass Bildung »die Achtung vor den Menschenrechten und Grundfreiheiten« vermitteln muss. Das wird noch ausführlicher benannt: Das Kind soll seine Eltern, seine kulturelle Identität und die Werte seiner Kultur und seines Landes und auch andere Kulturen achten. Achtung ist jedoch nicht genug, denn Bildung soll das Kind – jetzt kommt der entscheidende Satz – auf ein »verantwortungsbewusstes Leben in einer freien Gesellschaft im Geiste der Verständigung, des Friedens, der Toleranz, der Gleichberechtigung der Geschlechter und der Freundschaft zwischen allen Völkern und ethnischen und religiösen Gruppen« vorbereiten. Menschenrechtsbildung ist in diesem Bildungskonzept die erste Aufgabe, nicht ein Zusatz.

Menschenrechte werden nicht in einer oder mehreren Unterrichtsstunden abgearbeitet, sondern sie müssen als Fundament das gesamte Lernen und Zusammenleben in Schule oder Kindereinrichtung bestimmen. Kofi Annan, der frühere UN-Generalsekretär, drückte es einmal sehr prägnant aus: »Menschenrechtsbildung ist sehr viel mehr als eine Schulstunde oder das Thema eines Tages; es ist ein Prozess, in dem Menschen mit den Mitteln ausgestattet werden, die sie brauchen, um in Sicherheit und Würde zu leben.« Dieser Prozess kann nicht erst mit 18 Jahren anfangen.

Und die Bedrohungen von Sicherheit und Würde schimmern für Kinder und Jugendliche nicht nur am fernen Horizont auf, sondern Armut, emotionale Not, Mobbing, Ausschluss, Abwertung und Beschämung reichen als Verletzungen von Kinderrechten – soll ich besser sagen: von Kindermenschenrechten – bis in viele, wohl sogar in die meisten Kindereinrichtungen hinein.

Aber es sind nicht nur die Konflikte und Verletzungen unter Kindern und zwischen Kindern und Erwachsenen, die Kinder erleben, sondern auch andere Probleme drängen in ihre Welt hinein: Ungerechtigkeit, Ungleichheit und Krieg und Flucht. Auch junge Kinder hören von den Problemen Energie, Müll, Plastik, Verkehr, Naturzerstörung, und ältere Kinder sind verwundert, manchmal sogar schockiert darüber, wie wenig Erwachsene dagegen tun. Kinder wissen mehr über diese Probleme, als Erwachsene ahnen. Umfragen unter Kindern zeigen, dass sie wissen: Die Welt ist nicht in Ordnung. Ein guter Teil von ihnen entwickelt Ängste, wie Gesundheitsuntersuchungen wie HBSC, KiGGS oder BELLA dokumentieren.

Diese Untersuchungen dokumentieren auch, dass Kinder keine gute Antwort auf ihre Fragen zu Problemen wie Armut, Arbeitslosigkeit, Krieg, Naturzerstörung bekommen. Eltern und pädagogische Fachkräfte wissen ja auch nicht, wie diese Probleme bewältigt werden können, und können daher kaum beruhigende Antworten geben. Im Grunde müssen wir Erwachsenen uns eingestehen, dass wir nicht in der Lage sind, Kindern konkrete Problemlösungen für die Zukunft mitzugeben. Wir haben kein Rezept. Aber etwas anderes können wir ihnen vermitteln, und das bringt uns zur Kultur der Einrichtungen, die Kinder besuchen und in denen sie viel erleben, erproben und sich aneignen.

Gutes Zusammenleben beginnt schon jetzt

Das Wort »Vorbereitung auf ein verantwortungsbewusstes Leben« kann auf eine falsche Spur führen. Dieses Wort legt die Vorstellung nahe, dass Kinder auf etwas vorbereitet werden sollen, was erst kommen wird. Das kann nicht gemeint sein, denn wir wissen nicht, was die Zukunft bringen wird. Aber wir wissen, dass viele große Probleme schon da und auch bei den Kindern angekommen sind.

In diesem Sinne ist die Zukunft schon jetzt gegenwärtig. Im Bildungsprozess geht es dann nicht darum, sich auszumalen und auszudenken, wie man dereinst handeln wird, sondern sich zu erarbeiten, wie man sich jetzt mit Problemen auseinandersetzt. Und diese Bildungsaufgabe ist nach der Kinderrechtskonvention so entscheidend, dass sie in ihrem Artikel über die Bildungsziele nicht über Mathematik, Literatur und andere Fächer spricht, sondern Verständigung, Friedfertigkeit, Toleranz, Gleichberechtigung ins Zentrum des Bildungsprozesses stellt.

Die Aufgabe, gutes Zusammenleben zu sichern, erleben Kinder schon jetzt an allen Orten ihres Lebens und auch in den Einrichtungen für Kinder. Daher können sie schon jetzt damit beginnen, am guten gemeinsamen Leben zu arbeiten und dabei Erfahrungen zu sammeln, die in der Zukunft ebenso hilfreich sein werden wie jetzt. Die Kindermenschenrechte sichern ihnen zu und erlegen ihnen zugleich auf, einander zu hören und den verschiedenen Meinungen Gewicht zu geben und Interessen auszugleichen, sodass das Wohl aller beachtet wird.

Viele Einrichtungen für Kinder, nach meinem Eindruck mehr Kindertagesstätten als Schulen, aber auch Schulen, machen Projekte, in denen Kinderrechte umgesetzt werden sollen und auch umgesetzt werden. Es sind wertvolle Projekte, die beweisen, dass Kinder für gemeinsame Beratung, Aushandlung und Mitverantwortung nicht zu jung sind. Meine Sorge ist, dass solche Projekte zu sehr an besonders engagierten Personen oder auch an Förderung von außen hängen und die guten Erfahrungen nicht auf die Einrichtung insgesamt überspringen und die gesamte Einrichtung prägen. Sie bleiben insulär und schaffen nicht eine Kultur der Einrichtung.

Viele zu lösende Probleme drängen in die Bildungsstätten hinein

Selbstverständlich sind auch weiterhin Projekte hochwillkommen. Um jedoch einer Einrichtung als ganzer eine Ausrichtung auf Stärkung der Fähigkeiten der Kinder, gemeinsam gutes Zusammenleben zu schaffen, zu geben, wäre es wichtig, gemeinsam mit allen in der Einrichtung – Kindern, Erzieherinnen und Erziehern und auch Eltern – zu untersuchen, wo es Probleme gibt, die Kinder hindern, gehört zu werden, ihre Interessen einzubringen, sich um Probleme zu kümmern und ein Stück Verantwortung zu übernehmen. Sie müssen ihre Sicht einbringen können, sie müssen lernen, Interessen zu vertreten, zu diskutieren und zu bewerten, sie müssen Erfahrungen mit Kummer und Notlagen anderer sammeln. Und sie müssen merken können, was es verlangt, Verantwortung zu übernehmen, etwa für das Kind, das nicht so mithalten kann wie ein anderes, oder für die abgesprochenen Regeln zu Licht, Wasser oder was immer es sei. Das sind die nachhaltigen Fähigkeiten, die mit Sicherheit auch in Zukunft weiterhelfen.

Ich bin zurzeit mehr mit Schulen im Gespräch, und vielleicht ist meine Sicht daher sehr von Beobachtungen aus dem Schulleben geprägt: Auch gute Schulen nehmen wahr, dass

- es in ihnen an den Rand gedrängte, ja diskriminierte Kinder gibt (Artikel 2),
- Chancen zur Beteiligung der Kinder im Schulleben versäumt werden (Artikel 12),
- der gute Ruf von Kindern durch Mobbing herabgesetzt wird (Artikel 13),
- Entscheidungen nur aus Verwaltungsgesichtspunkten getroffen werden, ohne zu prüfen, was mit Blick auf das Wohl des Kindes geboten wäre (Artikel 3, Abs. 1).

Es sind Rechte und Themen der Kinderrechtskonvention, die nicht nur in Schulen, sondern auch im alltäglichen Handeln von Kindertagesstätten sorgfältige Beachtung finden müssten. Und es sind nicht nur Kinderthemen, sondern diese Rechte und Themen betreffen das Menschenleben generell und sicherlich auch in der Zukunft.

Pädagogische Fachkräfte, Kinder, Eltern müssen aufeinander zugehen

Ein erster wichtiger Schritt, aus guten Projekten eine lebendige kinderrechtsgetragene Kultur zu entwickeln, wäre nach vielen Vorerfahrungen, dass sich alle Beteiligten in einer Einrichtung zusammensetzen, um mit der Konvention in der Hand durchzugehen, ob es irgendwelche Probleme gibt, denen man sich widmen muss, und vermutlich auch bereits gute Ansätze, die gestärkt werden sollten. Dieser Rat, sich einmal zusammenzusetzen, klingt sehr simpel. Aber die Erfahrung lehrt, dass aus so einem simplen Schritt manchmal Revolutionen entstehen.

Kinder auf geeignete Weise einzubeziehen, ist bei diesem Schritt wesentlich. Eine Kultur kann nur von Subjekten getragen werden, von Menschen, die verstehen, worum es geht. Hier geht es um eine Kultur der Gestaltung gemeinsamen Lebens, die von den Kindern mitgetragen werden muss. Eine solche Kultur kann auch die beste Leitung nicht stiften; sie muss erarbeitet werden. Daran mitzuarbeiten, bildet – und zwar Kinder und Erwachsene, für das Jetzt und eine Zukunft, in der Menschen gut, sicher und in Würde leben können, und das muss die erste Aufgabe unserer Bildungseinrichtungen nach der Kinderrechtskonvention sein.

Qualität beginnt beim Menschen, nicht bei den Dingen. Wer hier einen Wandel herbeiführen will, muss zuallererst auf die innere Einstellung aller Mitarbeiter abzielen.

Philip B. Crosby

Akteure,
Handlungskonzepte
und Perspektiven

Konzeptualisierungen von Qualität und Kompetenzdiskurs im Feld der Kindheitspädagogik

Michael Wünsche

Qualität kann definiert werden als »Grad, in dem ein Satz inhärenter Merkmale Anforderungen erfüllt« (DIN EN ISO 9000-2000, Punkt 3.1.1, S. 20). Die Logik dieser weitgefassten Definition erlaubt unterschiedliche Zugänge zur Bestimmung von Qualität und somit auch die Berücksichtigung unterschiedlicher Perspektiven.

Kindheitspädagogische Qualität: Zugänge und Entwürfe

Diskurse um Qualität, wie auch um systematische Qualitätsentwicklung und -sicherung, sind in der Kindheitspädagogik verstärkt seit den späten 1990er Jahren erkennbar. Dies lässt sich zum einen ablesen an der vom Bundesministerium für Familie, Senioren, Frauen und Jugend (BMFSFJ) im Jahr 1999 gestarteten Nationalen Qualitätsinitiative (NQI), welche zum Ziel hatte, in fünf Teilprojekten Qualität in der Kindheitspädagogik zu bestimmen und Möglichkeiten der Evaluation bereitzustellen (Fthenakis u. a. 2003; Preissing & Heller 2003; Strätz u. a. 2008; Tietze 2003). Neben diesem Diskursstrang ist ein weiterer zu erkennen, der die Bemessung von Qualität fokussierte und Zusammenhänge zwischen der Qualität der Kindertageseinrichtung in den Bereichen der Struktur, der pädagogischen Orientierungen und der Gestaltung der Prozesse sowie der Entwicklung der Kinder analysierte (Tietze 1998).

Diese beiden Stränge – die Vorgehensweisen im Rahmen der NQI sowie die erste umfangreiche Evaluation pädagogischer Arbeit in Kindertageseinrichtungen von Tietze – haben einen fachlich-normativen Rahmen als Ausgangspunkt der Erbringung bzw. Bemessung von Qualität gemeinsam. In der Untersuchung von Tietze wurde zur Bestimmung der Güte der Prozessqualität, das heißt der Interaktion von pädagogischen Fachkräften und Kindern sowie der Gestaltung der Umwelt der Kinder durch die pädagogischen Fachkräfte, die Kindergarten-Einschätz-Skala (Tietze u. a. 1997) eingesetzt. Diese entsprach weitestgehend der Übersetzung der im Jahr 1980 von Harms und Clifford publizierten Skala aus US-Amerika.

Die Entwicklung der Qualitätskriterien und Evaluationsvorgehensweisen im Rahmen der NQI wurde je nach Teilprojekt unterschiedlich vorgenommen. Der nationale Kriterienkatalog nahm zum einen Bezug auf theoretische und empirische Kenntnisse der Kindheitspädagogik und bezog zum anderen über Fragebögen bundesweit 250 Projekteinrichtungen ein (Tietze 2003). Die Qualitätsbestimmung im Situationsansatz hingegen erfolgte über die Entwicklung von Qualitätskriterien auf der Basis von Leitbild und konzeptionellen Grundsätzen in einem dialogisch angelegten Prozess mit 17 Kitas bzw. 220 Fachkräften (Preissing & Heller 2003).

Erkennbar wird hier die unterschiedliche Herangehensweise zur Bestimmung von Qualität: In der Untersuchung von Tietze (1998) wurden fachliche Kenntnisse als Grundlage herangezogen, bei der Entwicklung des Kriterienkataloges (Tietze 2003) die pädagogischen Fachkräfte per Bogen befragt – also im Rahmen einer als unidirektional zu charakterisierenden Kommunikation. Entsprechend der konzeptionellen Grundannahmen des Situationsansatzes wurde der Prozess hier dialogisch konzipiert. Mit anderen Worten: Die in der Eingangsdefinition als konstitutiv für Qualität genannten Anforderungen wurden erst im letztgenannten Projekt zur Qualität im Situationsansatz auch konsequent unter Einbezug der Perspektive der pädagogischen Fachkräfte entwickelt und bestimmt.

Als drittes ist im Hinblick auf die Konzeptualisierung von Qualität die Systematisierung des Gesamtprozesses wie auch von Einzelaspekten bestimmend. Solche Ansätze waren zu Beginn der Qualitätsdiskurse noch nicht für den Bereich der Kindheitspädagogik charakteristisch, sondern für Konzepte, die den Anspruch hatten, professionsübergreifend anwendbar zu sein, so zum Beispiel die DIN EN ISO 9000-2000 ff. oder der EFQM-Ansatz. Diese, die Qualitätsentwicklung systematisierenden Ansätze bargen allerdings für die kindheitspädagogische Praxis den Nachteil, dass die dort verwendete Terminologie der Übersetzung wie auch der feldspezifischen Anpassung bedurfte. Beispiele für eine kindheitspädagogische Adaption liegen für die DIN EN ISO 9000-2000 ff. unter anderem mit dem KTK-Gütesiegel des Caritas Bundesverbandes vor; für den EFQM-Ansatz wird der Prozess der Transformation und Anwendung in der Startphase der Qualitätsentwicklung bei KLAX beschrieben (Bostelmann 2000)[12].

Die dialogischen, fachlich normativen und systematisierenden Vorgehensweisen lassen sich, wie in Tabelle 1 (S. 56) dargestellt, zusammenführen.

In der Zusammenführung der Dimensionen lässt sich für die Entwicklung von Qualität in Kindertageseinrichtungen somit feststellen: »Die Gesamtqualität einer Einrichtung ist umso höher, je besser es gelingt, die unterschiedlichen Erwartungen und Wünsche aller Interessenpartner zu vermitteln und diese im Rahmen einer optimalen Organisationsstruktur und unter Einhaltung einer möglichst hohen Fachlichkeit umzusetzen« (Erath & Amberger 2000, S. 41).

Kindheitspädagogische Kompetenz: Modell und Kontextualisierung mit Qualitätsdimensionen

Aus Tabelle 1 geht eine weitere, bisher nicht genannte Form der Qualitätsentwicklung hervor: die normativ individualistische Qualitätsentwicklung, die die individuellen Vorstellungen von pädagogischer Fachlichkeit als Subjektposition einbezieht. Diese lässt sich unter anderem in dem Konstrukt der Orientierungsqualität finden – definiert als Summe von Vorstellungen der pädagogischen Fachkräfte über das Wesen des Kindes und der kindlichen Entwicklung, als Summe individueller Werte und Überzeugungen der pädagogischen Fachkräfte sowie der Auffassungen von pädagogischer Qualität in Kindertageseinrichtungen (Tietze 1998; Viernickel 2006). Zu differenzieren ist hier zwischen den intraindividuellen Einstellungen und Überzeugungen der einzelnen pädagogischen Fachkraft und den interindividuellen, gemeinsamen und im Team geteilten Einstellungen und Überzeugungen. Diese Überzeugungen sind nicht zwingend reflektiert, bilden aber den Referenzrahmen pädagogischen Handelns und sind als »Alltagstheorie« (Kruthaup 2004, S. 118), die pädagogisches Handeln beeinflusst und

---

12 Im Schulbereich wurde von Rausch u. a. (2013) die Anwendung des EFQM-Modells aufgezeigt.

Tabelle 1: Dimensionen von Qualität

Interaktive Dimension	Fachliche Dimension	Organisationale Dimension
Dialogisches Konzept: ▸ Kronberger Kreis ▸ Qualität im Situationsansatz (Preissing)	Normativ-individualistisches und fachlich-normatives Konzept: ▸ Nationaler Kriterienkatalog ▸ KES-R	Organisationales Konzept: ▸ DIN En ISO 9000ff. ▸ EFQM
Auseinandersetzung der am Prozess Beteiligten steht im Mittelpunkt	Fachwissenschaftliche Werte stehen im Mittelpunkt	Prozess der Produkterstellung und Leistungserbringung steht im Mittelpunkt
Qualität umso höher, je besser es gelingt, die unterschiedlichen und sich ständig verändernden Erwartungen einzubeziehen, zusammenzuführen bzw. auszugleichen	Qualität umso höher, je besser es den Mitarbeiterinnen und Mitarbeitern gelingt, die fachlichen Vorgaben zu erfüllen	Qualität umso höher, je besser es gelingt, klare und transparente Strukturen unter Einbezug der Bedürfnisse und Erwartungen zu schaffen
Teilaspekte: ▸ Kunden sind nicht immer eindeutig zu identifizieren ▸ Kunden wirken bei der Erbringung der Leistung mit ▸ Unbestimmtheit hinsichtlich der Aspekte, die Kunden bewerten können	Teilaspekte: ▸ Einhaltung hoher pädagogischer Standards ▸ Einhaltung gesetzlicher Vorgaben ▸ Erfüllung des Zweckes	Teilaspekte: ▸ Stringenter Prozess von den Leitlinien über die Ziele und das Leistungsangebot hin zu Standards, Dokumentation und Evaluation

als entscheidendes Moment hinsichtlich Veränderung und Weiterentwicklung stabilisierend wirkt (vgl. ebd., S. 118), relevant.

Waren Diskurse in der Kindheitspädagogik früher deutlich von der Qualitätsthematik geprägt, so heben aktuelle Debatten unter anderem die Bestimmung von kindheitspädagogischer Professionalisierung, die entsprechend zugrunde zu legenden Qualifikationen und insbesondere die fachspezifischen Kompetenzen hervor, welche sich in einem Kompetenzmodell (siehe Abbildung 1) darlegen lassen (Fröhlich-Gildhoff u. a. 2014a, S. 79)[13].

Zwischen diesen beiden thematischen Strängen sind inhaltliche Verknüpfungen vorhanden. Das Kompetenzmodell (siehe Tabelle 2, S. 58) weist zentrale Aspekte des Qualitätsdiskurses auf.

Der Aspekt der Haltung und des Habitus der pädagogischen Fachkräfte bedarf hier einer weiteren Ausdifferenzierung: Denken und Handeln werden zum einen durch die genannten Erfahrungen in der professionellen Praxis geformt, gleichermaßen hingegen auch durch subjektive, nicht zwingend reflektierte Erfahrungen geprägt (Fröhlich-Gildhoff u. a. 2011, S. 17 f.). Haltung und Orientierungen pädagogischer Fachkräfte sind damit im Sinne professioneller Kompetenz nicht von vorneherein als päda-

---

13 Dies spiegelt sich u. a. in der Arbeit und den Publikationen der Weiterbildungsinitiative Frühpädagogische Fachkräfte (WiFF) wider (www.weiterbildungsinitiative.de).

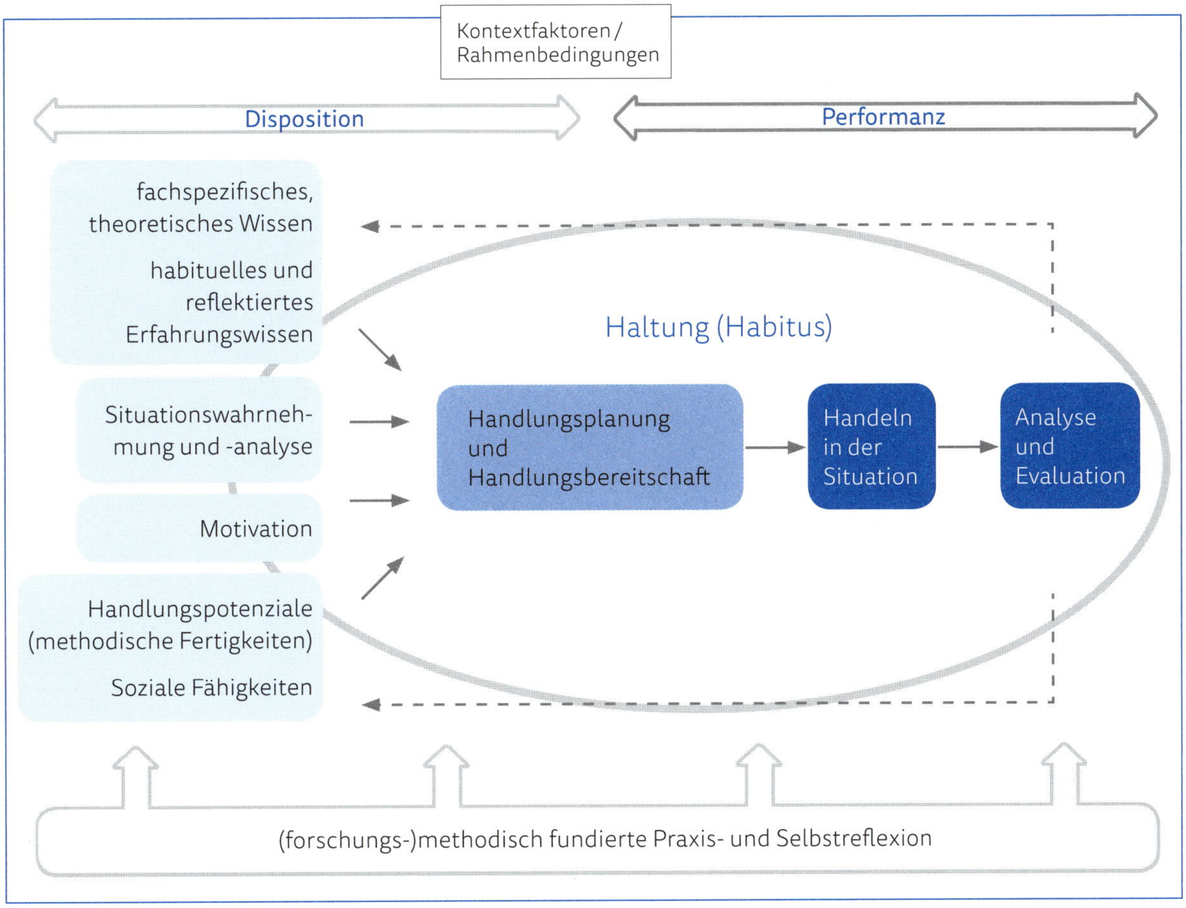

Abbildung 1: Kompetenzmodell frühpädagogischer Fachkräfte (Fröhlich-Gildhoff u. a. 2014 a, S. 79)

gogisch zu klassifizieren, sondern werden dies erst durch systematische Reflexion biografischer Prägungen und deren Abgleich mit theoretischen wie empirischen Erkenntnissen (vgl. ebd., S. 18 ff.).

Bei der Entwicklung einer qualitativ hochwertigen Praxis kann so ein Spannungsfeld zwischen fachlich-normativen Aspekten und subjektiven, in der eigenen Biografie verankerten Einstellungen entstehen – pädagogisches Handeln wird damit als widersprüchlich und spannungsreich erlebt[14]. Dies zeigt sich an unterschiedlichen konkreten Handlungsanforderungen – hier einige Beispiele:

- Im Leistungsangebot einer Kindertageseinrichtung ist auf der einen Seite die Aufnahme von Kindern unter einem Jahr vorgesehen; auf der anderen Seite könnten die pädagogischen Fachkräfte eine ablehnende Einstellung zu dieser Regelung haben, da sie der Meinung sind, dass Kinder nicht bereits in einem derartig jungen Alter aufgenommen werden sollten, sehen sich aber dennoch dem professionellen Anspruch gegenüber, mit dem Kind wie mit den Eltern eine positive Zusammenarbeit zu gestalten.
- Die Kita hat eine Öffnungszeit bis 17 Uhr. Eine Mutter holt ihr Kind auch erst zu diesem Zeitpunkt ab, obwohl sie bereits um 14 Uhr Feierabend hatte und in der Zwischenzeit Kaffeetrinken war. Dieses Verhalten mag bei den pädagogischen Fachkräften auf die Einstellung treffen, dass das Zusammensein von Mutter und Kind

---

14 Vgl. die Professionalitätstheorie von Ulrich Oevermanns (1996, 2002).

Tabelle 2: Qualität und Kompetenz

Konzeptualisierungsaspekte von Kompetenz	Konzeptualisierungsaspekte von Qualität
Performanz im Sinne von Handlungsvollzug: Handlungsplanung, Handeln in der Situation sowie Analyse und Evaluation	Prozessqualität: ▸ Gestaltung der Interaktion mit dem Kind und Gestaltung der Umwelt des Kindes ▸ Zusammenarbeit mit Eltern und Familien ▸ Möglichkeiten der Erfahrungen, die ein Kind und seine Familie in einer Einrichtung machen können ▸ Zusammenarbeit im Team ▸ Zusammenarbeit in Netzwerken
Kontextfaktoren und Rahmenbedingungen	Strukturqualität: ▸ Institutionelle Bedingungen der Kindertageseinrichtung, die situationsunabhängigen, zeitlich stabilen Rahmenbedingungen (z. B. Gruppengröße, Personalschlüssel, Öffnungszeiten, Arbeitszeiten und Zeiten der Vor- und Nachbereitung pädagogischer Arbeit, Räumlichkeiten, Finanzierung, Träger)
Ebene der Disposition: ▸ Fachspezifisches, theoretisches Wissen ▸ Habituelles und reflektiertes Wissen ▸ Situationswahrnehmung und -analyse ▸ Motivation ▸ Handlungspotenziale (methodische Fertigkeiten) ▸ Soziale Fähigkeiten ▸ (Forschungs-)methodisch fundierte Praxis- und Selbstreflexion	▸ als Merkmale der Strukturqualität im Sinne formal erworbener Qualifikation der pädagogischen Fachkräfte ▸ als Merkmale der Orientierungsqualität im Sinne pädagogischer Orientierungen und kognitiver Repräsentationen (z. B. Orientierung an einem spezifischen pädagogischen Ansatz und damit an entsprechenden anthropologischen Grundannahmen, an dezidierten Zielsetzungen und daraus abgeleiteten methodischen Vorgehensweisen)
Haltung (Habitus): ▸ durch Erfahrungen gewonnenes und bestätigtes sowie verinnerlichtes Wissen über die eigene Praxis (Nentwig-Gesemann 2008, S. 256) und ▸ kritische wie systematische Reflexion der eigenen Praxis auf der Grundlage von Theorien und empirischen Erkenntnissen (ebd.)	▸ als Merkmal der Orientierungsqualität

von herausragender Bedeutung ist und die Mutter nicht die ausreichende Bereitschaft zeigt, diesen Anspruch zu erfüllen.

▸ »Beginnt ein Kind beispielsweise während des Mittagessens mit seinem Löffel und Kartoffelbrei zu experimentieren, gilt es für die pädagogische Fachkraft abzuwägen zwischen der Aufrechterhaltung institutioneller Abläufe (das Mittagessen kann nicht ewig dauern), gesundheitlichen Aspekten (das Kind soll den Kartoffelbrei essen, nicht damit spielen), biografischen Erfahrungen und Prägungen (mit dem Essen spielt man nicht), dem Forscherdrang und Bildungsbedürfnis des Kindes (das Kind experimentiert mit der Haptik eines bislang unbekannten Materials) sowie den Bedürfnissen der Kindergruppe (andere Kinder, die noch am Tisch sitzen, fordern die Aufmerksamkeit der Fachkraft ein). In immer wieder neu zu treffenden Handlungsentscheidungen müssen sich also professionelle Pädagogen entsprechend ihren unterschiedlichen Handlungsmöglichkeiten positionieren« (Prinz u. a. 2014, S. 31).[15]

Entscheidungen treffen pädagogische Fachkräfte anhand von teilweise fachlich begründbaren, teilweise biografisch begründeten Orientierungen. Für die nicht im professionellen Kontext entwickelten handlungsleitenden Orientierungen besteht die Herausforderung, diese der Reflexion zugänglich zu machen und vor allem in modifiziertes Handeln münden zu lassen. So stellte eine Erzieherin in einer Fortbildungsveranstaltung zum Abschluss der Reflexion der Kartoffelbreisequenz aus unserem Beispiel fest, dass sie weiterhin Kinder zum richtigen Essen anregen und Experimentieren mit Essen verbieten werde, da ein derartiges Spiel bei ihr Ekel hervorriefe. Dies zeigt, dass pädagogische Fachkräfte im Spannungsfeld zwischen fachlich angemessenem Agieren und subjektiven Orientierungen mit starken Emotionen konfrontiert werden

können. Handlungsleitende Orientierungen sind dementsprechend nicht zwingend durch Weiterbildungsangebote zu beeinflussen, fußen oft »tiefer als erworbene Wissensbestände« (ebd., S. 32), sind gleichermaßen dennoch veränderbar (ebd.).

In diesem Zusammenhang ist insbesondere auch an Erfahrungen beim Berufseinstieg zu denken: Wurden in der Ausbildung ideale Vorstellungen bezüglich des Arbeitens mit Kindern und Eltern generiert, so tritt mit dem Eintritt in das Berufsleben ein »Praxisschock« ein (Dann u. a. 1978; Müller-Fohrbrodt u. a. 1978; Ulich 1998) und die idealistischen Vorstellungen weichen konservativeren Orientierungen und Einstellungen (Strohmer u. a. 2012). »Pädagogische Fachkräfte scheinen sich demgemäß nach abgeschlossener Berufsausbildung wieder vordergründig an biografisch geprägten subjektiven Vorstellungen und Überzeugungen zu orientieren (Dippelhofer-Stiem 2000).

Die Entwicklung einer professionellen pädagogischen Haltung ist demnach im Kontext des gesamten Lebenslaufes und der individuellen Biografie der jeweiligen (zukünftigen) pädagogischen Fachkraft als Bildungsprozess zu sehen« (Prinz u. a. 2014, S. 32).

Im Kontext von Qualitätsmanagement, das heißt der Entwicklung und Sicherung einer qualitativ hochwertigen Pädagogik, lassen die Aspekte der handlungsleitenden Orientierungen aus den Diskursen um kindheitspädagogische Kompetenz erkennen, dass die Anforderungen an eine Dienstleistung – hier: das kindheitspädagogische Handeln – im Sinne der eingangs aufgeführten Definition von Qualität biografisch begründete Bestimmungsmomente beinhalten können. Hier sei abschließend auf das Philip B. Crosby zugeschriebene Zitat (siehe S. 52) verwiesen: Die innere Einstellung der pädagogischen Fachkräfte ist zentrales Konstitutivum für die Vorstellungen und die Erbringung kindheitspädagogischer Arbeit. Mit diesen Einstellungen

---

15 Dieses Beispiel findet sich als Videografie in der Publikation von Fröhlich-Gildhoff u. a. (2014b) auf einer CD im Anhang.

ist über die gesamte berufliche Biografie hinweg zu arbeiten. Daraus ergeben sich nicht nur für die pädagogischen Fachkräfte selbst, sondern auch für Leitungen und Weiterbildungsanbieter, gleichermaßen für Ausbildungsorte, zentrale Handlungsanforderungen. Qualitätsmanagementsysteme stehen so vor der Anforderung, zum einen die Teilhabe der pädagogischen Fachkräfte an der Konzeptualisierung pädagogischen Handelns vorzusehen und zum anderen systematische Optionen der Reflexion eigenen Handelns zu bieten.

Literatur

Bostelmann, A. (Hrsg.) (2000): Der sichere Weg zur Qualität: Kindertagesstätten als lernende Unternehmen. Neuwied, Kriftel, Berlin.

Dann, H.-D. u. a. (1978): Umweltbedingungen innovativer Kompetenz. Eine Längsschnittuntersuchung zur Sozialisation von Lehrern in Ausbildung und Beruf. Stuttgart.

Dippelhofer-Stiem, B. (2000): Bildungskonzeptionen junger Erzieherinnen. Längsschnittliche Analysen zu Stabilität und Wandel. Empirische Pädagogik, 13. Jg., H. 4, S. 327–342.

Erath, P. & Amberger, C. (2000): Das KitaManagement-Konzept: Kindertageseinrichtungen auf dem Weg zur optimalen Qualität. Freiburg.

Fröhlich-Gildhoff, K. u. a. (2011): Kompetenzorientierung in der Qualifizierung frühpädagogischer Fachkräfte. Eine Expertise der Weiterbildungsinitiative Frühpädagogische Fachkräfte (WiFF). München.

Fröhlich-Gildhoff, K. u. a. (2014a): Kernkompetenzen frühpädagogischer Fachkräfte. In: Ch. Förster & E. Hammes-Di Bernardo (Hrsg.): Qualifikation in der Frühpädagogik. Freiburg.

Fröhlich-Gildhoff, K. u. a. (2014b): Kompetenzentwicklung und Kompetenzerfassung in der Frühpädagogik. Konzepte und Methoden. Freiburg.

Fthenakis, W. E. u. a. (2003): Träger zeigen Profil: Qualitätshandbuch für Träger von Kindertageseinrichtungen. Weinheim, Basel, Berlin.

Harms, T. & Clifford, R. M. (1980): Early Childhood Environment Rating Scale (ECERS). New York.

Honig, M.-S. u. a. (2004): Was ist ein guter Kindergarten? Theoretische und empirische Analysen zum Qualitätsbegriff in der Pädagogik. Weinheim, München.

Kruthaup, B. (2004): Qualität in der institutionellen Elementarpädagogik – ein beliebiges Konstrukt? Münster.

Müller-Fohrbrodt, G. u. a. (1978): Der Praxisschock bei jungen Lehrern. Stuttgart.

Nentwig-Gesemann, I. (2008): Rekonstruktive Forschung in der Frühpädagogik. In: H. von Balluseck (Hrsg.): Professionalisierung der Frühpädagogik. Perspektiven, Entwicklungen, Herausforderungen. Opladen & Farmington Hills, S. 251–264.

Oevermann, U. (1996): Theoretische Skizze einer revidierten Theorie professionalisierten Handelns. In: A. Combe & W. Helsper (Hrsg.): Pädagogische Professionalität. Untersuchungen zum Typus pädagogischen Handelns. Frankfurt a. M., S. 70–183.

Oevermann, U. (2002): Professionalisierungsbedürftigkeit und Professionalisiertheit pädagogischen Handelns. In: M. Kraul u. a. (Hrsg.): Biographie und Profession. Bad Heilbrunn, S. 19–63.

Preissing, C. & Heller, E. (Hrsg.) (2003): Qualität im Situationsansatz: Qualitätskriterien und Materialien für die Qualitätsentwicklung in Kindertageseinrichtungen. Weinheim, Basel, Berlin.

Prinz, T. u. a. (2014): Mentoring in Kindertageseinrichtungen – Gesetzliche Grundlagen, institutionelle Rahmenbedingungen, fachliche Anforderungen. In: Deutsches Jugendinstitut/Weiterbildungsinitiative Frühpädagogische Fachkräfte (Hrsg.): Mentorinnen und Mentoren am Lernort Praxis. Grundlagen für die kompetenzorientierte Weiterbildung. WiFF Wegweiser Weiterbildung, Band 8. München.

Rausch, J. u. a. (2013): Qualität erleben – Religionsunterricht im Spiegel von Qualitätsmanagement-Systemen. Münster.

Strätz, R. u. a. (2008): Qualität für Schulkinder in Tageseinrichtungen und Offenen Ganztagsschulen (QUAST): ein nationaler Kriterienkatalog. Berlin, Düsseldorf, Mannheim.

Strohmer, J. u. a. (2012): AVE – Ausbildung und Verlauf von Erzieherinnen-Merkmalen. Ein Forschungsprojekt zur Professionalisierung von Fachkräften in der Frühpädagogik. In: S. Kägi & U. Stenger (Hrsg.): Forschung in Feldern der Frühpädagogik. Grundlagen-, Professionalisierungs- und Evaluationsforschung. Baltmannsweiler, S. 225–235.

Tietze, W. (Hrsg.) (1998): Wie gut sind unsere Kindergärten? Eine Untersuchung zur pädagogischen Qualität in deutschen Kindergärten. Neuwied, Kriftel, Berlin.

Tietze, W. (Hrsg.) (2003): Pädagogische Qualität in Tageseinrichtungen für Kinder: ein nationaler Kriterienkatalog. Weinheim, Basel, Berlin.

Tietze, W. u. a. (1997): Kindergarten-Einschätz-Skala. Deutsche Fassung der Early Childhood Environment Rating Scale von Thelma Harms & Richard M. Clifford. Neuwied, Kriftel, Berlin.

Ulich, K. (1998): Schulische Sozialisation. In: K. Hurrelmann (Hrsg.): Handbuch der Sozialisationsforschung. Weinheim, S. 377–396.

Viernickel, S. (2006): Qualitätskriterien und -standards im Bereich der frühkindlichen Bildung und Betreuung. Remagen.

Im Dialog – Interaktionen zwischen pädagogischen Fachkräften und Kindern gestalten

Judith Durand

Die Qualität der pädagogischen Arbeit in Institutionen der frühkindlichen Bildung und Betreuung resultiert aus dem Zusammenspiel vielfältiger Bedingungen und Faktoren (vgl. Kluczniok & Roßbach 2014; Tietze u. a. 2013; Preissing & Heller 2009; Roßbach & Blossfeld 2008; Tietze & Viernickel 2007). Neben der unumstrittenen Notwendigkeit, gute Rahmenbedingungen und strukturelle Voraussetzungen zu schaffen (vgl. Viernickel & Schwarz 2009), wird in Praxis und Forschung die Bedeutsamkeit der Qualität der Interaktionen der Erzieherinnen und Erzieher mit den Kindern im pädagogischen Alltag betont (vgl. König u. a. 2013; Fried 2013; Weltzien 2013; Rempsberger 2013). Die Qualität der Dialoge – verbal und nonverbal – wird so zu einem wesentlichen Puzzleteil, das maßgeblich mitbestimmt, wie sich jeweils die Qualität der pädagogischen Arbeit und die Chancen für eine optimale Stärkung der (Sprach-)Entwicklung der Kinder darstellen.

Dialogische Interaktion als Stärkung der (Sprach-)Entwicklung

Sprachkompetenzen bilden eine wesentliche Schlüsselkompetenz und sind eng verknüpft mit der Persönlichkeitsentwicklung und den Bildungs- und Teilhabechancen von Kindern (vgl. Roux & Kammermayer 2013). Sprachbildung und Sprachförderung gehören dadurch zu den »zentralen Aufgaben der außerfamiliären institutionellen Kleinkindbetreuung« (ebd., S. 10).

Mithilfe der Sprache machen wir auf uns und unsere Bedürfnisse aufmerksam. Wir nutzen die Sprache als Handwerkszeug, um Fragen zu stellen, unsere Interessen und Gefühle auszudrücken, Gegenstände zu bezeichnen, zu philosophieren oder uns abzusprechen. Sprache ermöglicht es, uns selbst zum Ausdruck zu bringen, die Welt zu erschließen und mit anderen Menschen in Austausch zu treten. Sie ist dadurch immer eingebettet in für das Denken und Handeln bedeutsame Situationen und Interaktionen. Dabei wird mit Interaktion der »Prozess des Handelns zwischen Individuen beschrieben. Im Allgemeinen wird darunter ein Wechselspiel der gegenseitigen Beeinflussung verstanden. ›Interaktion‹ setzte eine wechselseitige Bezugnahme der Individuen voraus und schließt damit an den ›Dialog‹-Begriff an« (König 2010, S. 18).

Gerade im pädagogischen Kontext ist deshalb nicht nur die Quantität, sondern vor allem die Qualität des pädagogischen Bezugs und der (sprachlichen) Interaktionen im täglichen Miteinander entscheidend. Sprachkompetenzen im Alltag gezielt und systematisch zu stärken und zu fördern, bietet viele Potenziale – stellt gleichzeitig aber auch hohe Ansprüche an das theoretische Wissen und das pädagogische Handeln der Fachkräfte. Wenn es ihnen gelingt, sensibel und feinfühlig nonverbale wie verbale Ausdrucksformen der Kinder wahrzunehmen sowie angemessen und anregend darauf zu reagieren, werden dialogische Interaktionen zum Ausgangspunkt für wertvolle und umfassende Bildungsprozesse der Kinder.

Das Bildungspotenzial von dialogischen Interaktionen

Die Einflüsse auf die Bildung und Entwicklung von Kindern sind höchst komplex und durch das Zusammenspiel vielfältiger Rahmenbedingungen und Faktoren im familiären und außerfamiliären Umfeld bestimmt (vgl. z. B. Tietze u. a. 2013; Sylva u. a. 2010a, 2010b). Dabei leisten außerfamiliäre Bildungs- und Betreuungsinstitutionen in der frühen Kindheit einen wichtigen Beitrag. Deren pädagogische Qualität wird neben der Qualität der zur Verfügung gestellten Rahmenbedingungen, wie der Personalschlüssel, die Ausstattung der Kindertagesstätten oder Vor- und Nachbereitungszeiten (Strukturqualität), maßgeblich durch die Prozessqualität, wie die Qualität der Interaktionen, bestimmt.

Insbesondere Befunde aus der Interaktionsforschung zeigen, dass der sozialen Interaktion für den Lern- und Entwicklungsprozess des Individuums eine wichtige Rolle zugeschrieben werden kann. So stellen beispielsweise die Qualität der Bindung und ein sensibles Einfühlungsvermögen der pädagogischen Fachkraft eine wesentliche Voraussetzung für das Explorationsverhalten der Kinder dar (vgl. Ahnert 2004; Ahnert & Gappa 2008; Zimmermann u. a. 2013). Signale der Kinder wahrzunehmen und angemessen darauf zu reagieren (Reziprozität) stärkt die Selbstwirksamkeit des Kindes und ermöglicht es, sensibel Lernprozesse zu unterstützen und zu initiieren (vgl. König 2010). »Responsives Verhalten gibt Kindern ein Gefühl von Sicherheit, welches das Neugierverhalten unterstützt und so Möglichkeiten eröffnet, neue Lernerfahrungen zu machen« (ebd., S. 24).

Im Zusammenhang damit steht die Entwicklung von umfassenden Kompetenzen der Kinder. So konnte die EPPE Studie (vgl. Sylva u. a. 2010b) nachweisen, dass Kinder bessere soziale Kompetenzen und stärkeren kognitiven Fortschritt zeigen, wenn pädagogische Fachkräfte Wärme vermitteln, auf individuelle Bedürfnisse eingehen oder von Kindern initiierte Aktivitäten aufgreifen (ebd.). Weiter zeichnen sich in der Studie als exzellent identifizierte frühpädagogische Einrichtungen besonders dadurch aus, dass Interaktionen von einem gemeinsamen forschenden Nachdenken (»sustained shared thinking«) von Fachkraft und Kind geprägt sind (ebd.). Die Studie macht aber auch darauf aufmerksam: Als qualitativ exzellente Bildungs- und Betreuungsinstitutionen kann eher die Minderheit der untersuchten Einrichtungen eingeschätzt werden (ebd.).

Auch deutschsprachige Studien schließen an diesen Befund an (vgl. z. B. Tietze u. a. 2013).[16] Fried (2011) konnte aufzeigen, dass pädagogische Fachkräfte die dialogische Interaktion eher selten einsetzen (vgl. auch König 2009). Die Ergebnisse weisen darauf hin, dass Interaktionen zwischen pädagogischen Fachkräften und Kindern ein großes Potenzial für eine qualitativ hochwertige Bildung und Betreuung bieten – und in der pädagogischen Praxis gleichzeitig eine besondere Herausforderung darstellen.

---

16 Auch die NUBBEK Studie bestätigt: »Gute bis sehr gute pädagogische Prozessqualität kommt dabei in jedem der Betreuungssettings in weniger als 10 % der Fälle vor, unzureichende Qualität dagegen – mit Ausnahme der Tagespflege – in z. T. deutlich mehr als 10 % der Fälle.« (Tietze u. a. 2013, S. 143)

Dialogische Interaktionen im pädagogischen Alltag

»Paolo (1;6 Jahre, portugiesisch-deutsch) folgt seiner Gruppenerzieherin einige Zeit quer durch die Kita. Im Flur angekommen, zieht er sie plötzlich an der Hose. Als sie sich zu ihm umdreht und ihn erwartungsvoll anblickt, streckt er ihr seine Hand entgegen und öffnet sie. Es kommt eine Muschel zum Vorschein. Die Erzieherin beugt sich zu Paolo hinunter und sagt bewundernd: ›Das ist aber eine schöne Muschel! Wo hast du die denn her?‹« (Jampert u. a. 2011, S. 29).

Paolo hat ein Bedürfnis. Er folgt seiner Erzieherin mit viel Ausdauer, entschließt sich irgendwann, sein Signal zu verdeutlichen und zieht sie an der Hose. Die Erzieherin reagiert auf sein nonverbales Signal, wendet sich ihm zu, geht auf Augenhöhe mit ihm und schaut ihn erwartungsvoll an. Daraus entspannt sich ein Dialog. Gegenstand des Dialoges ist zunächst die Muschel. Ob es Paolos zentrales Anliegen war, diese Muschel zu zeigen, oder der sich daraus entwickelte Kontakt zu seiner Bezugsperson oder beides, spielt zunächst eine nachrangige Rolle. Die Erzieherin gibt Paolo das deutliche Signal, dass sie seine Botschaft verstanden hat und erwidert wertschätzend seinen Kommunikationsanstoß. Damit legt sie den Grundstein für den weiteren Dialog und die Erfahrung des Kindes, sich in seinen persönlichen Kommunikationsversuchen wahr- und ernst genommen zu fühlen. Der Pädagogin ist es gelungen, den Dialog aufzunehmen.

Sprache entwickelt sich kontinuierlich und scheinbar nebenbei, aber immer im Kontext von sozialen Beziehungen. Dialogische Interaktionen werden so zu Schlüsselmomenten in pädagogischen Beziehungen, die ein besonderes Potenzial zur Bildung und Entwicklung von Kindern bereithalten. Dazu bieten sich vielfältige Gelegenheiten und Anlässe im Kindergartenalltag. Konzepte alltagsintegrierter sprachlicher Bildung rücken die Qualität der Gestaltung der Dialoge ins Zentrum für die Bildung und Förderung von (Sprach-)Bildungsprozessen von Kindern. Sprachliche Bildung wird als Querschnittsaufgabe verstanden, die den gesamten pädagogischen Alltag durchzieht und in bedeutungsvolles Handeln eingebettet ist.

Auf den ersten Blick könnte die Bezeichnung »alltagsintegrierte sprachliche Bildung« suggerieren, dass damit eine sprachliche Bildung gemeint ist, die unspezifisch, zufällig und aus dem »Bauch heraus« erfolgt. Das Gegenteil ist der Fall: Alltagsintegrierte sprachliche Bildung geht höchst systematisch, zielgerichtet und auf der Basis von fundiertem theoretischem Wissen zur Bildung und Entwicklung von Sprache vor. Die Spracherwerbsprozesse der Kinder werden dabei immer in den Kontext des individuellen kindlichen Handelns und der umfassenden Entwicklung der Identität des Kindes eingeordnet. Denn »der Erwerb von sprachlichen Strukturen ist eng verbunden mit den Funktionen, die Sprache im Bereich des Denkens und des sozialen Handelns einnimmt« (Thanner & Pischetsrieder 2012, S. 274).

Sprachbildung im Alltag gestalten

Um Kinder in diesem Sinne in ihrer Sprachbildung zu unterstützen, brauchen pädagogische Fachkräfte vielseitige Kompetenzen, wie theoretisches Wissen zu Spracherwerbsprozessen, Methoden der Analyse und Reflexion von Alltagssituationen und dem Sprachhandeln von Kindern sowie Ideen, wie sie den pädagogischen Alltag sprachanregend gestalten können.

Wie Erzieherinnen und Erzieher den Dialog mit Kindern gestalten, steht darüber hinaus auch im Zusammenhang damit, welche Bedeutsamkeit sie dem Dialog mit dem Kind zumessen. Diese Dialoghaltung ist Teil einer umfassenden expliziten und impliziten Einstellung und Orientierung der pädagogischen Haltung. Kuhl (2014) definiert die professionelle Haltung »als ein hoch individualisiertes (d. h. individuelles, idiosynkratisches) Muster von Einstellungen, Werten, Überzeugungen, das durch einen authentischen Selbstbezug und objektive Selbstkompetenzen zustande kommt, die wie ein innerer Kompass die Stabilität, Nachhaltigkeit und Kontextsensibilität des Urteilens und Handelns ermöglicht« (S. 107). Dabei werden der konkrete pädagogische Kontext sowie übergreifende Aspekte berücksichtigt und in Übereinstimmung gebracht (vgl. ebd.).

Die pädagogische Haltung als ein Muster von Orientierungen und Einstellungen wirkt neben anderen Dispositionen, wie beispielsweise dem theoretischen Wissen und Erfahrungswissen sowie situativen Bedingungen, auf das konkrete Handeln ein und gilt als grundsätzlich veränderbar (vgl. Fröhlich-Gildhoff u. a. 2011; Durand u. a. 2013). Diese Haltung zeigt sich auch ganz konkret darin, wie feinfühlig sich die pädagogische Fachkraft im Dialog dem Kind gegenüber verhält. »Eine feinfühlige Dialoghaltung zeichnet sich im Wesentlichen durch ein aufmerksames Reagieren auf das Kind, seine (sprachlichen) Möglichkeiten, Interessen und Bedürfnisse aus« (Best u. a. 2011, S. 103). Im wissenschaftlichen Kontext wird diese Dialoghaltung auch unter dem Begriff der »sensitiven Responsivität« (vgl. Rempsberger 2011, 2013) diskutiert.

Verschiedene pädagogische Konzepte und Ansätze verfolgen und diskutieren gegenwärtig eine alltagsintegrierte sprachliche Bildung und verknüpfen dies mit Konzepten zur Weiterbildung. Allen gemeinsam ist die Grundannahme, dass Sprachentwicklung mehr ist als die Entwicklung kommunikativer Basiskompetenzen, sondern »eingebunden in ein Bedingungsgefüge sozialer, emotionaler und kognitiver Entwicklung« (Albers 2011, S. 14).

Institutionen frühkindlicher Bildung werden als ein geeigneter Ort angesehen, diese umfassenden Kompetenzen zu stärken, und mit dem Auftrag betraut, dadurch zu Bildungsgerechtigkeit beizutragen (vgl. Albers 2011). Auf der Basis von theoretischen Grundlagen werden methodische Zugänge und Strategien angeboten, um die Sprachsignale der Kinder sensibler wahrzunehmen, das eigene Sprachhandeln vor dem Hintergrund von theoretischem Wissen zu reflektieren, Alltagssituationen gezielter zu nutzen und Strategien weiterzuentwickeln, um die Interaktion mit Kindern dialogisch zu gestalten (vgl. z. B. Albers 2011; Best u. a. 2011; Jampert u. a. 2005, 2009, 2011; Kammermeyer u. a. 2014).

Albers (2011) öffnet in diesem Zusammenhang den Blick über die frühkindlichen Institutionen hinaus, indem er die Bedeutung der Anregungsqualität der häuslichen Umgebung betont. Die Eltern als die »wichtigste Erziehungs- und Bildungsinstanz« (ebd., S. 82) tragen maßgeblich zur Entwicklung der Kompetenzen der Kinder bei. Kindertagesstätten sollen Eltern in dieser Aufgabe stärken und unterstützen (vgl. Albers 2011). Neben der Qualität der (sprachlichen) Interaktion im Alltag in pädagogischen Einrichtungen wird dadurch die Zusammenarbeit mit Eltern zur zentralen Aufgabe pädagogischer Fachkräfte.

Auch im Situationsansatz wird Sprachbildung als untrennbarer Bestandteil einer an der Lebenswelt und den Bedürfnissen der Kinder orientierten Pädagogik gesehen, die sich im täglichen Miteinander vollzieht. Kinder machen sich dabei ein (Sprach-)Bild von sich, von den anderen und der Welt. Ein besonderer Fokus wird auf die identitätsbildenden Auswirkungen der (Sprach-)Bildung gelegt – insbesondere mit Blick auf Mehrsprachigkeit und kulturelle Vielfalt. Daran anknüpfend steht die Forderung nach einer bewussten Auseinandersetzung und Reflexion des Umgangs mit den Sprachen der Kinder und ihrer Familien sowie dem Potenzial, das Mehrsprachigkeit in der Kita bietet (vgl. Wagner 2004, 2008).

Auch im Konzept zur alltagsintegrierten Bildung und Förderung von Sprache (vgl. Jampert u. a. 2005, 2009, 2011; Best u. a. 2011) spielt die Reflexion des pädagogischen Handelns eine zentrale Rolle. Sprachbildung wird systematisch aus der Beobachtung und Analyse der Sprachentwicklung der Kinder und der sprachanregenden Potenziale in Alltagssituationen abgeleitet. Darauf aufbauend werden pädagogischen Fachkräften entwicklungsangemessene Interaktionsstrategien angeboten, damit sie ihr Handeln im Kontext der Sprachbildung kontinuierlich weiterentwickeln können.

Das Konzept zur alltagsintegrierten Bildung und Förderung von Sprache

Anlässe für Interaktionen, wie auch in unserem Beispiel mit Paolo, bieten sich im Alltag viele. Diese wahrzunehmen und bewusst als Bildungssituationen zu gestalten, ist das Anliegen von alltagsintegrierter Sprachbildung. Am Deutschen Jugendinstitut in München wurde ein Konzept zur alltagsintegrierten sprachlichen Bildung und Förderung entwickelt, dessen zentrales Anliegen es ist, Kinder durch dialogische Interaktionen in für sie relevanten Sinnkontexten zu stärken, sich auszudrücken und so ihre Sprachkompetenzen zu erweitern. Es verbindet Erkenntnisse aus der Entwicklungspsychologie, Sprachwissenschaft und Pädagogik und wurde in Zusammenarbeit mit der pädagogischen Praxis entwickelt.[17]

Alltägliche vertraute Routinesituationen, wie das Ankommen in der Kita oder die Mittagessenssituation, besondere Aktivitäten oder das freie Spiel der Kinder werden zum Ausgangspunkt für den Dialog mit den Kindern. Ein zentraler Bestandteil ist dabei die Art und Weise der Gestaltung des Dialogs der pädagogischen Fachkraft mit dem Kind. Den Kindern werden, anknüpfend an ihre bereits vorhandenen Sprachkompetenzen, ihren Bedürfnissen und Themen, vielfältige Möglichkeiten im Sinnkontext angeboten, sich sprachlich auszuprobieren und ihre Kompetenzen auszubauen. Eine alltagsintegrierte Bildung und Entwicklung von Sprache verlangt gerade durch die häufig situative Abstimmung des pädagogischen Handelns mit den individuellen Interessen und Bedürfnissen der Kinder in alltäglichen Situationen, vor dem Hintergrund von spezifischem Wissen zum Spracherwerb, ein hohes Maß an Professionalität. Ein besonderer Fokus der alltagsintegrierten sprachlichen Bildung wird auf die feinfühlige Dialoghaltung und die damit verbundenen entwicklungsangemessenen Interaktionsstrategien gelegt. Wie diese gestaltet sein können, wird im Folgenden exemplarisch vorgestellt.[18]

Sensibel sein für die Gesprächssignale des Kindes

Kinder äußern ihre kommunikativen Absichten auf vielfältigste Weise. Je jünger sie sind, desto mehr greifen sie auf nonverbale Formen zurück, um ihre Anliegen und Interessen zu äußern. Diese sensibel wahrzunehmen und aufzugreifen – gleich, ob verbal oder nonverbal – ist die Voraussetzung für einen gemeinsamen Dialog.

Bei der nonverbalen Kommunikation wird eine »gemeinsame Ebene des Verständnisses aufgebaut, die zu intensiven Interaktionsphasen führen kann« (König 2010, S. 28). Dies setzt aber eine differenzierte Wahrnehmung und ein adaptives Handeln aufseiten der pädagogischen Fachkraft voraus (vgl. ebd.). Jedes Kind, ebenso wie die Erwachsenen, hat eine eigene kommunikative Persönlichkeit, die es kennenzulernen und anzuerkennen gilt.

Nicht immer ist es im Alltag möglich, solche Dialoganlässe auch auszuschöpfen. Dennoch sollten die Kinder merken, dass ihre Zeichen wahrgenommen und erwidert werden, auch wenn in diesem Moment nicht intensiver darauf eingegangen

---

17 Das Konzept liegt als Praxismaterial für verschiedene Altersgruppen vor (vgl. Jampert u. a. 2005, 2009, 2011; Best u. a. 2011). Für eine umfassende Übersicht siehe auch: www.dji.de/cgi-bin/projekte/output.php?projekt=1001. Um die Implementierung der Materialien zu unterstützen, wurde im Rahmen der »Qualifizierungsoffensive Sprache« am DJI von 2011 bis 2014 ein auf dem Praxismaterial aufbauendes Qualifizierungskonzept für die Altersgruppe der Null- bis Dreijährigen entwickelt und mit der Ausbildung von Multiplikatorinnen und Multiplikatoren verbunden.

18 Die folgende Darstellung lehnt sich an die Ausführungen zur Dialoghaltung in »Dialoge mit Kindern führen« (2011) von Petra Best und Kollegen an.

werden kann: »Du möchtest, dass ich dir helfe? Ich habe gleich Zeit für dich.« Kindern lernen so, dass es sich lohnt, sich zu äußern, und sie in ihren Anliegen ernst genommen werden (vgl. Best u. a. 2011).

Dem Thema und den Interessen des Kindes folgen – oder: Der gemeinsame Blick auf eine Sache

Sprache folgt keinem Selbstzweck, sondern ist immer an die Sinnhaftigkeit im sozialen Kontext gebunden. So wird Sprache genutzt, um ein Bedürfnis zu äußern, einem Phänomen nachzugehen oder einfach nur, um die Nähe und Beziehung zu anderen zu suchen. Worum geht es dem Kind? Diese Frage gilt es forschend zu erkunden und gemeinsam voranzubringen. Die Themen und Interessen der Kinder als Ansatzpunkt für den Austausch zu nehmen, ist die beste Möglichkeit, um Sprache zu stärken. In diesen Momenten sind Kinder besonders engagiert und aufmerksam – schließlich geht es um ihr Anliegen.

Natürlich schließt dies nicht aus, auch als erwachsener Gesprächspartner immer wieder Themen und Interessen einzubringen. Kinder zeigen ebenfalls ganz deutlich, wenn sich ihr Interesse erschöpft hat, im Verlauf des Gesprächs verändert oder sie schlichtweg ein anderes Interesse haben (vgl. Best u. a. 2011).

Dialogische Interaktionen gestalten

Dialoge ranken sich um eine Sache und werden durch unterschiedlichste Kommunikationsmittel gestaltet. Die Art und Weise, wie die Gesprächspartner diese Strategien einsetzen und aufeinander abstimmen, entscheidet über den Verlauf der Interaktion und die Möglichkeiten der Beteiligten, ihre Themen und Bedürfnisse einzubringen sowie gemeinsam zu verhandeln.

Durch das bestehende Hierarchie- und Machtgefälle sind Interaktionen zwischen Erwachsenen und Kindern durch eine Asymmetrie gekennzeichnet. Den Erwachsenen kommt dadurch eine besondere Gestaltungsverantwortung zu. Dies gilt insbesondere auch für professionelle Beziehungen zwischen Erwachsenen und Kindern, wie sie in Institutionen der Bildung und Betreuung von Kindern gegeben sind. Zum professionellen Handwerkszeug von pädagogischen Fachkräften gehört deshalb auch die Sensibilisierung und Auseinandersetzung mit Kommunikationsmitteln zur Gestaltung des (Bildungs-)Dialoges mit Kindern. Im Konzept zur alltagsintegrierten Bildung und Förderung von Sprache werden dazu wichtige Eckpfeiler genannt:

Im wechselseitigen Austausch mit dem Kind sein und sich auf sein Tempo einlassen

Zu einem Dialog gehören mindestens zwei Gesprächspartner. Sie stehen wechselseitig im Austausch und beziehen sich in ihren Äußerungen verbal und nonverbal aufeinander. Kinder brauchen häufig länger als Erwachsene, um die vielfältigen Äußerungen und Signale ihres Gegenübers zu entschlüsseln und darauf zu reagieren. Dem Tempo eines Dialoges unter Erwachsenen sind sie noch nicht gewachsen.

Für pädagogische Fachkräfte bedeutet dies, längere Pausen einzuhalten und die Antwort der Kinder zugewandt abzuwarten. Dadurch stärken Kinder nicht nur ihr Selbstbewusstsein, sondern bekommen die Möglichkeit, sich selbst in verschiedenen Gesprächsstrategien zu üben (vgl. Best u. a. 2011).

Durch Körpersprache und Stimme Wertschätzung ausdrücken

Im Dialog senden wir auf vielfältige Weise bewusst und unbewusst nonverbale und verbale Botschaften. Durch unsere Gestik und Mimik, die Wortwahl und die Stimmlage signalisieren wir unserem Gegenüber deutlich, was wir von dieser Interaktion halten. Kinder sind dafür besonders empfänglich. Sprachentwicklung ist immer mit einer umfassenden Persönlichkeitsentwicklung verknüpft. Deshalb ist es unumgänglich, sich der Macht der Körpersprache und der Stimme bewusst zu sein: Damit zeigen wir dem Kind, ob wir es wirklich wertschätzen, uns für seine Themen interessieren und unsere Anteilnahme ernst gemeint ist. Körpersprache, Wortwahl und Stimmlage sind Ausdruck unserer Haltung und Beziehung zum Kind (ebd.).

Dialogische Interaktion – vielversprechend und herausfordernd zugleich

Die Sprachkompetenz bildet eine wichtige Grundlage für die umfassende Entwicklung hin zu einer eigenverantwortlichen und gemeinschaftsfähigen Persönlichkeit. Hinweise aus der Forschung deuten darauf hin, dass die »Qualität der institutionellen vorschulischen Betreuung (...) durch einen bewusst gestalteten Interaktionsprozess verbessert werden« kann (König 2010, S. 26).

Die Bedeutung der Gestaltung von Dialogen und Interaktionen im Alltag für die Sprachentwicklung von Kindern findet breite Anerkennung und Zustimmung in der Praxis und Wissenschaft der Pädagogik der frühen Kindheit. Trotz dieser breiten Zustimmung stimmt die Frage, wieso es nicht immer gelingt, die Interaktionen mit Kindern so zu gestalten, dass sie bestmöglich gestärkt werden, nachdenklich. Dies zeigte sich auch im Fachforum »Dialogische Interaktion« der pfv-Bundesfachtagung und wurde mit Blick auf verschiedene Aspekte diskutiert: Zu nennen sind hier zum Beispiel der weiterhin wichtige Ausbau von Fort- und Weiterbildung oder die Verbesserung gesetzter Rahmenbedingungen.

Dabei wurde auch deutlich, dass die persönliche Involviertheit der pädagogischen Fachkräfte bei der Gestaltung der Interaktionen mit Kindern als eine wesentliche Herausforderung gesehen wird. Die Interaktion zwischen Erwachsenen und Kindern ist »eine komplementäre, aber zugleich asymmetrische« Beziehung (Keller u. a. 2013, S. 89). Pädagogische Fachkräfte sind als Gesprächspartner in den Dialog einbezogen und tragen gleichzeitig die Verantwortung für den Verlauf der Situation. Sie sind dadurch nicht nur mit ihrem Wissen und ihren Fertigkeiten gefragt, sondern immer auch mit ihrer ganzen (professionellen) Persönlichkeit, ihrer Hal-

tung und ihren Einstellungen eingebunden. Durch ihre Bereitschaft und ihr Engagement können pädagogische Fachkräfte einen Raum für einen authentischen Dialog schaffen und so Impulse geben, ins Gespräch kommen, Bedürfnisse aufgreifen oder in Aushandlung treten (vgl. König 2010).

»Authentisch zu sein heißt, dass die nonverbalen und verbalen Botschaften der Erwachsenen in ihrem Inhalt übereinstimmen, denn für Kinder ist es elementar wichtig, dass sie das, was sie hören, auch fühlen können. Je jünger Kinder sind, desto entscheidender ist dieser Einklang. Von der Erzieherin verlangt das, dass sie sich ihrer Körpersprache, ihres Gesichtsausdrucks, ihres Stimmklangs, vor allem aber ihrer inneren Haltung bewusst ist. Manchmal kann das auch bedeuten zu schweigen. Und schließlich heißt authentisch zu sein auch, dass der Erwachsene dafür offen ist, sich vom Kind und seinen Interessen leiten zu lassen, so wie ja auch das Kind sich durch ihn beeinflussen lässt« (Jampert u. a. 2011, S. 88).

Darin liegt eine große Chance – aber eben auch eine große Herausforderung. Denn dazu bedarf es einer kontinuierlichen Auseinandersetzung und Reflexion bezogen auf das zugrunde gelegte Wissen, das professionelle Selbstverständnis und das eigene pädagogische Handeln – ein fortwährendes Auseinandersetzen und Wachsen ist notwendig (vgl. Best u. a. 2011).

Literatur

Ahnert, L. (Hrsg.) (2004): Frühe Bindung: Entstehung und Entwicklung. München.

Ahnert, L. & Gappa, M. (2008): Entwicklungsbegleitung in gemeinsamer Erziehungsverantwortung. In: J. Maywald & B. Schön (Hrsg.): Krippen: Wie frühe Betreuung gelingt. Weinheim, S. 74–95.

Albers, T. (2011): Sag mal! Weinheim, Basel.

Best, P. u. a. (2011): Dialoge mit Kindern führen. Die Sprache der Kinder im dritten Lebensjahr beobachten, entdecken und anregen. Weimar, Berlin.

Durand, J. u. a. (2013): Wie reflektieren pädagogische Fachkräfte ihr eigenes Interaktionshandeln – eine Fallanalyse im Kontext von Bilderbuchbetrachtungen. In: K. Fröhlich-Gildhoff u. a. (Hrsg.): Forschung in der Frühpädagogik VI. Schwerpunkt: Interaktion zwischen Fachkräften und Kindern. Freiburg, S. 145–176.

Fried, L. (2011): Sprachförderstrategien in Kindergartengruppen – Einschätzungen mit der DO-RESI. Empirische Pädagogik, 25(4), S. 543–562.

Fried, L.(2013): Die Qualität der Interaktion zwischen frühpädagogischen Fachkräften und Kindern – Ausprägungen, Moderatorvariablen und Wirkungen am Beispiel DO-RESI. In: K. Fröhlich-Gildhoff u. a. (Hrsg.): Forschung in der Frühpädagogik VI. Schwerpunkt: Interaktion zwischen Fachkräften und Kindern. Freiburg, S. 35–58.

Fröhlich-Gildhoff, K. u. a. (2011): Kompetenzorientierung in der Qualifizierung frühpädagogischer Fachkräfte. WIFF Expertise, Band 19. München.

Jampert, K. u. a. (2005): Schlüsselkompetenz Sprache. Sprachliche Bildung und Förderung im Kindergarten. Konzepte, Projekte und Maßnahmen. Weimar, Berlin.

Jampert, K. u. a. (Hrsg.) (2009): Kinder-Sprache stärken! Sprachliche Bildung und Förderung in der Kita – Das Praxismaterial. Weimar, Berlin.

Jampert, K. u. a. (Hrsg.) (2011): Die Sprache der Jüngsten entdecken und begleiten. Sprachliche Bildung und Förderung für Kinder unter Drei. Weimar, Berlin.

Kammermeyer, G. u. a. (2014): Mit Kindern im Gespräch. Donauwörth.

Keller, K. u. a. (2013): Entwicklungspsychologische Aspekte frühkindlichen Lernens. In: M. Stamm & D. Edelmann (Hrsg.): Handbuch frühkindliche Bildungsforschung. Wiesbaden, S. 85–96.

Klucznoik, K. & Roßbach, H.-G. (2014): Conceptions of educational quality for kindergartens. Zeitschrift für Erziehungswissenschaft, 17(6), S. 145–158.

König, A. (2009): Interaktionsprozesse zwischen Erzieherinnen und Kindern. Eine Videostudie aus dem Kindergartenalltag. Wiesbaden.

König, A. (2010): Interaktion als didaktisches Prinzip. Bildungsprozesse bewusst begleiten und gestalten. Troisdorf.

König, A. u. a. (2013): Interaktion im frühpädagogischen Diskurs. In: K. Fröhlich-Gildhoff u. a. (Hrsg.): Forschung in der Frühpädagogik VI. Schwerpunkt: Interaktion zwischen Fachkräften und Kindern. Freiburg, S. 11–34.

Kuhl, J. u. a. (2014): Professionelle pädagogische Haltung: Versuch einer Definition des Begriffes und ausgewählte Konsequenzen für Haltung. In: C. Schwer & C. Solzbacher (Hrsg.): Professionelle pädagogische Haltung. Bad Heilbrunn.

Preissing, C. & Heller, E. (Hrsg.) (2009): Qualität im Situationsansatz. Berlin, Düsseldorf.

Rempsberger, R. (2011): Sensitive Responsivität – Zur Qualität pädagogischen Handelns im Kindergarten. Wiesbaden.

Rempsberger, R. (2013): Reaktionen von Kindern auf eine höhere bzw. geringere sensitive Responsivität in unterschiedlichen pädagogischen Situationen. In: K. Fröhlich-Gildhoff u. a. (Hrsg.): Forschung in der Frühpädagogik VI. Schwerpunkt: Interaktion zwischen Fachkräften und Kindern. Freiburg, S. 119–144.

Roßbach, H.-G. & Blossfeld, H.-P. (Hrsg.) (2008): Frühpädagogische Förderung in Institutionen. Zeitschrift für Erziehungswissenschaft. Sonderheft 11/2008. Wiesbaden.

Roux, S. & Kammermeyer, G. (2013): Sprachbildung und Sprachförderung. In: M. Stamm & D. Edelmann (Hrsg.): Handbuch frühkindliche Bildungsforschung. Wiesbaden, S. 515–528.

Sylva, K. u. a. (2010a): Early Childhood Matters. Evidence from the Effective Pre-school and Primary Education project. Abingdon.

Sylva, K. u. a. (2010b): Frühe Bildung zählt – Das EPPE-Projekt und das Sure Start Programm. Berlin.

Thanner, V. & Pischetsrieder, K. (2012): DJI-Projekt: Qualifizierungsoffensive. Sprachliche Bildung und Förderung für Kinder unter Drei. KiTa aktuell BY, 2/2012, S. 274–276.

Tietze, W. & Viernickel, S. (Hrsg.) (2007): Pädagogische Qualität in Tageseinrichtungen für Kinder. Berlin, Düsseldorf, Mannheim.

Tietze, W. u. a. (Hrsg.) (2013): NUBBEK. Nationale Untersuchung zur Bildung, Betreuung und Erziehung in der frühen Kindheit. Weimar, Berlin.

Viernickel, S. & Schwarz, S. (2009): Schlüssel zu guter Bildung, Erziehung und Betreuung. Wissenschaftliche Parameter zur Bestimmung der pädagogischen Fachkraft-Kind-Relation. Berlin.

Wagner, P. (2004): Unterstützung sprachlicher Bildungsprozesse von Kindern im Kontext von Mehrsprachigkeit. www.situationsansatz.de/files/texte%20ista/fachstelle%20kinderwelten/kiwe%20pdf/Wagner_Sprache_in_Bewegung.pdf.

Wagner, P. (2010): Quer durch viele Sprachen hindurch – Vielgestaltigkeit der Sprachwelten von Kindern. In: P. Wagner (Hrsg.): Handbuch Kinderwelten. Freiburg.

Weltzien, D. (2013): Erfassung von Interaktionsgelegenheiten im Alltag – erste Ergebnisse der Entwicklung und Überprüfung des Beobachtungsverfahrens GInA. In: K. Fröhlich-Gildhoff u. a. (Hrsg.): Forschung in der Frühpädagogik VI. Schwerpunkt: Interaktion zwischen Fachkräften und Kindern. Freiburg, S. 59–86.

Zimmermann, P. u. a. (2013): Bindung, Erziehung und Bildung: Entwicklungsgrundlagen des Kompetenzaufbaus. In: M. Stamm & D. Edelmann (Hrsg.): Handbuch frühkindliche Bildungsforschung. Wiesbaden, S. 407–422.

Beziehungen unter Kindern von klein auf wahrnehmen und unterstützen

Kornelia Schneider

Beziehungen unter Kindern sind ein wesentliches Merkmal für Qualität in Kindertageseinrichtungen, blieben bisher jedoch in der Qualitätsdebatte weitgehend ausgeklammert. Es bringt viele neue Erkenntnisse, sich diesem Thema zuzuwenden und die Fähigkeiten der Kinder im Herstellen von Gemeinsamkeit unter Ihresgleichen (= Peers) zu entdecken. Außerdem bringt es auch mehr Freude in den Alltag von Kindertageseinrichtungen – sowohl für die Kinder als auch für die pädagogischen Fachkräfte –, die von Kindern selbst initiierten gemeinsamen Unternehmungen wahrzunehmen und zu würdigen. Schon Einjährige können ohne Zutun von Erwachsenen oder älteren Kindern Gruppenaktivitäten erzeugen, die ihnen viel Vergnügen bereiten.

Neu sehen lernen

Die Säuglings- und die Hirnforschung haben unseren Blick auf die Kompetenzen der Kinder in ihren frühen Jahren gelenkt. Von Beginn an spielen die Kinder eine aktive Rolle in der Kommunikation und erforschen die Welt. Das erfordert ein Umdenken in Bezug auf die Rolle der Erwachsenen. Wir gehen heute davon aus, dass Kinder bei der Geburt alles mitbringen, was sie brauchen, um sich weiterzuentwickeln. Zwar wären sie ohne fürsorgliche Zuwendung nicht lebensfähig, doch niemand muss ihnen beibringen zu lernen. Sie wollen es von sich aus. Sie sind interessiert an Beziehungen und am Kennenlernen ihrer Umgebung. Kinder sind darauf aus, die Welt zu verstehen und handlungsfähig zu sein. Und sie verfügen über die grundlegenden Fähigkeiten dafür. Kinder können zeigen, ob ihnen die Kommunikation, die sie erleben, behagt oder nicht. Sie können selbst Kommunikation in Gang setzen und beenden oder ihre Fähigkeiten dafür einsetzen, die Kommunikation aufrechtzuerhalten. Sie sind von Forschergeist beseelt (Gopnik u. a. 2000) und setzen all ihre Energie dafür ein, Neues zu erfahren, vertraute Erfahrungen zu überprüfen und ihren Bewegungs- und Handlungsradius zu erweitern.

Was das in Bezug auf andere Kinder bedeutet, ist bisher nicht ausreichend bedacht worden. Die Bedingungen des Aufwachsens im Rahmen von Kleinfamilien boten kaum Gelegenheiten zu erkunden, was Kinder – vor allem Gleichaltrige – miteinander anfangen und zuwege bringen können. Jetzt eröffnen sich neue Möglichkeiten, soziale Interessen und Fähigkeiten von Kindern im Rahmen von Peer-Beziehungen wahrzunehmen. Denn immer mehr Kinder besuchen von klein auf Kindertageseinrichtungen, wo sie mit Gefährten ihr Leben teilen. Frühe und regelmäßige Tagesbetreuung

»hat die Entwicklung von extensiver und komplexer Peer-Kultur hervorgebracht, die eine entscheidende Rolle im täglichen Leben von jungen Kindern spielt« (Corsaro 2011a, S. 116). Sie umfasst »ein bestimmtes Set von Aktivitäten oder Routinen, … die Kinder produzieren und in ihren Interaktionen miteinander teilen« (Corsaro 2011b, S. 301).

Doch nur wenige Expertinnen und Experten für die ersten drei Lebensjahre wenden sich der Frage zu, was Kinder miteinander aus eigener Kraft auf die Beine stellen. Die neue Veröffentlichung zu den frühesten Beziehungen unter Kindern – »Was wir gemeinsam alles können« (Schneider & Wüstenberg 2014) – nimmt die Bedeutung der eigenen Kultur unter Kindern in den Blick und ist Grundlage für diesen Beitrag.

Die Bedeutung eigener Reflexion und Praxisforschung

Pädagogische Fachkräfte, die schon länger mit Kindern ab dem Säuglingsalter arbeiten, nehmen heutzutage meistens wahr, dass sich die Kinder auch schon in den ersten Lebensjahren stark füreinander interessieren. Sie entdecken auch Freundschaften unter Kindern, die noch keine zwei Jahre alt sind. In der Ausbildung haben Erzieherinnen und Erzieher davon allerdings in der Regel nichts gehört, sondern ihnen wurde meistens gar kein Wissen über das Potenzial für befriedigende Begegnungen und Kooperation unter Kindern in den ersten Lebensjahren vermittelt, wenn nicht gar unzutreffendes Wissen, das seit mindestens 30 Jahren überholt ist (vgl. Wüstenberg & Schneider 2010, S. 69).

Das ist ein Anlass, im Team zu klären:
- Was wissen wir von den Kooperationsfähigkeiten junger Kinder?
- Wie viel davon nehmen wir im Alltag wahr?
- Wie viel Raum lassen wir dafür?
- Was können wir dazu beitragen, dass Kinder zueinander finden und gegenseitig ihr Spielen und Forschen bereichern?

Der gesetzliche Auftrag von Kindertageseinrichtungen legt nahe, sich mit diesen Fragen zu befassen, damit Kinder wie gewünscht unterstützt werden können:
- »Kinder und Jugendliche sind entsprechend ihrem Entwicklungsstand an allen sie betreffenden Entscheidungen der öffentlichen Jugendhilfe zu beteiligen« (§ 8 Abs. 1 SGB VIII).
- Tageseinrichtungen sollen »die Entwicklung des Kindes zu einer eigenverantwortlichen und gemeinschaftsfähigen Persönlichkeit fördern« (§ 22 Abs. 2 SGB VIII).
- »Die Förderung soll sich am Alter und Entwicklungsstand, den sprachlichen und sonstigen Fähigkeiten, der Lebenssituation sowie den Interessen und Bedürfnissen des einzelnen Kindes orientieren und seine ethnische Herkunft berücksichtigen« (§ 22 Abs. 3 SGB VIII).

Grundlage für die Erfüllung dieser Aufgaben ist einerseits der Wille, Kindern Rechte zuzugestehen, andererseits Beobachtung. Wer nichts davon wahrnimmt oder weiß, wie Kinder schon im ersten Lebensjahr Kontakt miteinander anbahnen und Beziehungen aufbauen, kann die Kinder schlecht ihrem Alter entsprechend fördern. »Es braucht Erwachsene, die sich für die Beziehungen der Kinder untereinander interessieren und die wissen, was möglich ist, um ihre pädagogische Praxis daraufhin zu überprüfen, ob die Kinder ihr Potenzial entfalten können« (Schneider & Wüstenberg 2014, S. 183).

Aus Forschungsarbeiten in anderen Ländern wissen wir, wie entscheidend die Kultur des Zusammenlebens und Lernens in Kindertageseinrichtungen dafür ist, ob und wie Kinder sich beteiligen, ob ihre Stimme gehört wird und wie sie an der Gestaltung des Alltags mitwirken können. Ein wesentliches Element ist die Möglichkeit für Kinder, eine eigene Welt von Beziehungen untereinander aufzubauen. Mehrere Studien weisen nach, dass das im Freispiel eher stattfindet als in Situationen, die von Erwachsenen strukturiert und von Anleitung geprägt sind (ebd., S. 184 ff.). Die Kinder brauchen für die Entfaltung von Prozessen gemeinsamer Tätigkeit eine ausreichende Anzahl anderer Kinder mit ähnlich gelagerten Interessen und Fähigkeiten, außerdem Platz und Zeit für längere Spielphasen ohne Unterbrechung.

Es ist also gar nicht so viel zu tun für pädagogische Fachkräfte. Sie müssen Kinder nicht lenken, damit sie miteinander ins Spiel kommen. Direkte Intervention stört die Kinder sogar eher beim Aufbau ihrer besonderen Verständigungsweisen und selbst organisierten gemeinschaftlichen Spiele. Aber es kommt darauf an, wie viel Aufmerksamkeit die verantwortlichen Erwachsenen den Beziehungen der Kinder schenken und wie viel Raum sie ihnen lassen für selbstbestimmte forschende Tätigkeit und die Entwicklung von Spielideen und Interaktionen nach ›eigenem Recht‹ (vgl. ebd., S. 52).

Es ist die pädagogische Einstellung, die sich als förderlich oder hinderlich für die Qualität von Kontakten unter Kindern in den ersten Jahren erweist. Kleinkinder kommen zu mehr kompetenten Beziehungen mit Ihresgleichen, wenn die Bezugspersonen sie dazu ermutigen (vgl. NICHD 2001). Dazu braucht es allerdings einen Blick für die Interaktionen unter Kindern. Und den haben Erzieherinnen und Erzieher nicht selbstverständlich, wie Rayna und Laevers (2011, S. 165) herausgefunden haben –, nicht einmal alle diejenigen, die sonst sehr feinfühlig im Umgang mit jedem einzelnen Kind sind. Das Zusammenspiel von Kindern (untersucht im zweiten Lebensjahr) wird am ehesten gefördert durch vertrauensvolle und verlässliche Beziehungen in Verbindung mit einem kindzentrierten Erziehungsverhalten, das sich am Handeln, an den Wünschen und Gefühlen der Kinder ausrichtet und den vermuteten Absichten der Kinder folgt (vgl. Williams u. a. 2010). Erzieherinnen und Erzieher, die eine spielerisch orientierte Pädagogik vertreten und sich auf die Welt der Kinder einlassen, bieten ihnen den passenden Rahmen, um aufeinander zuzugehen und Spielfreude miteinander zu entwickeln (vgl. Canning 2007; Goouch 2008; Shin 2010). Wenn pädagogische Fachkräfte selbst Spielfreude mitbringen und sich von der Spielfreude der Kinder anstecken lassen, verstärkt das ihre Möglichkeiten, die selbst hergestellten Formen von Zugehörigkeit unter Kindern wahrzunehmen, zu schützen und zu unterstützen.

Grundlagenwissen zur Entwicklung von Zusammenspiel unter Kindern

Kinder suchen von Geburt an Beziehung und Gemeinschaft und sind dabei von Anfang an auf Dialog eingestellt. Sie reagieren auf Ansprache, und sie erwarten von ihren Mitmenschen Reaktionen auf ihre eigenen Äußerungen. Kinder scheinen über ein »Like-me«-Konzept zu verfügen (vgl. Schneider & Wüstenberg 2014, S. 79f.), das ihnen das Erkennen anderer Menschen und die Ausrichtung auf andere Menschen erleichtert: Da(s) ist jemand wie ich (like me), er oder sie macht das Gleiche wie ich, ich mache das Gleiche wie er oder sie, wir sprechen ›die gleiche Sprache‹.

Bisher wurde hauptsächlich in der Kommunikation zwischen Babys und ihren erwachsenen Bezugspersonen untersucht, welche entscheidende Rolle für die Entwicklung eines Kindes die feinfühlige Reaktion von Erwachsenen auf seine Signale spielt. Doch auch in der Kommunikation von Kindern untereinander geht es um feinfühlige Abstimmung, und zwar gegenseitig. Das macht den Unterschied zwischen Beziehungen mit Erwachsenen oder mit etwa gleichaltrigen Kindern aus. Kinder untereinander regen sich dadurch an, dass sie sich auf gleichem oder zumindest ähnlichem Kompetenzniveau befinden und Handlungsinteressen miteinander teilen. Das ergibt eine Struktur von Gleichrangigkeit und Wechselseitigkeit, die den Boden für gleichberechtigten Dialog miteinander schafft.

Alles, was Babys und Kleinkinder im Lauf ihrer ersten Lebensjahre für sich entwickeln, setzen sie auch im Kontakt mit Ihresgleichen ein, zum Beispiel:
▸ mit Körperhaltung, Bewegung, Gesichtsausdruck und Gebärden sprechen
▸ den Körper erkunden, den Raum erforschen

- erworbene Bewegungsfähigkeiten nutzen und ausbauen
- gezielte Greifbewegungen mit den Händen ausführen
- mit Gegenständen hantieren, um herauszufinden, was sich alles damit tun lässt
- Spiele erfinden
- mit Lauten, Lächeln und Blicken Beziehungen lenken
- mit Zeigegesten auf etwas hinweisen und den Gesten anderer folgen
- durch Handeln anzeigen, was passieren soll
- sich etwas abschauen und verstehen durch Beobachten
- voneinander lernen und Kooperation herstellen durch Nachahmen
- abwechselnd Initiative ergreifen und aufeinander eingehen

Schon mit drei Monaten geben Babys einander viel Aufmerksamkeit. Sie können in diesem Alter bereits zwischen Säuglingen, älteren Kindern und Erwachsenen unterscheiden. Sie fühlen sich besonders angesprochen durch andere, deren Größe, Gestalt, Bewegung und Stimme ihnen selbst entspricht. Sie erkennen Ihresgleichen und sehen darin einen Anreiz für Kontaktaufnahme und Nachahmung. Kinder nehmen einander wahr und bringen sich mit der ihnen gemäßen (nonverbalen) Sprache in Kontakt. Sie reagieren auf Laute, Blickkontakt, Lächeln und Gesten von anderen Babys und setzen selbst diese Kommunikationsmittel ein, um andere Babys zu Kontakt zu animieren. Dabei richten sie ihre Aufmerksamkeit stärker auf bekannte als auf fremde Babys.

Hubert Montagner, ein französischer Kleinkindforscher, geht davon aus, dass Babys (schon ab 3½ bis 5 Monaten) über fünf Sockelkompetenzen für Kooperation verfügen. Das sind:

- »die Fähigkeit zur konzentrierten visuellen Wahrnehmung,
- der Wille zur Interaktion,
- der Wunsch nach Anschluss und Gemeinsamkeit, in dem das Kind Bereitschaft zeigt, gemeinsam mit dem Gegenüber zu handeln,
- der zielgerichtete und richtungsgenaue Einsatz von Bewegung,
- die Fähigkeit zur Nachahmung bzw. die Fähigkeit, andere zur Nachahmung zu bewegen.

Dies impliziert, dass Kinder sich gegenseitig in ihren Fähigkeiten unterstützen« (Kommentar in Vincent 1995).

Wie Babys es machen, die Aufmerksamkeit anderer zu erregen, sich in deren Nähe zu begeben und in Interaktion zu treten, unterliegt einer Reihenfolge, die mit der (Weiter-)Entwicklung ihrer Fähigkeiten zu tun hat. Sie fangen damit an, aufeinander zu hören, einander anzuschauen und anzulächeln, Laute zu bilden und – sobald sie können – sich aufeinander zuzubewegen. Mit sechs Monaten ist zu beobachten, dass die Kinder ein fein aufeinander abgestimmtes Kommunikations- und Interaktionsverhalten entwickeln. Berührungen erfolgen in der Regel nur, wenn das andere Kind mit den vorhergehenden Annäherungen einverstanden war (Schneider & Wüstenberg 2014, Kap. 3.1 & 3.2).

Ihre ersten direkten Kontakte sind davon geprägt, gegenseitig ihren Körper zu erkunden. Das heißt auch, ihn von Gegenständen unterscheiden zu lernen. Das forschende Hantieren beim Berühren eines anderen Babys ist am häufigsten zwischen dem fünften und siebten Monat zu beobachten. Ab dem siebten Monat klettern Kinder auf- und übereinander. Zur gleichen Zeit beginnen Gegenstände eine vorherrschende Rolle zu spielen, um Kontakt herzustellen. Die Tätigkeit des anderen Kindes wird zum Interessantesten. Im Parallelspiel können Kinder neben ihrer eigenen Tätigkeit verfolgen, was andere machen. Sie können sich etwas abschauen und – wenn sie wollen – zu Zusammenspiel übergehen. Ab dem achten Monat wird Nachahmung entscheidend. Und ab dem neunten Monat kommen Guck-guck-Spiele unter Kindern vor. Gruppenspiele entstehen ab dem zehnten Monat. Das Erkennen von Gefühlen des anderen kommt mit dem zweiten Lebensjahr.

Abbildung 1. Foto von E. Prokop, Städt. Kinderkrippe München

Das zweite Lebensjahr ist davon geprägt, dass die fortschreitenden Fähigkeiten der Kinder komplexere Formen des Zusammenseins und Zusammenspiels ermöglichen. Die Verständigungs- und Kooperationsmöglichkeiten intensivieren sich, sofern die Kinder einander regelmäßig begegnen. Nachdem die Kinder sich schon viel Wissen angeeignet haben, wie sie Dinge und Raum beleben können, wie sie sich geschickt im Raum bewegen, Dinge erforschen und handhaben können, tun sie das immer öfter zu mehreren. Sie treffen Verabredungen durch Blicke oder das Einleiten von Handlungen, sie erkunden gemeinsam die Umgebung, sie erfinden Gemeinschaftsspiele und Rituale. Kinder lieben alle möglichen Arten von Bewegungs-, Versteck- und Guck-guck-Spielen, sie ergreifen zusammen Musik- und Tanzaktivitäten und begeistern sich an Spaßaktionen und Humor. Sie suchen zusammen Körpersensationen, zum Beispiel auf einer Matratze hopsen, kopfüber rutschen, sich bis zum Umfallen drehen, mit dem Buggy eine Schräge herunterfahren. Die Kinder sind in der Lage, sich gegenseitig zu unterstützen, einander zu assistieren und anzuleiten, Empfindungen auszudrücken, mitzufühlen und zu trösten, miteinander zu teilen und Konfliktlösungen zu finden. Sie beginnen, Bilder zu »lesen« und sich darüber zu unterhalten oder auch zusammen ein Bilderbuch anzuschauen oder einander »vorzulesen« (siehe Abbildung 1).

Einen besonderen Stellenwert nehmen kooperative Als-ob-Spiele ein (vgl. Schneider & Wüstenberg 2014, Kap. 3.8). Symbol- oder Fiktionsspiel taucht im Alter von 12 bis 14 Monaten auf. Wenn ein Kind in der Lage ist, Handlungen symbolisch nachzuvollziehen – z. B. einen Klotz wie ein Auto hin- und herschieben und dabei Motorgeräusche machen –, und wenn es vertraut ist mit dem Zusammensein unter etwa Gleichaltrigen, entstehen gemeinsame Als-ob-Spiele. Der Schwerpunkt hierfür liegt im dritten Lebensjahr. In Symbolspielen verarbeiten die Kinder gemeinsam Alltagserfahrungen und gestalten gleichzeitig eigene Realitäten. Sie sind intensiv beteiligt und kosten die Freiheit aus, alle Elemente fiktiv verändern zu können. Die Themen ergeben sich aus der unmittelbaren Erfahrungswelt. Die Regeln erfinden sie während des Spiels und handeln sie untereinander aus.

Ob und wann solche Spiele entstehen, hängt von

der Qualität der Betreuung ab. Bei guter Betreuungsqualität spielt schon ein Viertel der Kinder im Alter von 16 Monaten kooperative Als-ob-Spiele. Unter Freunden entsteht kooperatives Symbolspiel früher als unter Kindern, die nur bisweilen miteinander spielen.

Dass Kinder schon früh miteinander spielen, ohne von Erwachsenen dazu angeleitet zu werden, war früher nicht vorstellbar, ist inzwischen jedoch seit über 30 Jahren in vielen Fachartikeln nachzulesen – allerdings meist aus dem englischsprachigen Raum. Mira Stamback, eine französische Kleinkindforscherin, erklärt in einem Fernsehfilm (Vincent 1995): »Es war für uns eine einmalige Entdeckung zu sehen, wie bereichernd das Zusammensein für die Kinder ist. Zuvor glaubte man nämlich, dass Kinder sich in diesem Alter gar nicht für Ihresgleichen interessieren. Viele Autoren waren der Meinung, das käme erst zwischen dem dritten und sechsten Lebensjahr. Während unserer Arbeit beobachteten wir jedoch immer wieder voller Staunen, dass die Kinder sich in Zweier-, Dreier- oder Vierergruppen zusammentaten, miteinander spielten und dabei anscheinend viel Spaß hatten.« Dazu wird im Film gezeigt, wie zwei Einjährige sich bei einem Spielhaus aus Karton einfinden, zum Fenster heraus Guck-guck machen, dadurch andere Kinder anlocken und schließlich zu mehreren ins Haus hineingehen. Es stört sie nicht, dass das Haus dabei auf die Seite kippt. Sie probieren einfach aus, was sich in dieser neuen Lage damit machen lässt. Der Kommentar dazu lautet: »Kinder fangen von sich aus an zu spielen, ohne dass Erwachsene eingreifen oder die Regeln vorgeben müssen. Es genügt bereits etwas Freiraum oder dass etwas passiert. Und schon finden sich ein paar Kinder zusammen und tauschen sich vielfältig untereinander aus.«

Untersuchungen der letzten Jahre haben zu noch differenzierteren Kenntnissen über die erstaunlichen sozialen Fähigkeiten von Kleinkindern geführt. Kleinkindforscherinnen aus verschiedenen Ländern haben durch Untersuchungen des Alltagslebens in Kindertageseinrichtungen neue Einsichten in Bezug auf den Kommunikationsstil von Kleinkindern gewonnen. Schneider und Wüstenberg (2014) haben die Forschungsergebnisse zusammengestellt und anhand von Szenenbeschreibungen veranschaulicht, wie vielfältig die Fähigkeiten der Kinder sind, sich aufeinander einzustellen und miteinander aktiv zu werden. Im Folgenden wird herausgegriffen, was bisher am wenigsten bekannt war.

Neue Erkenntnisse zum Kommunikationsstil von Kleinkindern

Gunvor Løkken (2000) hat mit einem neuen Begriff erhellt, was das Besondere an den Beziehungen unter Kleinkindern ist. Sie charakterisiert die Art des Umgangs miteinander als »toddler style« (= Kleinkindstil). Dadurch verdeutlicht sie, wie viel Eigensinn und Kreativität in den gemeinsamen Unternehmungen von Kindern stecken.

Was den Kleinkindstil (toddler style) ausmacht

»Toddler style« ist die Eigenart von Ein- und Zweijährigen, sich der Welt und vor allem ihren Gefährten zuzuwenden und ihr Leben zu gestalten. Sie basiert auf Körpersprache und ist geprägt von Lebens- und Sinnenfreude. Die Kinder verstehen sich in ihrer Sprache und bauen sich damit eine eigene Welt, die Erwachsenen nicht ohne Weiteres zugänglich ist. Sie entfalten eigene Themen, Verständigungsweisen, Spielformen und Forschungsmethoden und bilden auf diese Art Wir-Gefühl (we-ness) und Zusammengehörigkeit (togetherness).

Typische Merkmale sind:
- Handlungsvorschläge und Rückversicherungen (social referencing) durch Körpersprache: vokalisieren, lächeln, Blicke senden, bewegen, handeln, abwarten
- Beobachten und nachahmen
- Einstimmen in Lautäußerungen und Handlungen anderer

Abbildung 2

- Körpererleben, Bewegungslust
- Rhythmus, Musik- und Tanzelemente
- Hohe Energie, Gefühlsintensität, Spontaneität
- Spielfreude und Erfindungsreichtum, sich Ausgefallenes einfallen lassen
- Humor und Übertreibungen, frohlockende Stimmung, Quatsch und Witze machen
- Eine besondere Art der Annäherung und eine besondere Art, Zuneigung auszudrücken

Vieles davon kann man auch sehen, wenn ein einzelnes Kind sich die Welt zu eigen macht. Denn Kinder wachsen durch Bewegung und leben im Hochgefühl neu erworbener Fähigkeiten, wenn sie entsprechend Freiraum haben (siehe Abbildung 2).

Doch um den »toddler style« voll zur Entfaltung zu bringen, braucht es andere Kinder, die mitmachen. Es wird interessanter und intensiver, wenn sich ein Kind mit anderen Kindern verständigt und sich anstecken lässt.

Den größten Spaß erleben Kinder bei selbstorganisierten Bewegungsaktivitäten zu mehreren oder wenn sie sich »aus Spaß an der Freud« in Fröhlichkeit, Lachen und Lärmen hineinsteigen. Sie laden einander ein zum Spiel und entwickeln gemeinsame Pläne, lange bevor sie das mit Worten ausdrücken können. »Wie machen sie das nur?« Diese Frage stellen Gopnik, Kuhl und Meltzoff (2000) in Bezug auf die kognitive Entwicklung von Kindern in den ersten Lebensjahren. Auch die sozialen Fähigkeiten der Kinder, sich mit Ihresgleichen zusammenzutun und eine eigene Welt zu schaffen, können wir nur staunend bewundern.

Was die Kinder alles treiben:

- Lauf- und Lärmspiele jeder Art, bevorzugt als Hin-und-her-Rennen von einer Wand zur anderen mit Anschlagen, begleitet von Anfeuerungsrufen
- Sich verstecken und wieder erscheinen in jeder Form
- Hintereinander herjagen: krabbelnd, rennend oder mit einem Fahrzeug
- Einrichtungsgegenstände oder den Raum umrunden
- Sich um eine Matratze versammeln, darauf hopsen und sich hinwerfen
- Sich im Kreis drehen und dann hinplumpsen lassen

- Sich voreinander hinstellen und den Kopf schütteln, lachen und quieken, sich ausschütten vor Lachen
- Witzige Wörter erfinden oder komische Gesichter machen, um einander zum Lachen zu bringen
- »Absurdes Theater« ersinnen, zum Beispiel einen Teller als Hut auf den Kopf stellen oder Beine in Jackenärmel stecken
- Holzhammerkonzert, Metalltonnenmusik, Trommel-Trio veranstalten

Besonders faszinierend ist die Fähigkeit von Kleinkindern, Begrüßungszeremonien für ihre bevorzugten Spielpartner zu erfinden und Gruppenfreude (group glee) zu erzeugen. Die Gruppenfreude nimmt häufig die Form von Fröhlichkeitskonzerten (glee concerts) an. Fröhlichkeitskonzerte gehen oft einher mit Bewegungsspielen oder entstehen spontan aus dem Stegreif. Sie können besonders dadurch angeheizt werden, dass die Erwachsenen nicht nachvollziehen können, was sich da unter den Kindern abspielt.

Spielformen aus der Bewegungsfreude heraus zu entwickeln und zu Routinen zu machen, ist die am häufigsten beschriebene Gestalt von selbst organisierter Gemeinschaft im »toddler style«. Im ersten Lebensjahr entwickeln die Kinder – zu zweit und auch zu mehreren – Krabbeltouren (siehe Abbildung 3), danach Tobe-Touren mit Rennen und Fahren.

Wenn entsprechend viele Kinder mit gleichen Interessen anwesend sind, ist es nicht untypisch, dass sich vier bis sechs Kinder daran beteiligen. Es können sogar bis zu zehn Kinder werden (wie im Spiel um das Karton-Spielhaus im Fernsehfilm von Vincent 1995). Tobe-Touren laufen nach einem selbst ausgeheckten Muster ab, über das die Kinder sich ohne Worte verständigen. Sie machen den Ablauf zur Routine, sodass alle Kinder Bescheid wissen und sich einklinken können. Variationen ergeben sich aus der Dynamik.

Es gibt verschiedene Arten von Routinen. Typisch ist, entweder immer der Reihe nach hintereinander das Gleiche zu machen und dann wieder von vorne zu beginnen oder immer abwechselnd einander ergänzend Aktionen aufeinander abzustimmen und aneinanderzureihen. Weiträumige Bewegungsmöglichkeiten und große Spielelemente wie zum Beispiel Kartons, Matratzen, Tunnel, Möbel und anderes Einrichtungszubehör sind ein willkommener Anreiz für Kinder, Bewegungsspiele zu mehreren zu erfinden.

Corsaro (2011) beschreibt die »kleine Stuhlroutine« von Zwei- und Dreijährigen in einer Kindertageseinrichtung: Es begann damit, dass die Kinder Stühle im Raum herumschoben wie Autos und dabei Zusammenstöße produzierten. Eines Tages schoben einige Kinder die Stühle quer durch den Raum zu einer langen Reihe zusammen, die von einer Wand bis zu einem kleinen Podest auf der gegenüberliegenden Seite reichte. Sie sorgten dafür, dass die Linie gerade verlief und nirgends eine Lücke zwischen den Stühlen blieb. Danach bestiegen die Kinder den ersten Stuhl an der Wand und gingen die ganze Reihe entlang von Stuhl zu Stuhl. Manchmal schwankten sie ein wenig hin und her und sagten dazu »Ich falle, ich falle!«, behielten aber immer das Gleichgewicht, bis sie das Podest erreichten und heruntersprangen. Dieses Spiel wie-

Abbildung 3

derholten die Kinder dann das ganze Jahr über immer wieder mit Variationen. Manchmal hüpften sie von Stuhl zu Stuhl anstatt zu gehen. Und immer erinnerten sie sich gegenseitig daran, vorsichtig zu sein, weil die Erzieherinnen sie dazu beim ersten Mal ermahnt hatten.

»In diesem Beispiel sehen wir nicht nur das Erfinden und Ausgestalten einer Routine von Peer-Kultur zwischen sehr jungen Kindern, sondern auch eine darin enthaltene Herausforderung der Autorität von Erzieherinnen« (Corsaro 2011b, S. 303; Übersetzung durch die Verfasserin). Die Kinder erwarteten von den pädagogischen Fachkräften, ihnen zuzugestehen, auf diese Weise mit den Stühlen zu spielen – wohl wissend, dass Stühle eigentlich zum Sitzen gedacht sind.

Herausforderungen für Erwachsene

Auch das gehört zum »toddler style«, dass Kinder sich gegenüber Erwachsenen verbünden, dass sie Regeln und Pläne der eigenen Art entwickeln und die der Erwachsenen links liegen lassen, unterlaufen oder damit spielen. Auf diese Weise stellen sie nicht nur ein Gemeinschaftsgefühl, sondern auch Zusammenhalt untereinander her.

Einjährige und Jüngere lassen sich inspirieren vom Aufforderungscharakter, den die Dinge für sie haben oder den sie durch ihre Tätigkeit entstehen lassen. Wenn sie nicht angeleitet werden, kümmert es sie nicht, was Erwachsene sich gedacht hatten. Sie tun einfach, wonach ihnen der Sinn steht. Und das kann etwas ganz anderes sein, als die Erwachsenen im Sinn hatten, wofür sie ein bestimmtes Material bereitgelegt hatten. Dazu gibt es ein wunderbares Beispiel aus Reggio Emilia: Der ganze Boden war mit Papier ausgelegt worden, sodass Krabbelkinder darauf sitzen und malen konnten. Stifte lagen bereit. Ein Kind entdeckte – mit dem Stift in der Hand –, dass sich das Papier vom Boden abziehen lässt und ging dieser Entdeckung nach. Nach kurzer Zeit waren mehrere Kinder dabei, den Boden freizulegen und dabei zu beobachten, wie sich das abgezogene Papier einrollt (Reggio Children 2004, S. 11f.).

Zweijährige können bereits absichtsvoll die Pläne von Erwachsenen durchkreuzen. Sie wissen, was von ihnen erwartet wird und stellen sich dagegen, indem sie die ihnen bekannten Regeln der Erwachsenen durch ihr Handeln mit Augenzwinkern, Humor oder Faxen »brechen« und sich gegenseitig in ihrem Tun bestärken.

Ein Videofilm vom Mittagessen Ein- bis Zweijähriger (Mohn & Hebenstreit-Müller 2007) zeigt, wie die Kinder sich neben der Ordnung der Erwachsenen eine eigene Ordnung schaffen, die ihnen angenehme Unterhaltung bei Tisch ermöglicht. Sie machen Musik mit rhythmischen Bewegungen, mit Lauten, mit Löffeln und Bechern. Sie unterbrechen, wenn ihnen neu eingeschenkt wird, aber sie lassen sich nicht abbringen von ihrer Tafelmusik, wenn eine Erzieherin sie ermahnt zu essen. Ein Musikprofessor kommentiert, welche musikalischen Fähigkeiten er in ihren Ausdrucksformen findet: Vokal- und rhythmisches Ensemble, Improvisation und Resonanz, Percussion, fünfstimmiges Orchester, Chor, Jamsession.

Das ist nicht der übliche Blick von Erwachsenen auf Essenssituationen. Doch es lohnt sich wahrzunehmen, wie Kinder Künstler darin sind, zwei Welten nebeneinander erstehen und bestehen zu lassen. »Sie essen und unterhalten sich bestens mit dem, was ihre Körper, der Tisch, das Besteck und das Geschirr hergeben. Sie verständigen sich untereinander mit Singsang, aufmerksamen Blicken, ›Maultrommel‹, Geklapper und ersten Worten. Sie hören und tönen, sie empfangen und senden und bekommen etwas zurück« (Schneider & Wüstenberg 2014, S. 177). Die Kinder produzieren Ton- und Rhythmusfolgen, sie spielen, während sie essen, mit Stimmen, Geräuschen und Rhythmen und animieren sich dabei gegenseitig.

»Was die Kinder tun, zeigt eine hohe Qualität des ›toddler style‹. Sie beleben die Essenssituation mit Bewegungsfreude und mit musikalischer Improvisation nach allen Regeln der Kunst. ... Sie lassen sich zu neuen Variationen anregen. Sie stimmen sich aufeinander ab und ein, wechseln einander ab und lassen bisweilen Synchronie entstehen« (ebd., S. 178). Und es kommt noch mehr vor, was zu den typischen Merkmalen des »toddler style« zählt: Die Kinder spielen mit Regeln, machen Kopfschüttel-Dialoge und lassen Freudenschreie los.

Was bewirkt dieser andere Blick auf die Entfaltung der Kultur von Kindern? Es lohnt sich, unter diesem Gesichtspunkt im Team zu diskutieren:

▸ Sehen wir das Potenzial von Kindern, selbst Regeln miteinander zu entwickeln, Rituale zu erfinden und Zusammengehörigkeit herzustellen?
▸ Wie können wir den Kindern einen Möglichkeitsraum für eine Parallelwelt ihrer eigenen Kultur lassen? Könnten wir Essenssituationen und andere Alltagsabläufe unter diesem Gesichtspunkt anders wahrnehmen und gestalten?
▸ Wie viel Struktur geben wir vor, ohne uns bewusst zu machen, dass wir damit den Kindern unsere Erwartungen an Ordnung aufzwängen, ohne uns ihre überhaupt anzuschauen?
▸ Was würde sich ändern, wenn wir mit dem Auftrag, Beteiligung und Mitwirkung von Kindern zu ermöglichen, ernst machen am Mittagstisch?

Die Kinder können eine eigene Peer-Kultur in den ersten drei Lebensjahren nur entfalten, wenn wir Anteil nehmen an ihrer Welt und ihnen einräumen, sich wirksam einzubringen auf ihre Weise, sodass sie Wir-Gefühl durch Zusammenspiel herstellen können.

Freundschaften unter Kindern

In manchen Fachartikeln wird behauptet, vor dem vollendeten zweiten Lebensjahr könne man auf keinen Fall von Freundschaft zwischen Kindern reden, weil das, was sich unter jüngeren Kindern zeigt, nicht die Kriterien von Freundschaft erfüllt, wie Erwachsene sie sehen. Es kommt aber darauf an zu untersuchen und zu verstehen, wie Kinder Freundschaft entwickeln, wie sich Freundschaft in ihrer Welt gestaltet und wie sie sie mit ihren Mitteln zum Ausdruck bringen. Das ist noch wenig erforscht. Und so ist noch nicht klar, wie aus Spielpartnerschaften Freundschaften werden; aber es steht fest, dass es bereits in den ersten Jahren passieren kann, wenn die Kinder vertraut miteinander sind. Auch Freundschaft in den ersten Lebensjahren zeigt sich in der Sprache der Kinder, das heißt im »toddler style«.

Merkmale von Freundschaft in den ersten drei Lebensjahren

Lässt man sich auf die Sprache der Kinder ein, lassen sich auch Verhaltensmerkmale festlegen, die Freundschaft kennzeichnen:

▸ Wechselseitige Vorliebe füreinander, sich gegenseitig suchen und gerne beieinander sein
▸ Starke emotionale Verbundenheit und Anteilnahme
▸ Herstellen von Ähnlichkeit bzw. Gemeinsamkeit
▸ Nähe und Intimität suchen
▸ Zueinander stehen und füreinander einstehen: Loyalität
▸ Sich gegenseitig vermissen

Nicht alle Kinder schließen Freundschaften, aber in allen Altersstufen – d. h. vom ersten Lebensjahr an – kommen Freundschaften unter Kindern, die regelmäßig Kontakt miteinander haben, vor. Freundschaften entwickeln sich und können sich verändern.

Manche Kinder haben mehr als nur eine Freundin oder einen Freund. Und es gibt nicht nur Zweier-, sondern auch Dreierfreundschaften, wie neuere Untersuchungen ergeben haben (Greve 2005). Dabei ist beachtenswert, dass jede Freundschaft besonders ist und ihren eigenen Stil hat. Ein Kind kann mit dem einen Freund oder der einen Freundin etwas anderes leben als mit dem oder der anderen. Was Freundinnen und Freunde miteinander verbindet, ist ihre jeweilige Gemeinsamkeit im Interesse, Spielthema und Spielstil (ebd.).

Freundschaften bieten besonders inspirierende Anregungen für die soziale und geistige Entwicklung, steigern das Wohlgefühl und stärken die Person. Außerdem sind Freunde anziehend für andere Kinder. Häufig bilden Freundschaftspaare den Kern von größeren Spielgruppen. Doch es ist auch zu beobachten, dass die anderen Kinder akzeptieren, wenn Freundinnen und Freunde unter sich sein wollen und sich abschirmen, um ihren Stil miteinander ungestört zu pflegen.

Konflikte gehören dazu

Freunde und Freundinnen haben nicht weniger Konflikte als andere Kinder, die miteinander spielen. Konflikte unter Freundinnen oder Freunden verlaufen häufig heftiger als unter Spielpartnern. Das erklären Fachleute damit, dass Freunde und Freundinnen mehr wagen können, da sie nicht gleich ihre Beziehung gefährdet sehen, wenn sie sich einmal nicht einig sind.

Konflikte sind eine Gelegenheit, sich selbst zu spüren und den anderen wahrzunehmen. Durch Konflikte lernen Kinder, dass jemand, der so ist wie ich (like me), dennoch mitunter andere Interessen und Ansichten haben kann. Es gehört zur Persönlichkeitsentwicklung, die eigenen Anliegen geltend zu machen. Deswegen bereichern Konflikte das Entwicklungspotenzial unter Kindern. Wenn unterschiedliche Interessen in Erscheinung treten, kann man sich selbst und andere besser kennenlernen.

In jeder kooperativen Spielhandlung kann es zu Konflikten kommen, und jeder Konflikt kann wieder in gemeinsames Spiel münden. Gemessen an den vielen Gelegenheiten für Unstimmigkeiten kommen Konflikte relativ selten vor. Und wenn sie auftreten, lösen die Kinder sie meistens selbst untereinander. Sie sind dabei sehr erfindungsreich und schaffen eigene Regeln (Dittrich u. a. 2001).

In der Fachliteratur geistert immer noch die Vorstellung umher, junge Kinder würden vor allem in Besitzkonflikte geraten. Doch Besitzenwollen gehört noch nicht zu ihrem Denken. Wenn Einjährige oder Jüngere einem anderen Kind etwas aus der Hand nehmen, geht es nicht ums Wegnehmen, um etwas selbst zu haben, sondern darum, das auszuprobieren, was sie beim anderen beobachtet haben.

Konfliktanlässe und -themen sind vielfältiger Art:

- »Einander kennenlernen: ›Wer bist du?‹ – ›Wie bist du?‹
- ›Mein‹ und ›Nein‹
- Positionen finden, festigen oder ändern wollen, zum Beispiel: ›Wer ist Bestimmer?‹
- Gruppe(n) bilden (eingrenzen, abgrenzen, ausgrenzen)
- ›Freund/Freundin sein‹
- Territorium, Spielfluss, Spielgruppe sichern
- ›Ich will mitspielen‹ oder ›Material von dir benutzen‹
- Regeln testen, einfordern, erfinden oder verändern
- Grenzen bei anderen testen, andere herausfordern: ›Wie weit kann ich gehen, was verträgst du?‹« (Dittrich u. a. 2001, S. 109).

»Mein« und »Nein« sind von besonderer Bedeutung bei Ein- und Zweijährigen. Sie sind weniger Ausdruck für Besitz- als für Autonomiestreben.

Spannende Aussichten

Pädagogische Fachkräfte, die Peer-Beziehungen im Blick haben und sich an den großartigen Fähigkeiten der Kinder erfreuen, unterstützen Kinder am ehesten darin, Wirkmächtigkeit in gemeinsamen Spielen zu entfalten. Ein weiterer Schritt wäre, sich im Team der Frage zu stellen, wie den Kindern im Alltag noch mehr Möglichkeiten für den Aufbau und das Ausleben von bereichernden Peer-Beziehungen eingeräumt werden können.

Je mehr wir unseren Blick darauf lenken, was Kinder in Eigenregie fertigbringen und wie wir dem mehr Raum geben und mehr Anteil daran nehmen können, desto mehr wird sich zeigen, was bisher vielleicht verborgen war. Unsere Vorstellung von Qualität wird sich verändern, wenn wir darauf achten, was für Kinder Qualität darstellt. Die neueste Entdeckung ist, dass schon Zweijährige in der Lage sind zu dokumentieren, was für sie in der Kindertageseinrichtung von besonderer Bedeutung ist (Rayna 2014). Sie wurden in einer französischen Kindertageseinrichtung eingeladen, »mit einer Digitalkamera all das zu fotografieren, ›was sie mögen‹, ›was sie interessiert‹« (ebd., S. 23). Dabei hat sich herausgestellt, dass es ihnen vor allem um die anderen Kinder geht: »Die Kinder sind das vorrangige Sujet der Kinder, sie wurden oft als erstes fotografiert, mehrmals hintereinander ..., allein oder in Gruppen, als Portrait oder beim Tätigsein« (ebd., S. 24).

Wer weiß, was wir noch alles entdecken werden, wozu Kinder schon zu Beginn des Lebens in der Lage sind, wenn wir unsere Blickrichtung ändern, uns auf ihre Sprache einlassen und versuchen, vom Kind aus zu verstehen, was beim Vertrautwerden mit der Welt von Bedeutung und erstrebenswert ist im Zusammenleben mit anderen Kindern. Erwachsene sind aufgefordert zu einer neuen Qualität von Beobachtung, Anteilnahme, Reflexion und Dialog.

Literatur

Canning, N. (2007): Children's empowerment in play. European Early Childhood Education Research Journal, Vol. 15, pp. 227–236.

Corsaro, W. A. (2011a): The sociology of childhood. 3rd. edn. Los Angeles.

Corsaro, W. A. (2011b): Peer Culture. In: J. Qvortrup u. a. (Eds.): Childhood Studies. Houndmills, Basingstoke, Hampshire, pp. 301–315.

Dittrich, G. u. a. (2001): Wenn Kinder in Konflikt geraten. Eine Beobachtungsstudie in Kindertagesstätten. Neuwied, Kriftel, Berlin.

Goouch, K. (2008): Understanding playful pedagogies, play narratives and play spaces. Early Years, Vol. 28, pp. 93–102.

Gopnik, A. u. a. (2000): Forschergeist in Windeln. Wie Ihr Kind die Welt begreift. Kreuzlingen/München.

Greve, A. (2005): Friendship and Participation among Young Children in a Norwegian Kindergarten. In: D. Berthelsen u. a. (Eds.): Participatory learning in the early years: research and pedagogy. New York, Oxfordshire, pp. 78–92.

Løkken, G. (2000): Tracing the Social Style of Toddler Peers. Scandinavian Journal of Educational Research, Vol. 44, pp. 163–176.

Mohn, B. E. & Hebenstreit-Müller, S. (2007): Zu Tisch in der Kita. Mittagskonzert und Mittagsgesellschaft. DVD. Berlin.

NICHD Early Child Care Research Network (2001): Child Care and Children's Peer Interaction at 24 and 36 Months: The NIHD Study of Early Child Care. Child Development, Vol. 72, No. 5, pp. 1478–1500.

Rayna, S. (2014): Kinder beurteilen Qualität. Kinder in Europa. Ausgabe 27, S. 23–25.

Rayna, S. & Laevers, F. (2011): Understanding children from 0 to 3 years of age and its implications for education. What's new on the babies' side? Origins and evolutions. European Early Childhood Education Research Journal, Vol. 19, No. 2, pp. 161–172.

Reggio Children (2004): Project Zero. Making learning visible. Reggio Emilia.

Schneider, K. & Wüstenberg, W. (2014): Was wir gemeinsam alles können. Beziehungen unter Kindern in den ersten drei Lebensjahren. Berlin.

Shin, M. (2010): Peeking at the relationship world of infant friends and caregivers. Journal of Early Childhood Research, Vol. 8, pp. 294–302.

Vincent, G. (1995): La vie est un jeu (Spiel, Baby, spiel!). Fernsehfilm, gesendet in ARTE am 30.04.1995.

Williams, S. T. u. a. (2010): The development of peer interactions in infancy: Exploring the dyadic process. Social Development, Vol. 19, pp. 348–368.

Wüstenberg, W. & Schneider, K. (2010): Soziale Kompetenz von Kleinkindern in der Gruppe. In: E. Hammes-Di Bernardo & A. Speck-Hamdan (Hrsg.): Kinder brauchen Kinder. Gleichaltrige – Gruppe – Gemeinschaft. Weimar, Berlin, S. 69–85.

Kinder haben Rechte
Der Kinderrechtsansatz in Kindertageseinrichtungen

Jörg Maywald

Am 20. November 2014 ist das Übereinkommen der Vereinten Nationen über die Rechte des Kindes (UN-Kinderrechtskonvention, im Folgenden UN-KRK) 25 Jahre alt geworden. Mit der einstimmigen Verabschiedung der Konvention durch die Generalversammlung der Vereinten Nationen und der darauffolgenden beinahe weltweiten Ratifizierung verbindet sich ein globaler Schutz der Kinderrechte. Die auch in Deutschland geltenden internationalen Kinderrechte sind ein zentraler Orientierungspunkt für alle mit Kindern und für Kinder tätigen Fachkräfte, darunter Erzieherinnen und Erzieher in Kindertageseinrichtungen.

Als unmittelbarer Ausdruck der jedem Menschen innewohnenden Würde sind Kinder von Beginn an Träger der unveräußerlichen Menschenrechte. Kinder als Rechtssubjekte zu achten und ihre Rechte zu verwirklichen, ist in erster Linie Aufgabe der Eltern und darüber hinaus aller Akteurinnen und Akteure, die Verantwortung für Kinder tragen. Mit der Orientierung an den Kinderrechten ist die Absage an überkommene paternalistische Haltungen verbunden. Kinder sind nicht bloß Objekt des Schutzes und der Fürsorge. Kinderrechtsschutz ist weitaus mehr als Kinderschutz. Eine an den Kinderrechten orientierte Pädagogik erkennt das Kind als eigenständigen Träger von Schutz-, Förder- und Beteiligungsrechten an und trägt zur Verwirklichung der Kinderrechte bei.

Wer als pädagogische Fachkraft mit Kindern arbeitet, braucht einen inneren Wertekompass; eine klare Orientierung dafür, was als gut oder schlecht gelten kann, wo Recht aufhört und Unrecht beginnt; einen verbindlichen Maßstab für die Lösung der im pädagogischen Alltag mit den Kindern, aber auch im Kontakt zu den Eltern und in der Zusammenarbeit im Team unvermeidlich auftretenden Probleme und Konflikte. Traditionelle Überzeugungen – seien sie kulturell überliefert oder religiös begründet – bieten hier wichtige Anknüpfungspunkte. Aber sie haben einen entscheidenden Mangel: Ihre Anerkennung und damit ihre Legitimation sind begrenzt. In einer zunehmend vielfältigen, multikulturellen und multireligiösen Gesellschaft können sie keine fraglose Gültigkeit beanspruchen. Während die Verbindlichkeit überlieferter Werte immer weiter abnimmt, steigt zugleich der Bedarf nach einem für alle gültigen Werte-Kanon.

Einen Ausweg bietet die Orientierung an den globale Gültigkeit beanspruchenden Kinderrechten. Zahlreiche Fragen tauchen auf: Welches Verhältnis besteht zwischen Menschen- und Kinderrechten, und brauchen wir überhaupt eigene Kinderrechte?

Wie haben sich die Kinderrechte entwickelt, und wo stehen wir heute? Was ist unter dem Gebäude der Kinderrechte zu verstehen? Worin besteht der Kinderrechtsansatz? Welche Rolle können die Kinderrechte im Alltag der Kita spielen? Nicht zuletzt: Welche Herausforderungen ergeben sich für die Zukunft, und wo besteht möglicherweise rechtspolitischer Handlungsbedarf?

Warum überhaupt eigene Kinderrechte?

Kinder sind ebenso wie Erwachsene Menschen und daher ohne Einschränkung Träger aller Menschenrechte. Werden der Status des Menschseins und die damit verbundenen Rechte als Maßstab des Vergleichs genommen, sind Kinder den Erwachsenen gleich. Zugleich aber unterscheiden sich Kinder ohne Zweifel von Erwachsenen: Kinder sind keine kleinen Erwachsenen. Als »Seiende« sind sie einerseits Menschen wie alle anderen auch. Als »Werdende« sind sie andererseits Menschen in einer besonders verletzlichen Entwicklungsphase.

Das Verhältnis zwischen Erwachsenen und Kindern ist insofern asymmetrisch: Erwachsene tragen Verantwortung für Kinder, nicht jedoch umgekehrt Kinder in gleicher Weise für Erwachsene. Aufgrund der Entwicklungstatsache brauchen Kinder in besonderer Weise Schutz und Förderung sowie besondere, kindgerechte Formen der Beteiligung. Für eine gesunde und gewaltfreie Entwicklung sind sie auf Erwachsene angewiesen, die Verantwortung dafür übernehmen, dass die Kinder nicht nur Rechte haben, sondern tatsächlich zu ihrem Recht kommen.

Bei der Bestimmung des Verhältnisses zwischen Kindern und Erwachsenen geht es also sowohl um Gleichberechtigung als auch um Anerkennung der Verschiedenheit. In der Balance von Gleichheit auf der einen und Verschiedenheit auf der anderen Seite liegt die besondere Herausforderung im Umgang der Erwachsenen mit den Kindern. Dieses ambivalente Verhältnis normativ angemessen zum Ausdruck zu bringen, ist die Aufgabe des internationalen wie auch des nationalen Rechts.

Im pädagogischen Alltag ist die Parallelität von Gleichheit und Ungleichheit nicht immer leicht zu balancieren. Eine Reduktion auf das eine oder andere Element wird den Anforderungen an pädagogische Beziehungen nicht gerecht. Wird die Gleichheit überbewertet, so leugnet dies die zwischen Erwachsenen und Kindern notwendigerweise bestehende Verschiedenheit. Kinder werden in diesem Fall wie kleine Erwachsene behandelt, und die pädagogische Beziehung pervertiert zur Kumpanei mit allen damit verbundenen Gefahren von Grenzverletzungen zulasten des Kindes.

Verschiebt sich umgekehrt die Balance einseitig in Richtung Ungleichheit, geschieht dies auf Kosten der Gleichwertigkeit von Kindern und Erwachsenen. Kinder werden in diesem Fall auf ein »Noch-nicht-Mensch-sein« festgelegt. Der Status des Kindes als vollwertiger Mensch mit sich entwickelnden Fähigkeiten und einer wachsenden Bereitschaft zur Verantwortungsübernahme bleibt unbeachtet. Erwachsene Verantwortung für Kinder verkehrt sich dadurch zur Verfügungsmacht über das Kind. Die pädagogische Beziehung erstarrt zu paternalistischer Inbesitznahme.

Mit der Anerkennung besonderer kindlicher Bedürfnisse, die sich von denen der Erwachsenen unterscheiden, ist die Erkenntnis verbunden, dass Kinder einen eigenen, auf ihre spezifische Situation zugeschnittenen Menschenrechtsschutz benötigen. Etwa 40 Jahre nach der Verabschiedung der Allgemeinen Erklärung der Menschenrechte haben die Vereinten Nationen daher 1989 die UN-KRK verabschiedet, die in spezifischer Weise die jedem Kind zustehenden Menschenrechte normiert. Die UN-KRK ist Bestandteil einer Reihe internationaler Konventionen, in denen die Menschenrechte für besonders schutzbedürftige Gruppen der Bevölkerung formuliert wurden, darunter die Konvention zur Beseitigung jeder Form von Diskriminierung der Frau und die Konvention für die Rechte von Menschen mit Behinderungen.

Eine kurze Geschichte der Kinderrechte

Internationale Bestrebungen, Kinder nicht mehr nur als Spielball der Erwachsenen anzusehen, sondern als individuelle Persönlichkeiten mit eigenen Rechten, sind kaum mehr als hundert Jahre alt. Den Auftakt am Beginn des vergangenen Jahrhunderts machte die schwedische Pädagogin und Frauenrechtlerin Ellen Key, die in ihrem Buch »Das Jahrhundert des Kindes« unter anderem ein Recht jedes Kindes auf körperliche Unversehrtheit forderte. Unter dem Eindruck massenhaften Kinderelends am Ausgang des Ersten Weltkriegs gründete die englische Grundschullehrerin Eglantyne Jebb im Jahr 1920 das britische Komitee »Save the Children International Union« als ersten internationalen Lobbyverband für die Interessen von Kindern. Ein von ihr entworfenes Fünf-Punkte-Programm (Children's Charter) enthielt grundlegende Schutzverpflichtungen der Erwachsenen gegenüber den Kindern. Der 1919 gegründete Völkerbund übernahm diese Charter und verkündete sie 1924 als »Geneva Declaration« über die Rechte des Kindes.

Etwa zeitgleich proklamierte der polnische Kinderarzt und Pädagoge Janusz Korczak in den 1920er Jahren ein Recht jedes Kindes auf Achtung seiner Persönlichkeit als Grundlage sämtlicher Kinderrechte. Als Leiter eines jüdischen Waisenhauses in Warschau forderte er umfassende Partizipationsrechte für Kinder und überwand damit die Haltung einer allein von Schutz und Förderung geprägten Sichtweise zugunsten eines Bildes vom Kind, das von Gleichwertigkeit und Respekt geprägt ist.

Nach den Rückschlägen durch Nationalsozialismus und Zweiten Weltkrieg setzten die Vereinten Nationen als Nachfolger des Völkerbundes die Beratungen über Kinderrechte fort. Ein überarbeiteter und auf zehn Artikel erweiterter Text der »Geneva Declaration« wurde 1959 von der Vollversammlung der Vereinten Nationen als »Deklaration über die Rechte des Kindes« verabschiedet. In dieser noch nicht rechtsverbindlichen Deklaration wurde das Kind erstmals auf internationaler Ebene als Träger eigener Rechte bezeichnet. Außerdem wurde der Begriff des Kindeswohls (best interests of the child) eingeführt.

Vor dem Hintergrund großer Hungerkatastrophen, aber auch aufgrund der Erfahrung von Entkolonialisierung und weltweiter Freiheitsbestrebungen trat in den 1970er Jahren die immense Ungleichheit von Lebenschancen der Kinder immer stärker in das Bewusstsein der Weltöffentlichkeit. In der Folge nahmen sich die Vereinten Nationen erneut der Sache der Kinder an. Anlässlich des 20. Jahrestages der Verabschiedung der »Deklaration über die Rechte des Kindes« beschloss die UN-Vollversammlung, das Jahr 1979 zum »Internationalen Jahr des Kindes« auszurufen. Außerdem beauftragte sie auf Initiative Polens hin eine Arbeitsgruppe, eine völkerrechtsverbindliche Kinderrechtskonvention zu erarbeiten.

Nach zehn Jahren Verhandlungen wurde dann am 20. November 1989 von der Vollversammlung der Vereinten Nationen die UN-KRK einstimmig verabschiedet. Das Übereinkommen ist insofern einmalig, als es die bisher größte Bandbreite fundamentaler Menschenrechte – ökonomische, soziale, kulturelle, zivile und politische – in einem einzigen Vertragswerk zusammenbindet. Die in den 54 Artikeln dargelegten völkerrechtlich verbindlichen Mindeststandards haben zum Ziel, weltweit die Würde, das Überleben und die Entwicklung von Kindern und damit von mehr als der Hälfte der Weltbevölkerung sicherzustellen.

Entwicklung der Kinderrechte in Deutschland

Vor dem Hintergrund der internationalen Entwicklungen ist es auch in Deutschland zu einem tiefgreifenden und noch nicht abgeschlossenen Perspektivwechsel gekommen. Im Zusammenhang mit der umfassenden Sorgerechtsreform von 1980 wurde der Übergang von der elterlichen »Gewalt« zur elterlichen »Sorge« vollzogen. Außerdem wurde

§ 1626 Abs. 2 in das Bürgerliche Gesetzbuch eingefügt, der erstmals die Mitsprache von Kindern an allen sie betreffenden elterlichen Entscheidungen rechtsverbindlich vorsieht.

Weitere Verbesserungen im Bürgerlichen Gesetzbuch (BGB) brachte die Kindschaftsrechtsreform von 1998, darunter die weitgehende Gleichstellung ehelicher und nicht ehelicher Kinder. Außerdem wurde das Recht des Kindes auf Umgang mit beiden Elternteilen eingeführt. Schließlich haben Kinder seitdem die Möglichkeit, in Verfahren, welche die elterliche Sorge betreffen, einen Verfahrensbeistand als »Anwalt des Kindes« zur Seite zu bekommen. Ein besonders wichtiges Glied in der Kette bedeutender Kinderrechte ist das im November 2000 verabschiedete Gesetz zur Ächtung der Gewalt in der Erziehung. Gemäß § 1631 Absatz 2 BGB haben Kinder seitdem ein Recht auf gewaltfreie Erziehung. Körperliche Bestrafungen, seelische Verletzungen und andere entwürdigende Maßnahmen sind auch seitens der eigenen Eltern unzulässig.

Das 1990 in Kraft getretene und seither mehrfach reformierte Kinder- und Jugendhilfegesetz (Sozialgesetzbuch VIII) benennt Kinder und Jugendliche ausdrücklich als Träger eigener Rechte. In § 1 Absatz 1 SGB VIII ist das Recht jedes jungen Menschen auf »Förderung seiner Entwicklung und auf Erziehung zu einer eigenverantwortlichen und gemeinschaftsfähigen Persönlichkeit« niedergelegt. Nach § 8 Absatz 1 SGB VIII sind Kinder und Jugendliche »entsprechend ihrem Entwicklungsstand an allen sie betreffenden Entscheidungen der öffentlichen Jugendhilfe zu beteiligen. Sie sind in geeigneter Weise auf ihre Rechte im Verwaltungsverfahren sowie im Verfahren vor dem Familiengericht, dem Vormundschaftsgericht und dem Verwaltungsgericht hinzuweisen.« Gemäß § 8 Absatz 3 SGB VIII haben Kinder und Jugendliche, die sich in einer Not- und Konfliktlage befinden, nunmehr »Anspruch auf Beratung ohne Kenntnis des Personensorgeberechtigten«, allerdings nur solange durch die Mitteilung an den Personensorgeberechtigten der Beratungszweck vereitelt würde. In § 9 SGB VIII sind die Träger der Jugendhilfe aufgefordert, bei der Ausgestaltung ihrer Leistungen »die wachsende Fähigkeit und das wachsende Bedürfnis des Kindes oder des Jugendlichen zu selbstständigem, verantwortungsbewusstem Handeln« zu berücksichtigen. Im Falle einer Trennung oder Scheidung der Eltern haben Kinder gemäß § 18 Absatz 3 SGB VIII »Anspruch auf Beratung und Unterstützung bei der Ausübung des Umgangsrechts«. Weiterhin enthält das Kinder- und Jugendhilfegesetz einen Anspruch des Kindes auf Eingliederungshilfe bei seelischer Behinderung (§ 35a SGB VIII) und auf Inobhutnahme in Krisensituationen, »wenn das Kind oder der Jugendliche um Obhut bittet« (§ 42 Absatz 1 SGB VIII).

Das Recht, Hilfen zur Erziehung in Anspruch zu nehmen, ist zwar gemäß § 27 Absatz 1 SGB VIII als Recht der Eltern und nicht als Recht des Kindes formuliert. Dennoch haben Kinder gemäß § 36 Absatz 1 SGB VIII das Recht, »vor der Entscheidung über die Inanspruchnahme einer Hilfe und vor einer notwendigen Änderung von Art und Umfang der Hilfe« beraten zu werden. Im Jahr 1996 kam in § 24 SGB VIII der Anspruch des Kindes auf den Besuch einer Tageseinrichtung vom vollendeten dritten Lebensjahr an hinzu, der ausdrücklich als Recht des Kindes und nicht der Eltern formuliert wurde. Am 1. August 2013 wurde dieser Anspruch auf alle Kinder vom vollendeten ersten Lebensjahr an ausgedehnt.

Schließlich hat das am 1. Januar 2012 in Kraft getretene Bundeskinderschutzgesetz die Rechte von Kindern in Einrichtungen gestärkt. § 45 Absatz 2 SGB VIII verpflichtet die Träger von Einrichtungen dafür zu sorgen, dass »zur Sicherung der Rechte von Kindern und Jugendlichen in der Einrichtung geeignete Verfahren der Beteiligung sowie der Möglichkeit der Beschwerde in persönlichen Angelegenheiten Anwendung finden«. Gemäß § 79a SGB VIII haben die Träger außerdem die Verpflichtung, »Grundsätze und Maßstäbe für die Bewertung der Qualität sowie geeignete Maßnahmen zu ihrer Gewährleistung (...) weiterzuentwickeln, anzuwenden und regelmäßig zu überprüfen«; hierzu zählen auch »Qualitätsmerkmale für die Sicherung der Rechte von Kindern und Jugendlichen in Einrichtungen und ihren Schutz vor Gewalt«.

Entgegen den Fortschritten auf der einfachgesetzlichen Ebene kommen Kinder in der deutschen Verfassung – dem Grundgesetz – allerdings weiterhin nicht als Träger eigener Rechte vor. In Artikel 6 des Grundgesetzes (Ehe und Familie) werden sie lediglich als Anhängsel ihrer Eltern – also als Objekte – behandelt, und es bedurfte eigens eines Urteils des Bundesverfassungsgerichts, um klarzustellen, dass das Kind uneingeschränkt Träger von Grundrechten ist. Die UN-Kinderrechtskonvention wurde von Deutschland 1992 ratifiziert, zunächst allerdings nur mit Vorbehalten. Im Jahr 2010 wurde die Vorbehaltserklärung zurückgenommen, seitdem gilt die Konvention uneingeschränkt für jedes in Deutschland lebende Kind.

Das Gebäude der Kinderrechte

In den 54 Artikeln der UN-KRK werden Kindern umfassende Schutz-, Förder- und Beteiligungsrechte zuerkannt. Die in dem »Gebäude der Kinderrechte« wichtigsten Rechte finden sich in den Artikeln 2, 3, 6 und 12. Artikel 2 enthält ein umfassendes Diskriminierungsverbot. Das heißt, alle Rechte gelten für jedes Kind unabhängig von Rasse, Hautfarbe, Geschlecht, Sprache, Religion, politischer oder sonstiger Anschauung, nationaler, ethnischer oder sozialer Herkunft, Vermögen, Behinderung, Geburt oder sonstigem Status des Kindes, seiner Eltern oder seines Vormunds.

Weitere Schutzrechte finden sich unter anderem in Artikel 8: Schutz der Identität; in Artikel 9: Schutz vor Trennung von den Eltern; in Artikel 16: Schutz der Privatsphäre; in Artikel 17: Schutz vor Schädigung durch Medien; in Artikel 19: Schutz vor jeder Form körperlicher oder geistiger Gewaltanwendung, Misshandlung oder Vernachlässigung einschließlich des sexuellen Missbrauchs; in Artikel 22: Schutz von Kinderflüchtlingen; in Artikel 30: Schutz von Minderheiten; in Artikel 32: Schutz vor wirtschaftlicher Ausbeutung; in Artikel 33: Schutz vor Suchtstoffen; in Artikel 34: Schutz vor sexuellem Missbrauch; in Artikel 35: Schutz vor Entführung; in Artikel 36: Schutz vor Ausbeutung jeder Art; in Artikel 37: Schutz in Strafverfahren und Verbot von Todesstrafe und lebenslanger Freiheitsstrafe; in Artikel 38: Schutz bei bewaffneten Konflikten.

In Artikel 3 ist der Vorrang des Kindeswohls festgeschrieben, demzufolge das Wohl des Kindes bei allen Gesetzgebungs-, Verwaltungs- und sonstigen Maßnahmen öffentlicher oder privater Einrichtungen vorrangig zu berücksichtigen ist. Wer für die Entwicklung des Kindes Verantwortung trägt, ist verpflichtet, das Kind entsprechend seinem Entwicklungsstand bei der Wahrnehmung seiner Rechte zu unterstützen. Artikel 6 enthält das Recht jedes Kindes auf Leben und bestmögliche Entwicklung.

Ergänzende Förderrechte sind unter anderem festgelegt in Artikel 10: Recht auf Familienzusammenführung; in Artikel 17: Zugang zu den Medien; in Artikel 18: Recht auf beide Eltern; in Artikel 23: Recht auf Förderung bei Behinderung; in Artikel 24: Recht auf Gesundheitsvorsorge; in Artikel 27: Recht auf angemessenen Lebensstandard; in Artikel 28: Recht auf Bildung; in Artikel 30: Recht auf kulturelle Entfaltung; in Artikel 31: Recht auf Ruhe, Freizeit, Spiel und Erholung; in Artikel 39: Recht auf Integration geschädigter Kinder.

Nach Artikel 12 hat jedes Kind das Recht, in allen Angelegenheiten, die es betreffen, unmittelbar oder durch einen Vertreter gehört zu werden. Die Meinung des Kindes muss angemessen und entsprechend seinem Alter und seiner Reife berücksichtigt werden. Weitere Beteiligungsrechte der Kinder sind unter anderem niedergelegt in Artikel 13: Recht auf freie Meinungsäußerung sowie auf Informationsbeschaffung und -weitergabe – und in Artikel 17: Recht auf Nutzung kindgerechter Medien.

Neben den materiellen Rechten ist eine Reihe von Verfahrensregeln von Bedeutung. Hierzu gehören, neben der Definition des Begriffs »Kind« (jeder Mensch, der das 18. Lebensjahr noch nicht vollendet hat) in Artikel 1, die Verpflichtung der Staaten zur Umsetzung (Artikel 4) und Bekanntmachung der Kinderrechte (Artikel 42), die Einsetzung eines UN-Ausschusses für die Rechte des Kindes (Artikel 43) und die Berichtspflicht über die Maßnahmen zur Verwirklichung der Kinderrechte (Artikel 44) sowie die Mitwirkungsmöglichkeiten von Nicht-Regierungsorganisationen (Artikel 45).

Im April 2014 trat über ein Zusatzprotokoll zur UN-KRK ein Individualbeschwerdeverfahren in Kraft. Demzufolge haben Kinder, deren Rechte verletzt wurden, nach Ausschöpfung des innerstaatlichen Rechtswegs nunmehr die Möglichkeit, sich mit ihren Beschwerden direkt an den UN-Ausschuss für die Rechte des Kindes zu wenden. Der Ausschuss prüft die Beschwerden und dringt anschließend gegebenenfalls bei dem betroffenen Staat auf Abhilfe.

Der Kinderrechtsansatz in der Arbeit mit Kindern

Kinder als Träger eigener Rechte anzusehen hat Konsequenzen nicht nur für staatliches Handeln, sondern für alle Personen und Organisationen, die mit Kindern und für Kinder tätig sind. Eine Konsequenz besteht darin, die Orientierung an den Rechten der Kinder als inneren Kern des Leitbildes der Organisation zu betrachten. Weiterhin geht es darum, das Konzept an den Rechten der Kinder auszurichten und bei den Fachkräften eine kinderrechtsorientierte Haltung zu fördern. Für diesen Prozess der Neuorientierung hat sich der Begriff des Kinderrechtsansatzes (Child Rights-Based Approach) etabliert.

Wie jeder Menschenrechtsansatz beruht der Kinderrechtsansatz auf bestimmten Prinzipien, die sich aus dem Charakter von Menschenrechten ergeben. Vor allem vier grundlegende Prinzipien können unterschieden werden: Universalität, Unteilbarkeit, Kinder als Träger eigener Rechte sowie Erwachsene als Verantwortungsträger.

Das Prinzip der Universalität der Kinderrechte: Die Kinderrechte gelten weltweit in gleicher Weise für alle Kinder, unabhängig davon, in welcher Kultur oder Tradition sie leben, unabhängig auch davon, unter welchen Lebensumständen die Kinder aufwachsen. Alle Kinder sind hinsichtlich ihrer Rechte gleich. Jungen und Mädchen haben gleiche Rechte. Nicht-Diskriminierung gehört zum Kernbestand der Menschen- und Kinderrechte.

Das Prinzip der Unteilbarkeit der Kinderrechte: Alle Rechte, die Kindern zustehen, sind gleich wichtig und eng miteinander verbunden. Das »Gebäude der Kinderrechte« ist als ganzheitliche Einheit zu verstehen. Keine Gruppe von Rechten ist wichtiger als eine andere. Quer zu allen Bereichen können Schutz-, Förder- und Beteiligungsrechte gleiche Geltung beanspruchen. So sind Kinder beispielsweise besser vor Gefahren geschützt, wenn sie ihre Rechte kennen und an den sie betreffenden Entscheidungen beteiligt werden.

Das Prinzip der Kinder als Träger eigener Rechte: Kinder sind Träger sowohl der allgemeinen Menschenrechte als auch der auf die besondere Situation von Kindern zugeschnittenen Kinderrechte.

Das Prinzip der Erwachsenen als Verantwortungsträger: Dem Prinzip der Kinder als Rechtsträger korrespondiert die Pflicht der Erwachsenen, Verantwortung für die Umsetzung der Kinderrechte zu übernehmen. Erwachsene sind Pflichtenträger, von denen die Kinder die Umsetzung ihrer Rechte erwarten können. Für das Wohl des einzelnen Kindes sind in erster Linie die Eltern verantwortlich. Aber auch Staat, Wirtschaft, Kultur, Sport und Medien, Verbände und Religionsgemeinschaften sowie die verschiedenen mit Kindern tätigen Institutionen und darüber hinaus alle in einer Gesellschaft lebenden Erwachsenen tragen Verantwortung für Kinderrechte.

Kennzeichnend für den Kinderrechtsansatz ist, dass nicht nur nach den Bedürfnissen, sondern gleichermaßen nach den Rechten der Kinder gefragt wird. Während Bedürfnisse subjektiv und situationsabhängig sind, handelt es sich bei den Rechten der Kinder um objektive, von einzelnen Situationen unabhängige Ansprüche. Insgesamt ist die Orientierung an den Kinderrechten ein zentraler Baustein guter Qualität der mit Kindern und für Kinder tätigen Fachkräfte und Organisationen. Dienste und Einrichtungen, die für sich in Anspruch nehmen, qualitativ hochwertige Arbeit mit Kindern zu leisten, müssen sich daran messen, inwieweit sie zur Verwirklichung der Rechte von Kindern beitragen.

Kinderrechte in der Kita

Ihre Wirkung entfalten Kinderrechte vor allem im Alltag der Kindertageseinrichtung, als Orientierung für das eigene Handeln und bei der Lösung von Konflikten. Drei Beispiele sollen dies illustrieren:

Fallbeispiel 1:
Recht auf Ruhe und Erholung
Die Mutter der 18 Monate alten Sina[19] übergibt der Kita folgende Zeilen:

Liebe Erzieherinnen,
da wir sehr früh zur Arbeit müssen, wollen mein Mann und ich abends wenigstens ab 19.30 Uhr Zeit für uns haben. Bitte lassen Sie Sina mittags nicht länger als bis 14.30 Uhr schlafen, da sie sonst abends sehr spät einschläft und wir manchmal High Life bis in die Puppen haben. Vielen Dank!
Die Mutter von Sina

Was kann die Kita tun? Das Recht des Kindes auf ausreichende Ruhe und Erholung (Artikel 31 der UN-KRK) kollidiert mit elterlichen Bedürfnissen. Es muss bedacht werden, dass sowohl das Kind davon profitiert, wenn seine Eltern ausgeruht und ausgeglichen sind, als auch die Eltern davon profitieren, am Ende des Kita-Tages ein einigermaßen ausgeruhtes und ausgeglichenes Kind in Empfang zu nehmen.

Zunächst ist wichtig, dass die pädagogischen Fachkräfte über entwicklungspsychologische Kenntnisse in Bezug auf das Schlafverhalten junger Kinder verfügen. Hierzu gehört, dass sich Schlafdauer und zirkadianer Schlafrhythmus je nach Kind unterscheiden und biologisch verankert sind. Demgegenüber ist der Schlaf-Wach-Rhythmus eines Kindes durchaus (in Grenzen) beeinflussbar und kann behutsam angepasst werden. Eine Umstellung benötigt Zeit – in der Regel bis zu zwei Wochen – und bedarf erwachsener Begleitung.

Auf der Basis dieses entwicklungspsychologischen Wissens sollten in Gesprächen mit den Eltern das Schlafverhalten des Kindes, die Wünsche der Eltern und die Möglichkeiten der Kita hinsichtlich flexibler Schlafenszeiten erörtert werden. Die Anfertigung eines Schlafprotokolls kann dabei hilfreich sein. Im Verlauf der Gespräche kann als realistisches Ziel vereinbart werden, die unterschiedlichen Bedürfnisse einander anzugleichen und den Schlaf-Wach-Rhythmus des Kindes behutsam zu verändern. Dabei sollte selbstverständlich sein, ein tief schlafendes Kind nicht »einfach« zu wecken. Die Veränderung braucht Zeit und benötigt eine enge Abstimmung und Zusammenarbeit zwischen Eltern und Kita. Auf diese Weise kann es mit Unterstützung der pädagogischen Fachkräfte gelingen, dass das Kind zu seinem Recht auf Ruhe und Erholung kommt und zugleich die Wünsche der Eltern berücksichtigt werden.

Fallbeispiel 2:
Recht auf Schutz
Lena und Marlene, beide vier Jahre alt, holen den knapp zweijährigen Jannik zum »Mitspielen« in

---

19 Die Namen der Kinder in den Fallbeispielen sind fiktiv.

ihre Höhle, die sie sich aus Schaumstoffteilen und Kissen in der Kuschelecke gebaut haben. Der kleine Junge genießt sichtlich die Aufmerksamkeit der beiden älteren Mädchen. Erst spielen sie mit ihm »Krankenhaus« und untersuchen seine Arme und Beine. Auf Vorschlag eines der beiden Mädchen ziehen sie ihm anschließend Hose und Windel aus und schauen sich eingehend seine Genitalien an.

In diesem Fall kommt es zu einem Zusammenspiel zwischen zwei vierjährigen Mädchen und einem deutlich jüngeren Jungen, dem auf beiden Seiten sehr unterschiedliche Motive zugrunde liegen. Während Jannik sich wohl fühlt, weil zwei ältere Mädchen sich um ihn kümmern und ihn in ihr Spiel einbeziehen, haben Lena und Marlene ganz andere Absichten. Sie nutzen Janniks Zutraulichkeit aus, um ihre sexuelle Neugier zu stillen. Dies ist als sexueller Übergriff zu werten, da Jannik altersbedingt die Motive der Mädchen gar nicht überblicken und einschätzen kann. Sobald die pädagogischen Fachkräfte dieses Ungleichgewicht bemerken, sollten sie die Situation ansprechen und die Mädchen auffordern, sich für ihre Doktorspiele gleichaltrige Spielpartner zu suchen.

Fallbeispiel 3:
Recht auf Beteiligung

In der Kita des fünfjährigen Arian wird großer Wert auf gesunde Ernährung gelegt. Entsprechend den Empfehlungen der Initiative »5 am Tag« sind vor allem Obst und Gemüse reichlich vorhanden. Zum Nachtisch gibt es häufig Obstsalat. Als sich Arian wieder einmal gezielt die Rosinen zwischen dem Obst herauspickt, dringt die Erzieherin darauf, das Obst doch »wenigstens zu kosten«. Darauf Arian entschlossen: »Ich will gar nicht kosten, mir schmecken sowieso nur Rosinen.«

Was auf den ersten Blick als gesundheitsförderliche Haltung einer Erzieherin erscheinen mag, erweist sich bei näherem Hinsehen als problematischer Übergriff. Selbstverständlich sollte jeder Kita daran gelegen sein, den Kindern gesundes Essen anzubieten, darunter reichlich Obst und Gemüse.

Aber ebenso wie Erwachsene haben Kinder Vorlieben, was sie gerne essen. Kinder »wenigstens« zum Kosten zu drängeln, verletzt ihr Recht, im Rahmen der von den Erwachsenen angebotenen Speisen selbst zu entscheiden, ob, was und wie viel sie essen möchten. Allenfalls kann in dem beschriebenen Fallbeispiel eine Konfliktunterstützung notwendig werden, wenn andere Kinder sich darüber beklagen, zu wenige Rosinen zu bekommen. Aber auch hier sollten die pädagogischen Fachkräfte zunächst abwarten, ob die Kinder von sich aus in der Lage sind, solche immer wieder auftretenden Verteilungskonflikte selbstständig zu lösen.

Der Vorfall kann Anlass sein, allgemein über die im Zusammenhang mit dem Essen in der Kita geltenden Regeln zu sprechen und zum Beispiel zu folgenden Vereinbarungen zu kommen: (1) Die Kinder entscheiden – unter Einbeziehung der Mitarbeiterinnen und Mitarbeiter aus dem Küchenbereich – über die Auswahl und Gestaltung der Mahlzeiten mit. (2) Jedes Kind entscheidet selbst, ob, was und wie viel es isst. Kein Kind darf zum Essen gedrängt werden, gemäß Artikel 19 UN-KRK ist jede Form körperlicher oder seelischer Gewaltanwendung gegen Kinder untersagt. (3) Die pädagogischen Fachkräfte behalten sich das Recht vor, die Tischkultur zu bestimmen.

Handlungsbedarf *allgemein*

Dass Kinder Rechte haben, dringt zunehmend in das allgemeine Bewusstsein. Bei der Umsetzung der Kinderrechte gibt es jedoch weiterhin zahlreiche Hindernisse. Hier besteht pädagogischer und (rechts-)politischer Handlungsbedarf. Insbesondere die folgenden Punkte sind von Bedeutung:

Kinder über ihre Rechte informieren: Kinder, die ihre Rechte kennen, sind besser vor Gefahren geschützt. Kinder müssen daher weitaus mehr als bisher ihre Rechte vermittelt bekommen.

Eltern und pädagogische Fachkräfte bilden und unterstützen: Eltern und pädagogische Fachkräfte, die Kinder altersgemäß an den sie betreffenden Entscheidungen beteiligen, haben mehr Erfolg in der Erziehung. Es besteht ein enger Zusammenhang zwischen Schutz-, Förder- und Beteiligungsrechten. Partizipation ist der Schlüssel für den Übergang des Kindes von der Fremd- zur Selbstkontrolle. Eltern und pädagogische Fachkräfte sollten mehr als bisher erfahren und lernen können, wie sie Kinder im Alltag beteiligen.

Kinderrechte in die Einrichtungen für Kinder tragen: Kinderrechte sollten Eingang in alle Kitas, Schulen, Einrichtungen der Kinder- und Jugendhilfe, Kirchen sowie in die Sport- und Freizeiteinrichtungen finden. Nicht nur als Unterrichtsgegenstand, sondern als Selbstverpflichtung. Sinnvoll wäre, die Kinderrechte zum Bestandteil der Leitbilder und Konzepte dieser Einrichtungen zu machen.

Alle Programme für Kinder und mit Kindern an den Kinderrechten orientieren: Sämtliche Vorhaben für Kinder und mit Kindern sollten an deren Ansprüchen und Rechten und nicht allein an ihren jeweils situativen Bedürfnissen orientiert sein. Ein auf den Kinderrechten basierender Ansatz sollte zum Standard von Programmplanung und Konzeptentwicklung in der Arbeit mit Kindern gehören.

Ein Monitoring der Kinderrechte aufbauen: Auf allen föderalen Ebenen (Bund, Länder und Kommunen) sollte ein unabhängiges Monitoring etabliert werden, dessen Aufgabe es ist, die Umsetzung der Kinderrechte zu überwachen und Anregungen für Verbesserungen zu entwickeln.

Kinderrechte im Grundgesetz verankern: Durch die ausdrückliche Verankerung der Kinderrechte in der Verfassung käme Deutschland als Vertragsstaat der UN-KRK einer Staatenverpflichtung nach. Dieser Schritt wäre in besonderer Weise geeignet, das allgemeine Bewusstsein für die Rechte der Kinder zu stärken und ein klares Signal an Staat und Gesellschaft zu senden, das Wohlergehen und die Verwirklichung der Rechte der Kinder als bereichsübergreifende Kernaufgabe anzusehen. Kinderrechte im Grundgesetz würden darüber hinaus die elterliche Verantwortung dafür stärken, die Rechte des Kindes tatsächlich zur Geltung zu bringen, und die Berücksichtigung von Kindesinteressen im politischen Raum fördern. Ein entsprechender Formulierungsvorschlag wurde vom Aktionsbündnis Kinderrechte erarbeitet[20].

Die Wahl-Altersgrenze herabsetzen: Nach dem Prinzip »Ein Mensch – eine Stimme« sollte Kindern das Grundrecht der Wahl eingeräumt werden. Auf diese Weise würden die Demokratie auf eine breitere Basis gestellt und die politischen Kräfteverhältnisse zwischen den Generationen neu balanciert werden.

---

20 Siehe www.kinderrechte-ins-grundgesetz.de.

Kita-Leitung im Spannungsfeld von Betriebswirtschaft und Pädagogik

Jens Christian Möller

Leiten und Führen von sozialen Organisationen ist eine zunehmend komplexe Aufgabe geworden. Dies trifft in zunehmendem Maße insbesondere auf Kindertageseinrichtungen zu. Die Hintergründe sind vielschichtig: Die gestiegene Bedeutung frühkindlicher Bildung in unserer Gesellschaft, die gewachsene Komplexität der Aufgaben, die Anforderungen durch unterschiedliche Gruppen/Institutionen an die Kindertageseinrichtungen, die weitergehende sozialräumliche Orientierung sind nur einige der Aspekte, die die Leitung einer Kindertageseinrichtung zu einer sehr komplexen Tätigkeit werden lassen. Im Ungleichgewicht hierzu stehen die immer noch bescheidenen Rahmenbedingungen (große Gruppen, relativ unklare Arbeitsbedingungen, geringer gesellschaftlicher Status, ungünstige Arbeitsbedingungen), unter denen sich Leitungshandeln bewähren muss.

Leitungsaufgaben

Leitungshandeln in der Kindertageseinrichtung ist im positiven Sinn eine umfassende Managementtätigkeit mit einigen Dilemmata, die nicht unerhebliche Auswirkungen auf die Ausgestaltung der Leitungsrolle nach sich ziehen. Ein wesentliches Dilemma liegt in der Tatsache begründet, dass es im Grunde gar kein deutliches, allgemein verbindliches Wissen darüber gibt, welche Aufgaben eine Kita-Leitung eigentlich hat – und vor allen Dingen, welche Kompetenzen einer Leitung dafür vom Einrichtungsträger übertragen werden müssten.

Generell wird in der Fachöffentlichkeit der Kita-Leitung eine hohe Bedeutung zugeschrieben: »Die Leiterin ist das Herzstück des Kindergartens. Wenn dieses in Ordnung ist, geht vieles gut. Zwar hängt davon nicht alles ab, doch ist es die zentrale Bedingung für das Funktionieren alles Übrigen« (Huppertz 1986, Vorwort).

Jedoch hat dies bisher nicht dazu geführt, ein klares, einheitliches Profil für Kita-Leitungsaufgaben zu entwickeln und festzuschreiben. Angefangen beim Gesetzgeber, der in den jeweilgen Kita-Gesetzen weitgehend auf eine klare Definition von Leitungsaufgaben verzichtet, setzt sich diese Tendenz auch häufig auf Trägerebene fort.

Neben den fachlichen und persönlichen Voraussetzungen, die eine Kita-Leitung mitbringen sollte, gilt es jedoch zuerst einmal zu klären, welches Verständnis der jeweilige Träger von der eigenen Organisation und der Stellung der einzelnen Kita in diesem Rahmen entwickelt. Welche Stellung letztlich die Kita haben soll, entscheidet auch wesentlich mit darüber, wie der Kompetenzrahmen der Kita-Leitung in der Organisation abgesteckt werden soll.

Ein klares Bild funktionaler organisatorischer Bedingungen für soziale Organisationen stellt Wolfgang Klug (2001) vor, indem er Themenfelder einer »Vertrauensorganisation« zeichnet, zu der unter anderem »überschaubare, flexible Organisationseinheiten, unternehmerisches Handeln, Professionalitäts- und Kreativitätsförderung« und eine »Personenorientierung« (S. 24 ff.) zählen. Bereits hier wird deutlich, dass die Antworten auf die Herausforderungen, denen sich soziale Organisationen stellen müssen – und damit insbesondere auch für Kindertageseinrichtungen – darin liegen, dezentrale, teamorientierte Strukturen zu entwickeln.

Die Leitungsaufgaben insgesamt und die Leitungsrolle nach innen haben sich – bei wachsender Vielschichtigkeit – neu ausgerichtet und stellen Einrichtungsleitungen vor immer komplexer werdende Aufgaben. Die Erzieherin, die auch koordinierende Aufgaben übernimmt und daher von Erziehungszeiten »freigestellt« ist, findet sich bestenfalls noch in Kleinsteinrichtungen. Auch die Leiterin als »Chefin«, die alles im Griff hat, passt nicht mehr zu den vielschichtigen Aufgaben: Gemeint ist jetzt die Umkehrung des klassischen Organigramms. Die Adressaten stehen oben und sind in direkter Verbindung zu den jeweiligen Teams und Mitarbeiterinnen (siehe Abb. 1). Bei der Leitung werden nun stärker die Aspekte von Teamentwicklung in einer sozialen Organisation, Mitarbeiterführung sowie Konfliktmanagement betont – zum Beispiel:

- Coaching der Teams zur Erreichung der vereinbarten Ziele
- Mediation/Konfliktberatung bei Störungen der Zusammenarbeit im Team bzw. bei Konflikten mit Eltern, Außenstehenden etc.
- Moderation von Fallbesprechungen
- Abstecken des Rahmens, in dem die eigenverantwortlichen Teams agieren können
- Konzeptionsentwicklung und -fortschreibung, Leistungsbeschreibung etc.

Es geht also in verschiedener Hinsicht um die Unterstützung eigenverantwortlich arbeitender Teams.

Teamentwicklung kann als ein dynamischer, nicht kontinuierlicher Prozess, der in Phasen verläuft, verstanden werden. In diesem Rahmen ist es eine Aufgabe von Leitung, in den einzelnen Teamentwicklungsphasen einen angemessenen Führungsstil zu entwickeln, der das Gelingen der gemeinsamen Aufgabe ermöglicht. Dies setzt allerdings auch voraus, dass der Kita-Träger Leitungshandeln mit entsprechenden Entscheidungs- bzw. Leitungskompetenzen ausstattet.

Teamarbeit ist zentraler Bestandteil von Kita-Pädagogik. Und eine gute Kita-Pädagogik funktioniert nicht hierarchisch, indem zum Beispiel die Leitung etwas bestimmt und die Mitarbeiterinnen und Mitarbeiter in den Gruppen dann diese Vorgaben ausführen. Eine Kita-Pädagogik muss sich gemeinsam – im Dialog aller Akteure – herausbilden und sich gleichsam aus einem gemeinsamen Verständnis von Pädagogik und dem gemeinsamen Auftrag der Kita (aus der Konzeption) entwickeln.

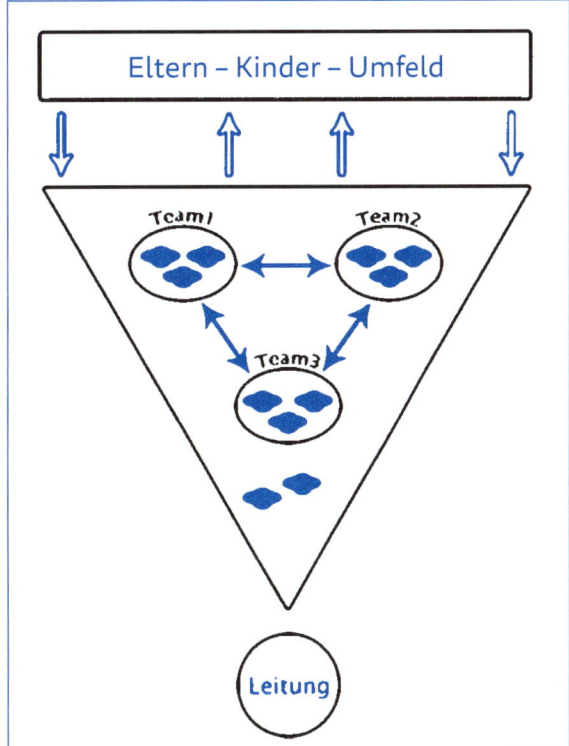

Abbildung 1: Umgekehrtes Organigramm
(Möller & Schlenther-Möller 2007, S. 18)

Autonomie und Partizipation müssen gelebt und können eben nicht verordnet werden. Kita-Gruppen arbeiten – oder sollten es zumindest – mit einem großen Gestaltungsspielraum an einem gemeinsamen Auftrag bzw. dem gemeinsamen Ziel. Leiten bedeutet in diesem Zusammenhang Teamentwicklung im Sinne von Gewährung eines weiten Rahmens eigenverantwortlicher Gestaltung durch die Kita-Gruppen, die Unterstützung bei der Bewältigung von Problemen oder Konflikten, die Koordination des gemeinsamen Ganzen und die Bereitstellung von Ressourcen.

Die Leitungsaufgaben in einer Kindertageseinrichtung sind unter Voraussetzungen, die auf einem hierarchischen Bild aufbauen, kaum zu bewältigen. Leiten bedeutet eben nicht, »alles in den Griff zu bekommen«, sondern die Gruppen-Teams eigenverantwortlicher und flexibler arbeiten zu lassen. Ausgerichtet wäre die Arbeit der Kindertageseinrichtung dann auf die Zielgruppen Eltern bzw. Familien/Kinder/Umfeld, mit denen die jeweiligen Akteure (Erzieherinnen und Erzieher, Leitung, weitere Kita-Fachkräfte) direkt in Kontakt treten.

Der Gestaltungsrahmen – die Kita als Fraktal

Versteht man den Aspekt des Leitens – wie bereits angeführt – im Sinne von Gewährung eines weiten Rahmens eigenverantwortlicher Gestaltung und überträgt dieses Prinzip auf die Trägerorganisation und den Gestaltungsspielraum der Kita-Leitung, wäre jede einzelne Kita eines Trägers ein kleines soziales »Unternehmen« in einem größeren sozialen Unternehmen, das nicht mehr hierarchisch-vertikal strukturiert, sondern fraktal organisiert ist.

Fraktale sind Organismen (z. B. Blumenkohl, Romanesco, Farne), die mit wenigen, sich wiederholenden Bausteinen zu vielfältigen komplexen, aber aufgabenangepassten Lösungen kommen. Diese Eigenschaften werden für die fraktale Organisation als Vorbild aus der Natur angestrebt.

Fraktale müssen bestimmte Kriterien erfüllen:
- Es gibt für ein Fraktal eine ganzheitliche Aufgabenstellung (Konzeption, Leistungsbeschreibung, Planziele etc.).
- Jedes Fraktal ist verantwortlich für die eigenen Geschäftsprozesse (mit beschreibbaren Größen), ausgerichtet auf die jeweiligen eigenen Rahmenbedingungen.
- Jedes Fraktal übernimmt verschiedene Funktionen, um die ihm gestellten Aufgaben optimal zu lösen.
- Jedes Fraktal ist umfassend verantwortlich für das von ihm erzielte Ergebnis.
- Jedes Fraktal muss daher mit allen Kompetenzen, Instrumenten und Ressourcen ausgestattet sein, die zu einer umfassenden, kompletten Leistungserbringung notwendig sind.

Kurz gesagt: Alle Fraktale des Einrichtungsträgers wären in diesem Sinne selbstständige, in ihrem jeweiligen Sozialraum selbstverantwortliche Kitas, in denen allerdings die Grundlagen und die Philosophie des Einrichtungsträgers gelebt werden. Sie wären auf jeder Ebene selbstähnlich und würden auf der jeweiligen Ebene die Struktur, die Ziele und die Werte der Gesamtorganisation des Trägers abbilden.

Auf einer konkreteren Ebene würden also die verschiedenen Einrichtungen eines Trägers zum Beispiel als Kindergarten, als Hort, als Krippe oder als Familienzentrum sich in ihrem jeweiligen Sozialraum auf strategischer und taktischer Ebene selbst organisieren.

Als Organisationsmetapher könnte man den Einrichtungsträger wie auch die einzelne Kindertageseinrichtungen dann mit einem Orchester vergleichen – mit Musikern, einem Dirigenten und mit nach strengen Regeln agierenden Orchestermitgliedern. Gerade in sozialen Organisationen jedoch, die in äußerst unterschiedlichen sozialen Umfeldern agieren, verschiedene Gemeinwesen und damit auch stark differierende Rahmenbedingungen und Handlungsfelder vorfinden und darüber hinaus einen bedeutenden Modellcharakter für zukunftsfähiges, nachhaltiges Lernen haben, stößt das Orchestermodell an seine Grenzen. Das Gegenstück dazu wäre die Jazz-Band während einer Jamsession, in der die Musiker unter Beibehaltung der Publikums- (sprich: Kunden-)Orientierung alle Vorteile von Fraktalen abbilden:

Abbildung 2: Jazzband
(© Николай Григорьев_Dixieland / Fotolia.com)

Dazu gehören im Wesentlichen:

- Kompetenz
- Zusammenspiel bei eigenen Spielräumen
- Dynamik
- Publikumsorientierung
- Verantwortung für das Ganze
- Vitalität
- Selbstständigkeit
- Selbstorganisation
- Freiheit
- Flexibilität
- Stabilität und Ordnung trotz Improvisation
- Kommunikation/Verständigung

In einer so verstandenen sozialen Organisation wären für die Kita-Leitung dann entsprechende Ziele zu formulieren und das Aufgabenfeld daran auszurichten. Bei Klug (2001, S. 13) heißt es dazu: »Ein umfassendes Unternehmensmodell für eine Kita ... hat vier Ziele:

- die Kita als leistungsfähiges Unternehmen auf dem Markt zu etablieren,
- eine Qualitätsstrategie zu entwickeln, die der Kita angemessen und in den Unternehmensstrukturen verankert ist,
- einen wertorientierten Träger als Unternehmer in Konkurrenz zu anderen Unternehmen zu konstituieren und
- die Leiterin der Kita als Geschäftsführerin des Unternehmens einzusetzen.«

Gerade der letzte Punkt ist in Kindertageseinrichtungen strukturell nicht abgesichert oder so wenig deutlich formuliert, dass der Träger in der Regel ohne Einbeziehung der Kita-Leitung in den vorgenannten Bereichen Entscheidungen treffen bzw. dies durch Zwischenhierarchien übernommen werden kann. Schon aus diesem Gesichtspunkt wäre eine stärkere und deutlichere Formalisierung der Leitungsaufgaben sinnvoll, um die Transparenz hinsichtlich der Leitungskompetenzen zu erhöhen und Unklarheiten sowie die daraus resultierenden Unsicherheiten im Hinblick auf Leitungshandeln zu vermeiden.

Vier Felder der Leitungskompetenz

Betrachtet man die Kita als Fraktal und legt ein entsprechendes Organisationsverständnis zugrunde, können sich Leitungskompetenzen in vier Hauptfeldern abbilden lassen:

Betriebsleitung
Einen wesentlichen Aspekt von Betriebsleitung stellt die Ressourcenverfügbarkeit dar. Wer das »kleine mittelständische Unternehmen Kita« leitet, sieht sich mehreren Dilemmata gegenüber: Zuerst einmal besteht hier das Zeit-Dilemma, da die

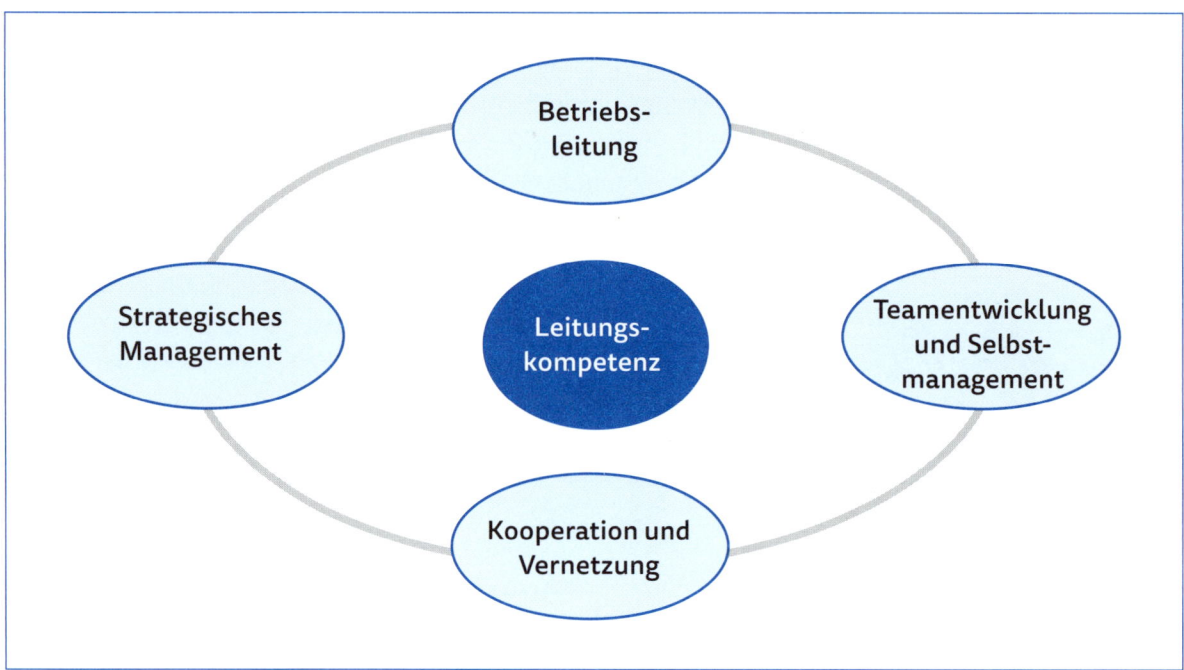

Abbildung 3: Vier Felder der Leitungskompetenz

für eigentliche Leitungsaufgaben zur Verfügung stehende Zeit in der Regel an der Kita-Größe festgemacht wird. So orientiert sich die Zeitressource für Leitungstätigkeit häufig an der Anzahl der Betreuungsplätze und nicht am eigentlichen, tatsächlichen oder gar notwendigen Aufwand.

Das KiTaG Niedersachsen zum Beispiel sieht eine Mindestbemessung vor, die besagt, dass Leitungen je Gruppe fünf Stunden für Leitungstätigkeiten zur Verfügung haben. Bei mindestens vier Gruppen, von denen eine Gruppe ganztags betrieben wird, kommen noch einmal zehn Stunden hinzu. Nach vielen veröffentlichten Anforderungsprofilen stünden bei dem vorgenannten Beispiel einer viergruppigen Kita mit einer Ganztagsgruppe wöchentlich 30 Stunden für Leitungstätigkeiten zur Verfügung. Doch selbst bei einer vollen Leitungsstelle wären die Rahmenbedingungen immer noch nicht optimal.

Noch schwieriger wird es in Kindertageseinrichtungen, die insgesamt weniger Kinder aufnehmen und dadurch auch weniger Gruppen haben, da hier in der Regel die Zeitressource für Leitungstätigkeit sinkt, der Aufwand für diese Tätigkeit aber nicht. Darüber hinaus benötigt die Übernahme des Finanzmanagements zusätzlich Zeit, die nicht zur Verfügung steht (siehe S. 92).

Im Gegenteil, es kommen noch erschwerende Rahmenbedingungen hinzu: Einerseits eine Rollenunsicherheit und Rollenunklarheit, die sich aus der Doppelrolle »Leitung und Gruppenerzieherin/Kollegin« ergeben – unter Umständen sogar die diffusen Situation, dass es in der Kita noch sogenannte Gruppenleitungen gibt und die Leitung zeitweise quasi als weitere Fachkraft »unter« ihren Untergebenen arbeitet. Rollenunklarheit ist auch die Folge, wenn die Kita-Leitung bei Ausfall von Mitarbeitern als sogenannte Springkraft im pädagogischen oder hauswirtschaftlichen Bereich »aushilft«.

Bezeichnend ist auch der Begriff »Freistellung« für die Leitungstätigkeit im Kita-Bereich. Dieser Begriff transportiert das Berufsbild einer Kita-Leitung, die neben ihrer eigentlichen Aufgabe der Erziehungstätigkeit noch ein paar organisatorische Aufgaben – quasi stellvertretend für ihre Kolleginnen und Kollegen – nebenbei übernommen hat und dafür einen zeitlichen Ausgleich erhält. Man stelle sich nur vor, die Fachbereichsleiterin im Jugendamt würde bei Personalausfällen im Allgemeinen Sozialen Dienst im Bezirk die Arbeit als Familienhelferin aufnehmen, hätte keine Mitarbeiter für Büro- oder Sekretariatsaufgaben zur Verfügung, oder die Abteilungsleiterin einer Sparkasse würde einspringen, wenn es eine Unterbesetzung beim Kantinenpersonal gäbe. Kaum denkbar – außer in einer Kindertageseinrichtung.

Während der pfv-Fachtagung äußerte eine Forumsteilnehmerin, es sei zu viel Arbeit im System. Diese Aussage impliziert, dass für Leitungsaufgaben in Kindertageseinrichtungen generell zu wenig Ressourcen zur Verfügung stehen bzw. auf der Entlastungsseite kaum ein Äquivalent für die Bewältigung der Aufgabenfülle bereitsteht.

Leitung benötigt Kompetenzübertragung

Betrachtet man die Kita-Leitung als »Betriebsleitung«, liegt ein Schwerpunkt ihrer Tätigkeit auf dem Finanzmanagement, das heißt in der Beschaffung, Bewirtschaftung und Verwaltung der Ressourcen.

Offensichtlich handelt es sich hier um einen Bereich, der bisher nicht ausreichend im Fokus von Leitungsaufgaben stand. So finden sich zum Beispiel in der Checkliste zur Selbstevaluation für den Qualitätsbereich Leitung bei PädQuis gGmbH (Tietze 2003) lediglich zwei Items, nämlich die Dokumentation aller betriebswirtschaftlichen Vorgänge und die Einwerbung von Spenden oder Projektmitteln.

Die Bewirtschaftung der Kita-Finanzen ist auch häufig zentral beim Träger angesiedelt. Einerseits ist zu vermuten, dass Leitungskräfte häufig über wenig einschlägige betriebswirtschaftliche Grundkenntnisse verfügen und/oder der Kindertageseinrichtung entsprechende Kompetenzen durch den Träger nicht zugeschrieben werden. Andererseits entspricht eine Auseinandersetzung mit betriebswirtschaftlichen Aspekten unter Umständen weniger dem Selbstverständnis von Leitungskräften, die eher eine pädagogische Berufsbiografie mitbringen

und, wie bereits beschrieben, auch häufig zu einem erheblichen Teil ihrer Arbeitszeit im pädagogischen Bereich tätig sind.

Neben dem Finanzmanagement steht die Ressourcenbeschaffung im Fokus der Betriebsführung. Die technische Ausstattung in Kindertageseinrichtungen entspricht überwiegend nicht allgemeinen Arbeitsplatzstandards. Umfangreichen Aufgaben der Dokumentation steht oftmals noch nicht einmal eine angemessene, der Aufgabe entsprechende Ausstattung je Gruppe (Tablet, Handy, Laptop etc.) gegenüber. Auch wenn in einer Gruppe zwei oder drei pädagogische Fachkräfte tätig sind, bestehen selten drei ausgestattete Arbeitsplätze.

Insgesamt hat sich der Aufgabenbereich der Kita-Leitung im Hinblick auf Betriebsleitung stark erweitert, insbesondere im Rahmen der Sicherstellung der rechtlichen Vorgaben (Hygienemanagement, betriebliches Gesundheitsmanagement etc.). Es handelt sich um einen Arbeitsbereich mit immer stärker steigenden Anforderungen, ohne wirkliche Delegationsmöglichkeiten, da auch die Personalressourcen (direkter Erzieherinnen-Kind-Schlüssel) und die Verfügbarkeit weiteren Personals nicht gegeben sind.

Teamentwicklung und Selbstmanagement

Eine der Kernaufgaben von Leitung besteht in der Verantwortung für eine gute Zusammenarbeit im Team und in der Mitgestaltung der Organisationskultur.

Der Begriff »Team« hat in der Kita eine besondere Bedeutung, obwohl es über diesen Begriff kein klares und einheitliches Verständnis gibt und er daher zu Missverständnissen einladen kann. Schon bei einer Reduzierung des Teambegriffs auf die Varianten

▶ Team als Bezeichnung für eine kleingruppenorientierte Organisationsform (z. B. besteht ein viergruppiger Kindergarten aus vier Erzieherteams, die in vier Kindergruppen arbeiten) oder für die Gesamtheit der (pädagogischen) Mitarbeiter einer Kita

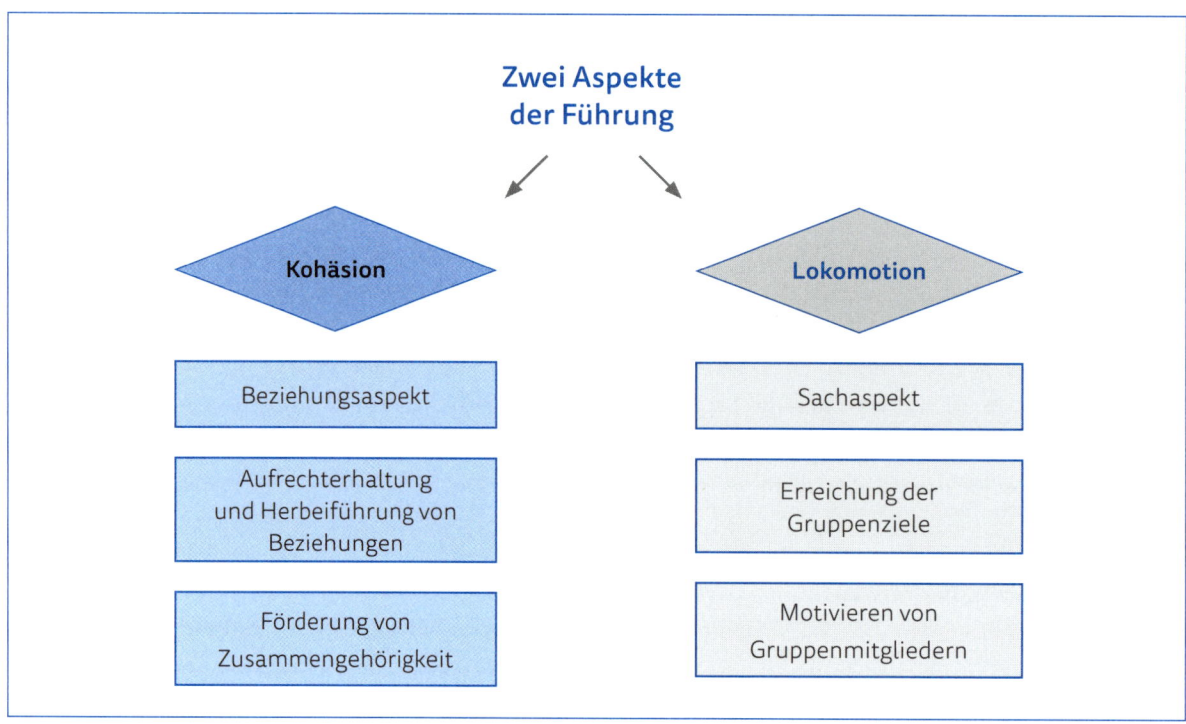

Abbildung 4: Zwei Aspekte der Führung (Möller & Schlenther-Möller 2007, S. 69)

▶ Team als Bezeichnung für einen Arbeitsstil mit besonderen Merkmalen

bestehen für die Leitung bereits Anforderungen auf sehr unterschiedlichen Ebenen.

Eine Ebene betrifft das Personalmanagement, die andere Ebene die Teamentwicklung durch die Gestaltung der Organisationskultur. Teamentwicklung bedeutet für die Leitung, die Entwicklung einer Organisationskultur und eines förderlichen Organisationsklimas auf den Ebenen Lokomotion und Kohäsion (siehe Abb. 4).

Der Aspekt Lokomotion meint den Sachaspekt der Führung. Ein Team ist auf Dauer nur dann erfolgreich, wenn neben der Erfüllung der Beziehungsbedürfnisse auch angemessene Leistungsziele bestehen. Lokomotion meint also den Aspekt der Erreichung der Gruppenziele, die für die Motivation von Gruppenmitgliedern (Mitarbeiterinnen und Mitarbeiter) notwendig sind.

Mit Kohäsion rückt der Beziehungsaspekt, gleichwertig neben dem Sachaspekt, ins Blickfeld. Hier geht es vor allem um das Organisations- und Teamklima. Mitarbeiterinnen und Mitarbeiter haben ausreichend Möglichkeit zur Kommunikation und entwickeln ein ausgeprägtes Zusammengehörigkeitsgefühl. Sie fühlen sich wohl als Mitglied der Kindertageseinrichtung, arbeiten gerne dort und zeigen gegenseitige Anerkennung.

Die Leitungsaufgabe besteht darin, diese beiden Aspekte von Kohäsion und Lokomotion in ein angemessenes Verhältnis zu bringen.

Selbstreflexion, Supervision und Personalfürsorge gehören hier ebenso zum Aufgabenfeld, wie die Schaffung einer guten Kommunikationskultur (formell und informell) in der Kindertageseinrichtung. In diesem Bereich der Personalführung besteht für die Kita-Leitung der größere Handlungsspielraum im Vergleich zum Personalmanagement.

Personalmanagement als Leitungskompetenz

Geht es beim Personalmanagement um Personalgewinnung, Personalauswahl, Personaleinsatz und Personalentwicklung, erfordert dies für Kita-Lei-

tungen eine erhebliche Kompetenzzuschreibung durch den Einrichtungsträger – zum Beispiel:
- Die Federführung der Kita-Leitung bei der Besetzung offener Stellen: Es gehört in den Entscheidungsbereich von Kita-Leitungen, entsprechend der eigenen Bedarfe das entsprechende Fachpersonal auswählen zu können, ausgerichtet am pädagogischen Konzept der Einrichtung, über die Festlegung von unterschiedlichen Anforderungsprofilen für Mitarbeiter (Nutzbarmachung von personellen Synergieeffekten) bis hin zur Beachtung einer ausgewogenen Altersstruktur und Geschlechterverteilung unter dem Kita-Personal.
- Bei der Dienstplangestaltung benötigt die Leitung einen entsprechenden Entscheidungsraum, um bei der Festlegung der Rahmenbedingungen handlungsfähig sein zu können. Die Einführung von Arbeitszeitkonten, Entscheidungen über Öffnungs- bzw. Ferienzeiten, Regelungen zur täglichen Betreuungszeit oder Schwerpunktsetzungen im Jahresverlauf (Eingewöhnung, Schulübergang etc.) sind nur einige Aspekte, auf die eine Kita-Leitung flexibel und kompetent reagieren können muss. Darunter fällt auch die zeitweise Schließung von Kita-Gruppen (z. B. bei personeller Unterbesetzung).
- Weitere Bereiche betreffen die Entscheidung über das Fortbildungskonzept der Kita und die Fortbildungsplanung (auch hier mit der Verfügung über einen angemessenen Fortbildungsetat).

Doch gerade in diesen Bereichen liegen die Entscheidungskompetenzen häufig eben nicht bei der Kita-Leitung, und ihre Einflussmöglichkeiten auf Entscheidungen in diesen Bereichen sind darüber hinaus in der Regel eher gering.

Kooperation, Vernetzung und Strategisches Management als Zukunftsaufgaben

Abschließend wird auf die Leitungsaufgabe in Zusammenhang mit der strategischen Ausrichtung einer Kindertageseinrichtung eingegangen. »Die Ökonomisierung sozialer Arbeit und die Aufhebung monopolähnlicher Schutzbestimmungen für große Verbände und die als Rettungsstrategie für den Sozialstaat erkorene betriebswirtschaftliche Effizienz und Konkurrenz« (Klug 2001, S. 15f.) haben auch auf die Ausgestaltung der Leitungsaufgaben einer Kindertageseinrichtung erhebliche Auswirkungen. Einrichtungskonzeptionen werden durch Leistungsbeschreibungen abgelöst, Qualitätsmanagementsysteme eingeführt, und eine Marketingstrategie wird immer notwendiger.

Die häufige Ausrichtung auf Systemzertifizierungen (ISO 9000) bedeutet für Kita-Leitungen einen erheblichen Mehraufwand mit zweifelhaftem Nutzen für die pädagogische Arbeit. Systemzertifizierungen haben nur eine beschränkte Aussagekraft über die Qualität von Kindertageseinrichtungen und gehen von der irrigen Grundannahme aus, dass Prozessbeschreibungen die komplexe Qualität pädagogischer Prozesse abbilden oder Aussagen über die Qualität treffen können.

Eine Marktorientierung bedeutet für die Leitung einer Kindertageseinrichtung, zukünftig bedeutsame Aufgaben und Orientierungen in den Blick zu nehmen und in der Einrichtung zu thematisieren. Als Beispiele können hier Entwicklungen aus der Vergangenheit (Krippenausbau) oder der Gegenwart (Inklusion) sowie die sozialräumliche Orientierung von Kindertageseinrichtungen im Rahmen von Familienzentren angesehen werden. Dies bedeutet für die Leitung, rechtzeitig zu erkennen, welches Feld zukünftig für die Kita von Bedeutung sein wird, und danach die eigene Ressourcenstärke einzuschätzen und entsprechende Ressourcen zu organisieren bzw. zu entwickeln.

Kita-Leitungen müssen, anders als früher, einen multiperspektiven Auftrag (situativ und komplex) wahrnehmen, der über das, was bisher Kita-Management ausmachte, hinausgeht. Der »Markt« für die Kita besteht aus dem sie umgebenden Gemeinwesen, dem Sozialraum. Ihn gilt es genauer zu betrachten (Umfeldanalyse, Mitbewerberanalyse, Bedarfsanalyse) und die eigene Einrichtung entsprechend zu positionieren.

Zusätzlich müssen Kita-Leitungen im gleichzeitig existierenden Spannungsfeld von Auftrag (»Kunden«, Klienten, Staat, Fachkräfte und Träger), Kooperation mit anderen Akteuren im Sozialraum und Konkurrenz zu anderen Einrichtungen in der Lage sein, Perspektiven für die eigene Kindertageseinrichtung zu entwickeln. Die Anforderung an die Kompetenz einer Kita-Leitung besteht darin, die Synthese aus Existenzberechtigung am Markt (im Sozialraum, im Gemeinwesen) zu erreichen, bei gleichzeitig guter Organisation der Kindertageseinrichtung und Stimmigkeit der Ressourcenaufbringung und Ressourcenverwendung.

Eine Marketingstrategie würde hier bedeuten, mit den beteiligten Erzieherinnen und Erziehern eine Ausrichtung der Kindertageseinrichtung zu entwickeln, die den jeweils bestehenden Bedürfnissen der genannten Akteure entspricht, eine hohe Wettbewerbsintensität aber vermeidet.

Literatur

Huppertz, N. (1986): Die Leitung eines Kindergartens. 7. Auflage. Freiburg.

Klug, W. (2001): Erfolgreiches Kita-Management. München.

Möller, J.-Ch. & Schlenther-Möller, E. (2007): Kita-Leitung: Leitfaden für Qualifizierung und Praxis. Berlin.

Tietze, W. (Hrsg.) (2003): Pädagogische Qualität entwickeln. Weinheim, Basel.

Qualität – auch in der Zusammenarbeit mit Eltern und Familien

Wilfried W. Steinert

Die Zusammenarbeit mit den Eltern und Familien der Kinder ist für eine gelingende Erziehungs- und Bildungsarbeit in den Kindertageseinrichtungen unverzichtbar. Gleichzeitig durchziehen dieses Miteinander aber oftmals Unsicherheit und beiderseitige Verletzlichkeit. Das ist auch nicht verwunderlich, denn Eltern vertrauen den Erzieherinnen und Erziehern das Liebste an, was sie haben: ihr Kind.

Andererseits sind die Mitarbeiterinnen und Mitarbeiter in den Kindertageseinrichtungen Profis in Erziehung und Bildung und nehmen oftmals sensibel wahr, wenn sich Spannungen und Probleme abzeichnen. Es gehört sehr viel Feingefühl dazu, auch darüber mit den Vätern und Müttern zu kommunizieren. Der feinfühlige und wertschätzende Umgang ist eine der wichtigsten Grundlagen der Zusammenarbeit und Kommunikation mit den Eltern.

Bei der Gestaltung einer gelingenden Erziehungspartnerschaft geht es jedoch nicht in erster Linie um Probleme, sondern um die ganz alltägliche Kommunikation, um Absprachen, um gegenseitige Wertschätzung der Kompetenzen, um den ganz normalen Kita-Alltag. Und damit bin ich bereits bei dem ersten Aspekt meines Beitrags.

Sich der eigenen Haltung gegenüber Eltern und Familien bewusst werden

Um sich der eigenen Haltung gegenüber Eltern bewusst zu werden, ist es hilfreich, sich im Team einer Einrichtung über folgende Fragen (vgl. Booth 2006) auszutauschen:

- Verstehen sich Kindertageseinrichtungen und Eltern als Partner mit gemeinsamen Zielen?
- Werden die unterschiedlichen Lebensformen der Familien wertgeschätzt?
- Sind die in den Familien vorhandenen unterschiedlichen Kompetenzen bekannt und werden sie genutzt?
- Sind die Wertvorstellungen der Familien zu Freizeit und Lebensqualität bekannt?
- Wissen Eltern, dass ihre Beteiligung an der Gestaltung der Angebote in der Kita erwünscht ist?
- Fühlen sich die Eltern aus allen Familien, unabhängig von Herkunft, Familiensprache, Religion oder sozialem Status, gleich gut angesprochen?

Wie man im Team mit diesen Fragen – und überhaupt mit Indexfragen – gut arbeiten kann, ist ausführlich im Praxishandbuch »Inklusion vor Ort« dargestellt (Montag Stiftung Jugend und Gesellschaft 2011).

Eltern- und Familienbilder im Wandel

Was heute unter Elternschaft und Familie zu verstehen ist, ist einem starken Wandel unterworfen und stellt sich in den unterschiedlichsten Lebensformen dar. Aus diesem Grund kann nicht von der eigenen Familiensituation auf die anderer geschlossen werden. Die folgenden Zahlen aus Statistiken können ein wenig sensibel machen für die vielfältigen Lebensformen, denen wir in der Kita begegnen.

In einer Untersuchung des Allensbacher Instituts zum Wandel der Eltern-Kind-Beziehung wurde den teilnehmenden Müttern und Vätern folgende Frage vorgelegt: »Wie sehr unterscheidet sich Ihr Verhältnis zu Ihren Kindern davon, wie es früher zwischen Ihnen und Ihren Eltern war?« Während 51 Prozent der befragten Eltern »starke« oder »sehr starke« Unterschiede sahen, berichteten 45 Prozent »weniger starke« oder »kaum/gar keine« Unterschiede. Auf Nachfrage schilderten 76 Prozent derer, die starke oder sehr starke Veränderungen der Eltern-Kind-Beziehung beobachten, das Verhältnis zu ihren Kindern als weniger autoritär und mit mehr Freiheiten ausgestaltet.[21]

Auch die familiären Lebens- und Partnerschaftsformen ändern sich rapide. Waren im Jahr 1996 noch 81 Prozent der Eltern verheiratet und nur fünf Prozent unverheiratet zusammenlebend, so betrug im Jahr 2011 die Quote der verheirateten Paare nur noch 71 Prozent, die der unverheirateten Paare bereits zehn Prozent. Der Anteil der Alleinerziehenden stieg im gleichen Zeitraum von 18 auf 26 Prozent.[22]

Patchwork-Familien, Familien mit Migrationsgeschichte oder gleichgeschlechtliche Partnerschaften prägen immer mehr die Elternschaft. Außerdem nimmt der Anteil der Alleinerziehenden weiter zu. Gerade Alleinerziehende erleben in der kritischen Phase der Trennung häufig den Wegfall stabilisierender sozialer Netze. In dieser Zeit der Des- und Neuorientierung sind – für Familien mit Kindern im Vorschulalter – Kindertageseinrichtungen oft die einzige Anlaufstelle, um mit den Kindern die Umbrüche einer Trennungs- und Scheidungssituation zu überwinden (vgl. Bertelsmann 2006). In solchen Situationen ist es auch hilfreich und wichtig, dass Erzieherinnen und Erzieher einen guten Draht zu Beratungsstellen haben, um notwendige Unterstützungen anzubahnen.

Wir wissen so viel über Eltern und doch so wenig über die individuellen Familiensituationen. Deshalb nochmals der Hinweis darauf, im Team immer wieder einmal neu darüber nachzudenken:
▶ Wie können Eltern in den Erziehungs- und Bildungsprozess der Gruppe oder Einrichtung eingebunden werden?
▶ Wie können die elterlichen Kompetenzen in die Entwicklung des Profils der Einrichtung einbezogen werden?
▶ Wie können Eltern dazu beitragen, die Kindertageseinrichtung in die Gesellschaft hinein zu öffnen?

Und natürlich können Eltern eine ganz wichtige Rolle spielen, wenn es darum geht, Anliegen der frühpädagogischen Arbeit in die (bildungs-)politische Auseinandersetzung einzubringen.

Grundverständnis der gegenseitigen Wertschätzung

Eltern sind die Experten für ihr Kind. Erzieherinnen und Erzieher sind die Experten für Erziehung und Bildung im Elementarbereich. Dieses Grundverständnis kann eine Basis für die Zusammenarbeit sein.

Dabei ist es selbstverständlich das Recht der Eltern, das Beste für ihr Kind einzufordern. Und im Allgemeinen wissen sie am besten, was ihr Kind

---

21 Vgl. Allensbacher Archiv, IfD-Umfrage 5256, Februar/März 2009; www.ifd-allensbach.de.
22 Aus der Studie »Immer weniger Eltern sind verheiratet«, ZEIT online, www.zeit.de, 30.08.2012.

braucht. Natürlich gibt es auch Eltern, die ihren Kindern nicht gerecht werden, die Bedürfnisse ihrer Kinder nicht erkennen. Doch erst einmal geht es darum, eine Vertrauenskultur zu entwickeln. Nur aufbauend auf einem wertschätzenden Miteinander können auch Gespräche über kritische Themen geführt werden.

Ein solches Grundverständnis der gegenseitigen Akzeptanz und Wertschätzung kann pädagogischen Fachkräften auch helfen, die Herausforderung zu meistern, wenn Eltern überhöhte Forderungen stellen und nur ihr Kind sehen. Es ist nicht leicht, in der Erziehungspartnerschaft immer die Balance zwischen Nähe und Distanz zu wahren und im Blick auf die Kinder handlungs-, erziehungs- und bildungsfähig zu bleiben. Gerade deshalb ist die regelmäßige Beratung im Team auch über den Umgang mit den Eltern enorm wichtig.

Gelingende Bildungs- und Erziehungspartnerschaft

Eine erfolgreiche Zusammenarbeit von Kita und Familie ist davon bestimmt, dass das Kind im Zentrum des gemeinsamen Handelns steht, mit seinen Entwicklungsmöglichkeiten gesehen wird und seine Bedürfnisse ernst genommen werden. Ideal ist es, wenn Eltern und pädagogische Fachkräfte ihr Wissen und ihre Erfahrungen in den gemeinsamen Erziehungs- und Bildungsprozess mit den Kindern einbringen können. Regelmäßig organisierte und strukturierte Gespräche helfen dabei.

Doch wie können Erzieherinnen und Erzieher auch bildungsferne oder wenig interessierte Eltern erreichen, sensibilisieren und motivieren? Dieser Prozess setzt möglichst früh und auf mehreren Ebenen ein: Schon bei den Vor- und Aufnahmegesprächen geht es um den Aufbau von Vertrauen, um Wertschätzung und Anerkennung der elterlichen Erziehungsleistung. Erst wenn Eltern sich angenommen fühlen, werden sie auch Unterstützung annehmen können.

Das bedeutet auch, genau zu beobachten, wo Eltern (und Kinder) ihre Stärken und Kompetenzen haben. Denn nur durch die Stärkung der Stärken wird es gelingen, dass auch kritische Bereiche kommunizierbar werden. Gerade kulturelle und soziale Unterschiede sollten als bereichernde Vielfalt von den Erzieherinnen und Erziehern gesehen und von den Eltern erlebt werden. Die Grundhaltung ist demnach darauf ausgerichtet, Eltern als Handelnde und Lernende ernst zu nehmen, nicht als zu Belehrende.

Erziehungspartnerschaft mit den Eltern gestalten

Partnerschaft entsteht nicht aus dem Nichts. Sie braucht Entwicklungszeit – Zeit und Raum, um Vertrauen aufbauen zu können. Der Alltag einer Kita bietet dafür viele Ansatz- und Gestaltungsmöglichkeiten.

Anmeldung und Aufnahme
Gerade bei den ersten Kontakten mit der Familie kommt es darauf an, sich Zeit zu nehmen – insbesondere auch beim Anmeldungsgespräch, das sinnvollerweise gemeinsam mit den Eltern und dem Kind geführt wird. Praktizierter Grundsatz in jeder Kita sollte sein, mit den Eltern nicht über das Kind in der dritten Person in dessen Beisein zu kommunizieren. Selbst wenn das Kind die Worte und Inhalte (noch) nicht versteht, so nimmt es doch wahr, »was da abläuft«.

Die Kita-Leitung ist Gastgeberin für die interessierten Eltern und Kinder; sie zeigt ihnen die Räume und das Gelände, erläutert das pädagogische Konzept, achtet sorgfältig auf die Erwartungen der Eltern an die Einrichtung.

Tür-und-Angel-Gespräche
Diese Gespräche finden immer wieder am Morgen oder Nachmittag beim Bringen und Abholen statt. Manchmal auch nervend oder belastend, manch-

mal, um schnell etwas loszuwerden. Vor allem aber stellen Tür-und-Angel-Gespräche eine Chance dar, um besondere Anliegen, Bedürfnisse oder Probleme wahrzunehmen. Sie sind eine Gelegenheit, etwas kurz anzusprechen und dann vertiefende Gespräche zu vereinbaren.

Tür-und-Angel-Gespräche dürfen aber nicht zum Ersatz für Beratungs- oder Entwicklungsgespräche werden. Sie sind nur ein kleiner Baustein im Aufbau einer guten Kommunikation.

Regelmäßige Entwicklungsgespräche

Mindestens zweimal im Jahr sollten mit den Eltern Entwicklungsgespräche geführt werden. Auch hier werden die Kinder grundsätzlich einbezogen. Das Portfolio o. ä. als Dokumentation der Entwicklung des Kindes ist Grundlage dieser Gespräche. Dabei werden neben den positiven Entwicklungen des Kindes auch Förder- und Herausforderungsbedarf dokumentiert und eine gemeinsame Bewertung der Fortschritte vorgenommen.

Thematische Elternrunden

Elternversammlungen am Abend können für viele, besonders für berufstätige oder alleinerziehende Eltern, ein Problem sein. Oft rauben sie wichtige Erziehungs- und Begegnungszeiten zuhause. In einer guten Kindertageseinrichtung wird sehr sorgfältig geprüft werden, wann es am sinnvollsten ist, zu Elternrunden einzuladen: vormittags, nachmittags oder am Abend – je nach Bedarfslage der Eltern.

Solche thematische Elternrunden können zum gemeinsamen Diskurs über Erziehungsfragen einladen, den Eltern Austausch untereinander ermöglichen und Kontakte zum Miteinander anbahnen. Ein monatliches, von Eltern vorbereitetes Frühstück kann gerade Müttern mit Migrationshintergrund Kontakte zu andern Müttern ermöglichen und damit auch das Beziehungsspektrum der Kinder erweitern. Weitere Kommunikations- und Begegnungsmöglichkeiten bieten gemeinsame pädagogische Elternveranstaltungen mit der Grundschule oder auch ein Elternstammtisch bzw. Elterntreff.

Eltern in die Kita-Arbeit einbeziehen

In vielen Kindertageseinrichtungen hat es sich bewährt, Mütter und Väter phasenweise in die Gruppenarbeit einzubeziehen. Gerade wenn es um selbstgesteuertes, entdeckendes Lernen der Kinder geht, kann es hilfreich sein, wenn mehrere Erwachsene zur Assistenz zur Verfügung stehen. Hier ist auch die Mitarbeit in der auf die Lebenswelt bezogenen Arbeit zu nennen, beispielsweise über »Lernwelten«. Die Kinder besuchen in Kleingruppen die Eltern in ihrer Arbeitswelt oder man kocht, bäckt, bastelt miteinander (auch mal das, was den Eltern Spaß macht).

Manche Eltern lassen sich nur dann für eine Mitarbeit gewinnen, wenn die Projekte handlungsbezogen und zeitlich befristetet sind. Immer aber geht es darum, dass sich das Kita-Team Gedanken macht über eine umfassende Handlungs- und Informationsstrategie. Auch Feste und Feiern können als Kommunikationsmöglichkeiten genutzt werden.

Und wenn Eltern nicht »kompetent« sind?

Manche Eltern bringen ihr Kind unregelmäßig und unpünktlich. Das Essensgeld oder Beiträge werden nicht oder nur ab und zu gezahlt. Auf Hinweise oder Ratschläge reagieren die Eltern abwehrend. Sie zeigen sich gesprächsunwillig und lehnen jegliche Mitarbeit bei Festen und Feiern ab.

So unbefriedigend und belastend solche Verhaltensweisen für die Einrichtungs-Teams auch sein mögen: Manche Eltern brauchen besondere Unterstützung durch die Gesellschaft. Hier ist eine enge Zusammenarbeit mit dem Jugend- und dem Sozialamt, den Frühförder- und Beratungsstellen sowie der Erziehungs-/Familienberatung hilfreich.

Das Team einer Kita tut sich selbst einen guten Dienst, wenn einmal im Jahr in der Kita ein Runder Tisch mit diesen unterstützenden Einrichtungen stattfindet, um über die unterschiedlichen Dienstleistungen Bescheid zu wissen und miteinander im Gespräch zu bleiben. Dann müssen keine großen

Kommunikationsbarrieren überwunden werden, wenn Unterstützung einmal dringend erforderlich ist.

Das Kind im Mittelpunkt

Wie wir als Erwachsene miteinander umgehen, prägt das Vorbild, das wir unseren Kindern geben. Dort, wo wir Vertrauen in den anderen investieren, ihm Stärke zutrauen, kann Handlungskompetenz wachsen. Das gemeinsame Ziel aller partnerschaftlichen Bemühungen lautet, jedes Kind optimal zu fördern und herauszufordern, damit es sich zu einer selbstbewussten, neugierigen Persönlichkeit entwickeln kann, die motiviert ist, die vor ihr liegende Zukunft zu gestalten. Dieses Ziel kann nur gemeinsam in der Bildungs- und Erziehungspartnerschaft von pädagogischen Fachkräften und Eltern erreicht werden – zusammen mit den Kindern!

Literatur

Booth, T. u. a. (2006): Index für Inklusion (Tageseinrichtungen für Kinder). Lernen, Partizipation und Spiel in der inklusiven Kindertageseinrichtung entwickeln. Herausgeber der deutschen Fassung: Gewerkschaft Erziehung und Wissenschaft. Frankfurt a. M.

Montag Stiftung Jugend und Gesellschaft (Hrsg.) (2011): Inklusion vor Ort. Der kommunale Index für Inklusion – ein Praxishandbuch. Bonn.

Wagenblass, S. (2006): Familien im Zentrum – Öffentliche Erziehung und Bildung zwischen Angebot und Nachfrage: Gutachten erstellt im Auftrag der Bertelsmann Stiftung. Gütersloh.

Gruppenstrukturen als Rahmen für Qualität[23]

Claus-Peter Rosemeier

In der pädagogischen und therapeutischen Arbeit mit Kindern und Jugendlichen im Rahmen von Schule und Jugendhilfe tauchen häufig bestimmte Schwierigkeiten auf: Erfahrungen mit Mobbing und Gewalt, Schulangst, sozialer Rückzug, Ängste im Kontakt mit anderen, Ausgrenzung, eskalierende Konflikte in Gruppen, Depressivität etc. Rückblickend berichten Eltern mehrfach, dass diese Problematik sich zum Teil schon in der Kita abgezeichnet hat – oder auch mit dem Eintritt in die Schule oder erst seit dem zwölften Lebensjahr.

Bei aller Unterschiedlichkeit der jeweiligen familiären, sozialen und psychodynamischen Hintergründe wird deutlich, dass es bei Jugendlichen häufig große Probleme im Umgang mit anderen in offenen sozialen Situationen, aber auch in strukturierten Gruppensituationen gibt. Diese führen auf der Ebene individueller Symptomatik dann nicht selten zu besonderen Betreuungen im Rahmen von Schule und Jugendhilfe oder Behandlungen im Rahmen der Kinder- und Jugendpsychiatrie bzw. Psychotherapie. In Gruppen zurechtzukommen, diese als Teil der Gruppe mitzugestalten und sich in Gruppen einen angemessenen Platz zu suchen, scheint für viele keine sicher verfügbare Möglichkeit des Erlebens und Verhaltens zu sein.

Betrachtet man die Entstehung dieser Problematik und Unsicherheit, kristallisieren sich folgende Fragestellungen heraus:
- Wie war das früher in der Familie, in der Kita, in der Grundschule?
- Inwieweit können die Kinder auf »gute Erfahrungen« in Gruppen zurückgreifen?
- Inwieweit haben sie sich als Teil einer oder wechselnder Gruppe(n) erlebt?
- Wie wurden ihre Gruppenerfahrungen und -erlebnisse begleitet, geschätzt und geschützt?
- Welche Bedeutung hatte für sie das Leben in der Gruppe in ihrem Alltag?

Gruppenpädagogik

»Die ersten Wurzeln der Gruppenpädagogik sind bereits im 18. Jahrhundert anzusiedeln. Der Schweizer Pädagoge Johann Heinrich Pestalozzi (1746–1827) versuchte, als Leiter der Armenanstalt in Stans (1799), seine Erziehungsideale in die von ihm

---

23 Aufgrund meiner beruflichen Tätigkeit orientiert sich dieser Beitrag primär an der Arbeit in der stationären Jugendhilfe mit Jugendlichen zwischen 14 und 21 Jahren sowie der psychotherapeutischen Arbeit mit Jugendlichengruppen. Die Gruppenpädagogik im frühkindlichen Bereich findet nur zweitrangig Beachtung.

aufgenommene Gruppe von Kindern umzusetzen (vgl. Kelber 1971, S. 21f.). Rapold (2003) verweist darüber hinaus darauf, dass Pestalozzis Methode der Wohnstubenerziehung auf dem Prinzip der Hilfe zur Selbsthilfe basierte, ebenso betrachtete er die Wohnstubenfamilie als Organ der Erziehung sowie als Gruppe, welche entwicklungsfördernde aber auch entwicklungshemmende Elemente besaß« (Hartwig u. a. 2009, S. 15).

Die pädagogischen Konzepte von Friedrich Fröbel (1782–1852) bezogen sich ebenfalls auf die Arbeit mit Kindern in Gruppen. Seiner Auffassung nach besteht die Aufgabe der Erziehung in der Schaffung eines Einklangs zwischen dem Individuum und der ihn umgebenden Welt. »Die Förderung des kindlichen Spiels stand im Mittelpunkt und die Freiheit und die Selbstbestimmung waren in diesem Zusammenhang das Ziel der Erziehung« (ebd.). In der Nachfolge von Pestalozzi und Fröbel sind frühe Konzepte zur Gruppenpädagogik auf Makarenko, Korczak, Bernfeld und Redl zurückzuführen.

Der Blick auf die jüngere Geschichte der Gruppenpädagogik (zusammenfassend siehe Schrapper 2009) bringt folgende Aspekte zum Vorschein: Offensichtlich ist, dass die pädagogische Arbeit mit der Kindergruppe selbstverständlich und alltäglich die Tätigkeit der Erzieherinnen und Erzieher bestimmt. Insbesondere die Konzepte der »offenen Arbeit« und der »Altersmischung« sind durchdrungen von Vorstellungen zur Bedeutung der Selbsttätigkeit und Selbstorganisation von Kinder-Gruppen im alltäglichen Geschehen. Es gibt eine große Vielfalt an konkreten Konzepten und Ideen, was und wie man pädagogische Angebote mit Kinder-Gruppen in den unterschiedlichsten Themenbereichen und Alterszusammensetzungen entwickeln, strukturieren und durchführen kann.

Eine theoretische Grundlage zur Praxis der Gruppenarbeit in der Kita, welche auch von den pädagogischen Fachkräften gekannt und praktisch angewendet wird, scheint es aber nicht zu geben. »So wird das ›offene‹ Arbeiten in Kindergärten (…) manchmal so verstanden, als gäbe es damit für die Kinder keine Gruppe mehr. Gruppe wird dann gleichgesetzt mit einer von Erzieherinnen und Pädagoginnen aktiv strukturierten Gemeinschaft von Kindern. Die Zugehörigkeit der Kinder zu ›ihrem‹ Kindergarten, die spontane Bildung von Kleingruppen und Gruppenprozesse in der ›Großgruppe‹ der ganzen Kita werden nicht als Gruppenbildungen verstanden. Dabei bildet die Gruppe Ort und Medium der Erziehung zugleich, wobei Wachstum, Reifung und Bildung sowie Eingliederung des Einzelnen im Mittelpunkt stehen« (Staats 2013, S. 7).

In der alltäglichen pädagogischen Praxis wird häufig das Wort »Gruppendynamik« benutzt, ohne dass dieses klar definiert ist. Vor allem schwierige Gruppenprozesse werden nicht selten der Zusammensetzung der Gruppe, mit der man nicht vernünftig arbeiten kann, oder gar einzelnen Kindern, die die Gruppe stören, behindern, kaputt machen, angelastet.

Nicht selten wird ein Kind als »Sündenbock« identifiziert, der Einzelne oder die gesamte Gruppe stört. Wenn dieses Kind die Gruppe verlassen hat, wird manchmal mit Erstaunen – manchmal jedoch auch ohne Zusammenhänge herzustellen – nach einiger Zeit ein zuvor unauffälliges anderes Kind als die Gruppe störend wahrgenommen.

Meines Erachtens wird dabei eher selten in Betracht gezogen, was denn in der Gruppe – im Rahmen der Struktur der Einrichtung – eigentlich geschieht, wie also die Dynamik der Gruppe verläuft, welche Prozesse sich abspielen … und dann erst zu überlegen, auf welche Weise man ungünstige Entwicklungsprozesse unter Umständen positiv beeinflussen kann.

»Die Mädchen der Vorschulgruppe spielen Zirkus. Sie ahmten vor allem Pferde und Tiger nach. Etwa eine Woche sind sie damit beschäftigt, für das ausgedachte Programm zu trainieren. Dabei entsteht jedoch Streit, weshalb sich die Gruppe teilt. Nun sind die Gruppen für jüngere ›Bewerber‹ offen, die zuvor unerwünscht waren. Um weiterhin ein buntes Repertoire bieten zu können, bedarf es neuer Teilnehmer. Durch die Konkurrenz wird das Programm noch ausgefeilter. Beide Gruppen versuchen sich durch neue ›Showacts‹ abzuheben. Schließlich werden die Erzieherinnen zur Vorführung eingeladen« (ebd., S. 49).

Auch in Bezug auf »gut« funktionierende Gruppensituationen wird selten reflektiert, was zum guten Funktionieren in dieser Gruppe konkret beiträgt oder auch, in welcher Entwicklungsphase sich die Gruppe gerade befindet und wie man sie in ihrer Entwicklung am besten unterstützen kann – was manchmal heißt, sie ganz in Ruhe zu lassen!

Anders, als viele mit Blick auf die Bedeutung der Erzieherinnen-Kind-Beziehung denken, haben in der Wahrnehmung von Kindern (und vor allem von Jugendlichen) ihre Erfahrungen in und mit ihrer »Gruppe« oder »Klasse« oft höhere Bedeutung als die individuelle Beziehung zur Erzieherin oder zur Lehrerin.

Individualisierung und Vereinnahmung im Rahmen der Orientierung auf Bildungsprozesse

Der zunehmend eindeutige Blick auf »Erziehung und Bildung« sowie die Thematisierung »früher Bildungsprozesse« hat sicherlich viel für sich und bringt ganz offensichtlich einen wesentlichen Qualitätsanstoß im Bereich der Betreuung und Erziehung kleiner Kinder in den Einrichtungen.

Meiner Ansicht nach ist es dennoch notwendig, den Blick darauf zu richten, wo die »Freiräume der Kinder« bleiben, und somit nicht jede kindliche Aktivität (oder Inaktivität) und Regung als schon geplanter oder potenziell zu planender »Bildungsprozess« betrachtet werden sollte. Manchmal möchte man eher hören: »Alles Quatsch mit der Bildung – die Kinder spielen nur!«

Meine eigenen Kinder hatten das Glück, in ihrer Kita einen sehr aufmerksamen und belesenen Erzieher der alten Schule zu haben, der jede Woche mit der Kindergruppe (2 bis 5 Jahre) in den Wald gefahren ist. In einem klar abgesteckten, relativ wilden Waldstück taten die Kinder in unterschiedlichen Konstellationen/Kleingruppen, was immer ihnen altersdifferenziert einfiel, und kehrten gelegentlich zu den pädagogischen Fachkräften zurück, um sich Sicherheit zu holen, sich trösten zu lassen oder etwas Gefundenes zu zeigen. Sie machten Erfahrungen mit sich, mit der Natur und mit den anderen.

Mir scheint, dass es unter der Überschrift »Kita als Bildungseinrichtung« einen theoriegeleiteten (und in der bildungspolitischen Diskussion interessanterweise auch finanzpolitisch motivierten), verstärkten Zugriff auf kindliche Entwicklung gibt oder geben soll, der sich – verbindet man diese These mit soziologischen Analysen – an der »Zukunft des Arbeitsmarktes« im Sinne der Optimierung der Voraussetzungen der »Qualifizierung und Verwertung der künftigen Arbeitskraft« orientiert.

Dieser »Zugriff« hat, kritisch betrachtet, eine stark individualisierende Tendenz, in der der Einzelne – also zunächst die einzelnen Eltern ihres Kindes und dann zunehmend das einzelne Kind selbst – die alleinige Verantwortung bei der Gestaltung seiner individuellen Lebenschancen zugewiesen bekommt. In einem Satz zusammengefasst: »Wenn du kein Frühenglisch (Geige, Tennis, PC-Kurs, Theater etc.) in der Kita gemacht hast, musst du dich nicht wundern, wenn du jetzt nicht mehr mitkommst …«

Gemeinsames Spielen, Mitfühlen, Streiten, gemeinsam singen, ein Fest vorbereiten und feiern etc. werden nicht als solches für »gut« gehalten, sondern umdefiniert als Chance des Erwerbs »sozialer Kompetenz«, die zu trainieren sehr nützlich ist und deshalb gefördert werden soll. Gruppentätigkeiten und Gruppenerfahrungen werden in dieser Perspektive zwanglos mit den sogenannten »Soft Skills« als wichtiger Kompetenz und Eignungsvoraussetzung auf dem Arbeitsmarkt verbunden.

Im Folgenden werden Überlegungen zur Bedeutung der »Arbeit mit Gruppen« vorgestellt, welche verdeutlichen sollen, wie wichtig ein Verständnis für »die Gruppe« im Rahmen der Qualitätsentwicklung erzieherischer Prozesse ist.

Gehirn und Gruppe

Eine aktuell im Kontext von Hirnforschung und Psychotherapie diskutierte Prämisse lautet, dass der Säugling zuallererst mit der Ausstattung eines Gruppenwesens in eine Gruppe, die Familie, mit ihrer Geschichte und ihren Verästelungen hineingeboren wird. »Insofern liegt diese Gruppe (die Familie, Anm. d. Verf.) und deren Beziehungsstruktur zeitlich vor der Mutter-Kind-Dyade, deren spezifisches Gelingen (attunement) vom schon bestehenden familiären Gruppenkontext entscheidend abhängig ist« (Schultz-Venrath 2011, S. 112). Im Rahmen dieser – und aller anderen frühen Gruppenerfahrungen (Krippe, Krabbelgruppe, Kita etc.) – beginnt sich das kindliche Gehirn mit dem Sammeln von »Erfahrungen des Selbst in Beziehungen« als Teil eines sozialen Kosmos als Individuum zu entfalten.

»Die These, dass die Gruppe evolutionsbiologisch und entwicklungspsychologisch vor der Entwicklung des Selbst kommt, bedeutet, dass organisierte Gruppen mit ihren Grenzen und Kommunikationsnetzen zwischen ihren Mitgliedern schon vor dem Erwerb des Denkens existierten. Insofern war die Fähigkeit, andere zu verstehen, wahrscheinlich früher entwickelt, als sich selbst zu verstehen, und überlebensnotwendig« (ebd.).

Das menschliche Gehirn ist phylogenetisch (stammesgeschichtlich) auf das Zusammenleben in einer Gruppe ausgerichtet. »Die ›Größe des Beziehungsnetzes‹, also die Anzahl dieser ›Anderen‹ scheint auf neurobiologischer Ebene mit der Größe der Gehirnrinde zu korrelieren (Schrott & Jacobs 2011, S. 20). Nach den Berechnungen dieser Autoren zur Größe von Sozialverbänden ganz unterschiedlicher Säugetiere (z.B. Wale und Delfine) wäre unser Gehirn für einen sozialen Verband von maximal 150 Individuen ausgelegt« (Schultz-Venrath 2011, S. 112).

Die pädagogischen und psychotherapeutischen, theoretischen wie praktischen Folgerungen, die aus diesen Erkenntnissen der Neurobiologie zu ziehen sein werden, sind noch kaum absehbar.

Identität und Gruppenzugehörigkeit

»Ich-Identität« (und deren Entwicklung) ist in Anlehnung an Habermas (vgl. Geulen 2010) etwas anderes als eine Liste von Merkmalen, die der Person zu eigen sind, die sich von sich aus herausbilden oder die das Individuum sich aktiv aneignet. Identität ist vielmehr zu verstehen als eine interpersonelle Konstruktion, in der Spiegelungserfahrungen (zunächst in der familiären Dyade und Triade) und Gruppenzugehörigkeiten eine entscheidende Bedeutung haben. »Ich-Identität«, deren biografische Veränderbarkeit sowie ihre über die Zeit sich entwickelnde, relative Stabilität können als die Fähigkeit, verschiedene »Identitäten« (immer wieder neu) in eine gemeinsame Identität zu integrieren und ihr aktuell und im Nachhinein einen subjektiven und interaktiven Sinn zu geben, gesehen werden.

Eine Gruppe von Jungen zwischen drei und fünf Jahren beginnt im Garten der Kita Indianer zu spielen. Dazu benötigen sie Pfeile, Bögen und Äxte (Stöcke und Steine), die sie mit sich tragen und mit denen sie die Feinde bekämpfen. Dabei werden auch Gefangene gemacht, die am Marterpfahl festgebunden werden. Die Identifikation mit der Rolle und dem Platz in der Indianergruppe ist im Sinne eines »Als-ob« umfassend und steht im Erleben nicht in Widerspruch zu der Identität als Junge, der etwa später in der Musikstunde der Kita Kinderlieder singt.

Die Identität des Einzelnen ist in erster Linie abhängig von seiner Zugehörigkeit zu Gruppen. Seine/ihre Bindung an Gruppen prägt das Bild, das andere sich von ihm/ihr machen, und dieses wird als »Eigenes« internalisiert. Ohne Gruppenzugehörigkeit und Gruppenzuordnung kommt Individualität nicht zustande.

Innere Überzeugungen sind durch Gruppennormen, die Zugehörigkeit zu Gruppen und die zu diesen Gruppen bestehende Loyalität gekennzeichnet. Durch die Zugehörigkeit zu Gruppen und die Beziehungen in den jeweiligen Gruppen ändern sich das beobachtbare Verhalten und das (Selbst-)Erleben der einzelnen Mitglieder.

Betrachtet man (oder erlebt man möglicherweise an sich selbst) sozial gut integrierte, gestandene erwachsene Männer und Frauen bei einem Fußballspiel, so wird deutlich, dass hier offenbar andere emotionale Kräfte und regulierende Dynamiken bei den Einzelnen in Bewegung gesetzt werden, die mit der Identifikation und Zugehörigkeit, dem Sein als Gruppenwesen, verbunden sind.[24]

Gruppen sind soziale Gebilde, die aus den wechselseitigen Beziehungen und Kontakten mehrerer Personen entstehen. Es gibt in jeder sozialen Gruppe einen »Gruppenprozess«, der unvermeidlich dadurch entsteht, dass durch das Verhalten der Einzelnen die Normen innerhalb der Gruppe und somit das Verhalten aller Beteiligten beeinflusst wird, was wiederum das Verhalten und die Wahrnehmung der Einzelnen beeinflusst. Eine soziale Gruppe wird aufgrund dieser ständigen, meist nonverbal, »szenisch« geschehenden Wechselwirkungen zu etwas anderem – zu »mehr« als der Summe ihrer einzelnen Mitglieder.

Die Quellen des Einflusses von Gruppen auf das Erleben und Verhalten Einzelner sind: persönliche Anteilnahme, Emotionalität, soziale Unterstützung, Verstärkung, ausgesprochene, vor allem aber interaktiv agierte unausgesprochene Gruppennormen sowie öffentliche Verpflichtung/Loyalität.

In der Gruppe kann der Einzelne elementare soziale Bedürfnisse befriedigen, ohne die ein Leben kaum vorstellbar ist: Zugehörigkeit, Sicherheit, Kommunikation, Kooperation und Anerkennung, Konfliktwahrnehmung und -bewältigung.

Triangulierung

Entwicklungspsychologisch gesehen kann der Wechsel von dyadischen (Mutter-Kind) zu triadischen (zunächst Mutter-Vater-Kind, dann zunehmend Beziehungen in Gruppen) Beziehungen als ein notwendiger, biologisch angelegter Reifungsschritt angesehen werden, von dessen Gelingen die weitere psycho-soziale Entwicklung des Kindes abhängig ist.

Die Triangulierung in wechselseitig verknüpften Mehrpersonen-Kontexten (Gruppen) löst die Abhängigkeit in der Dyade nach und nach ab und führt zu größerer Unabhängigkeit und innerer Sicherheit.

Eine der manchmal schwierigen Szenen (nicht nur, aber vor allem deutlich) im Rahmen der Eingewöhnung ist, wie Mutter (oder Vater) und kleines Kind die Trennungs-/Abschiedssituation bewältigen. Das hilfreiche Hinzukommen einer Erzieherin, die das Kind von der Mutter entgegennimmt, mit ihm zum Beispiel auf der Winke-Treppe die Mutter verabschiedet und sie dann in ihren Tag gehen lässt, ist ein Beispiel für gelingende Triangulierung – auch wenn das Kind der Mutter Tränen entgegenweint (oder gerade dann), bevor sie aus seinem Blick verschwindet. Die Erzieherin ist bei ihm und bewältigt mit ihm gemeinsam die Trennung von der Mutter (und auch deren Trennungsschmerz).

Erst die Wahrnehmung von Unterschieden in den Beziehungen und im Beziehungserleben mit verschiedenen (bedeutsamen) Anderen ermöglicht die Erfahrung des Selbst als etwas Eigenem/Unterschiedenem und Besonderem und damit die Auseinandersetzung mit der sozialen »äußeren« Reali-

---

24 In psychologischen Gruppenexperimenten, wie beispielsweise in dem Film/Buch »Die Welle«, wird deutlich, zu welchen Veränderungen und Verschiebungen es in der Fremd- und Selbstwahrnehmung und dem damit verbundenen Verhalten kommen kann, wenn Gruppeneinflüsse vor allem in negativem Sinne die Oberhand gewinnen und die Selbststeuerung der Einzelnen »außer Kraft« gesetzt wird.

tät (in Zweier-Beziehungen, Gruppen, verfassten sozialen Strukturen und deren Normen und Regeln).[25]

Wiederkehrende Aufgaben in Gruppen (vgl. Streek & Leichsenring 2009), welche die Einzelnen in der Gruppe, mehr aber noch die Gruppe miteinander, zu bewältigen haben, sind:
▸ In Kontakt treten (Kontaktinitiative)
▸ Umgang mit Kritik (aggressive Gefühle, Antipathie)
▸ Umgang mit Belastbarkeitsgrenzen (Toleranzgrenzen) – eigenen und denen der anderen
▸ Emotionale Nähe und Intimität
▸ Gleichheit und Verschiedenheit
▸ Trennung und Abschied

Diese Aufgaben betreffen nicht nur die Kinder in der Kindergruppe, sondern auch die pädagogischen Fachkräfte in der Arbeit mit den einzelnen Kindern, der Kindergruppe und in der Erwachsenengruppe im Team. Zugleich sind diese Aufgaben nie abgearbeitet – manche sind gut ritualisiert und dadurch mit weniger emotionalem Aufwand zu bewältigen. Die Notwendigkeit, diese Fragestellungen immer wieder für sich zu klären, miteinander zu lösen und die Kindergruppe darin zu begleiten, Lösungen zu finden, macht letztlich das Besondere der pädagogischen Arbeit aus.

Die Dynamik von Gruppen wird ständig angetrieben von der Frage nach:
▸ Zugehörigkeit – »drinnen und draußen«
▸ Macht und Einfluss – »oben und unten«
▸ Intimität, Anziehung, Abstoßung – »nah und fern«

Im Rahmen dieser dynamischen Prozesse werden zugleich lebensgeschichtliche (gute wie schwierige) Beziehungserfahrungen der Einzelnen aktualisiert und setzen sich mit den Beziehungspartnern in der Gruppe erneut in Szene – werden abermals bestätigt oder modifiziert und als andere Erfahrungsmöglichkeit aufgenommen.

Wenn zum Beispiel ein Kind mit überfürsorglichen und überängstlichen Eltern aufwächst, wird es sich möglicherweise Gruppensituationen, die durch starke Nähe der Kinder zueinander und durch festgelegte Gruppenhierarchien gekennzeichnet sind, entziehen und sich allein am Rande der Gesamtgruppe aufhalten – unter anderem mit der Folge, dass die pädagogischen Fachkräfte beginnen, sich Sorgen zu machen und dem Kind sehr viel Aufmerksamkeit zukommen lassen.

Die Kohäsion in Gruppen ist ihr grundlegender Wirkfaktor, ihre zentrale Entwicklungsdimension und bildet sich – beobachtbar in Krippengruppen – in der aktiven Interaktion/Kooperation bereits vor dem aktiven Spracherwerb aus (Brandes 2008, S. 126 f.).

Kohäsion in Gruppen bedeutet für die Einzelnen:
▸ akzeptiert zu sein
▸ der Angst vor Isolation und Einsamkeit zu entgehen
▸ sich als ein wertvolles Mitglied einer wertvollen Gruppe zu erleben
▸ »Bindung« an eine Gruppe zu spüren und damit die Entwicklung und Differenzierung eines »Wir-Gefühls« zu ermöglichen

Viele der Angebote im Alltag der Kita haben vor allem die Funktion, die Gruppenkohäsion zu stärken und positiv zu gestalten. Neben allem anderen, was zum Beispiel während eines Morgenkreises (einer Geburtstagsfeier, einem Kita-Fest etc.) geschieht, vermittelt sie allen Kindern die Erfahrung, wie die anderen zu sein, dazuzugehören, eine gute Gruppe zu sein – die anders ist als die Nachbargruppe –, Kontakt zu den anderen Kindern und zum Erzieher oder zur Erzieherin zu haben, ihr/ihm wichtig zu sein. Das heißt auch, nicht allein und isoliert in ei-

---

25 Vgl. die mittlerweile weit ausgearbeiteten Konzepte der »Mentalisierungstheorie«, die kindliche Entwicklung als einen von Beginn an aktiven und interaktiven Prozess des Erlebens, Fühlens und Denkens im Kontakt mit anderen verstehbar machen; zusammenfassend in Dornes 2004.

ner unsicheren Welt zu stehen und sich als fremd und anders zu erleben. Für viele ist das der Rahmen, der ihnen über den Tag Halt gibt, um auch andere Erfahrungen bewältigen zu können. Das Ausmaß der Kohäsion bestimmt in vieler Hinsicht den Einfluss der Gruppe auf ihre einzelnen Mitglieder.[26]

Der zentrale konstruktive Entwicklungsfaktor der Gruppe ist das möglichst ungehinderte Pendeln zwischen Stabilität und Veränderung, zwischen zentrifugalen und zentripedalen Kräften in den Interaktionen der sich entwickelnden Gruppenmitglieder im Kontakt mit der sich ständig verändernden Umwelt/Außenwelt der Gruppe.

In einer Gruppe von Mädchen (4 bis 6 Jahre) sind die Rollen stabil verteilt, und die Mädchen verbringen ihre Tage vor allem in dieser Konstellation. Auftauchende Konflikte können sie letztlich alleine lösen. Alle fünf gehören dazu – eine »Anführerin«, deren »Vertreterin«, zwei »Mitläuferinnen« und ein Mädchen am Rande. Als die »Vertreterin« sich entschließt, ein kontinuierliches Sportangebot der Parallelgruppe in der Kita anzunehmen, wird sie aus der Gruppe ausgeschlossen und künftig strikt gemieden. Das bislang am Rande stehende Mädchen wird zur »Vertreterin«, ein bisher nicht beteiligtes Kind wird neu in die Gruppe aufgenommen.

Sich als zugehörig zu erleben und in anderen Momenten sich als in mancher Hinsicht von anderen unterschieden und somit getrennt zu erfahren, in einem Schwingen zwischen »drinnen und draußen«, »oben und unten«, »nah und fern« agieren zu können, macht es möglich, sich in seinen individuellen Potenzialen im Kontakt mit den anderen zu entwickeln und sich möglicherweise dann, wenn es an der Zeit ist, zu verabschieden und zu trennen.

Kann man Gruppen steuern?

Nach diesen grundlegenden Überlegungen zur Bedeutung von Gruppen stellt sich nun die eher praktisch gerichtete Frage: Kann man Gruppen steuern? Der Ausgangspunkt alltäglicher Beobachtung in pädagogischen Prozessen ist: Man kann nicht nichts tun ... – Dynamik in der Gruppe gibt es sowieso! So ist die Frage sicher sinnvoller formuliert mit: Kann man Gruppenprozesse entwicklungsfördernd beeinflussen/strukturieren?

»Eine Gruppe wird [...] als ein autonomes Sozialsystem verstanden, das – wie andere soziale Systeme auch – nicht direkt von außen steuerbar ist. Niemand kann eindeutig vorhersagen, wie ein bestimmter Einfluss von außen wirken und wie eine Gruppe darauf reagieren wird. Jede Intervention hat neben den beabsichtigten immer auch ungewollte Folgen. Die entstehenden Ordnungen in einer Gruppe sind auf die jeweils neu ablaufenden wechselseitigen Abstimmungsprozesse zurückzuführen. Solchen Rückkopplungsprozessen verdanken Gruppen – wie jedes soziale System – ihre Entwicklungsmöglichkeiten und ihr Eigenleben« (König & Schattenhofer 2006, S. 19).

Aus – nicht nur – systemtheoretischer Perspektive ist es nicht möglich, eindeutige Maßnahmen/Interventionen/Handlungen zur Zielerreichung zu definieren, da es in offenen sozialen Systemen (menschliche Beziehungen, Gruppen, Familien) keine linearen Ursache-Wirkungs-Mechanismen gibt. Die rekursiven Einflussfaktoren und Rückkopplungsprozesse hingegen sind unübersehbar und unplanbar.

So lässt sich der Versuch, ein vielleicht ängstliches, schüchternes, unsicheres Kind, das am Rande der Gruppe nur mit viel Anstrengung zurechtkommt, in die Gruppe zu integrieren, nicht durch gezielte Maßnahmen/Interventionen konsequent

---

26 Auch in Bezug auf Kohäsion wird man sich die Gruppe genauer anschauen müssen. Jede Gruppe von Jugendlichen, ebenso wie Fangruppen von Fußballvereinen oder Gruppen rechtsradikaler Jugendlicher, zeichnen sich u. U. durch starke Kohäsion und enorme Loyalitätsverpflichtungen aus und nutzen die Abgrenzung gegenüber »Fremden« zur Aufrechterhaltung des Wir-Gefühls und Stärkung der Zugehörigkeit.

planen. Es ist sicher zunächst notwendig, sowohl zu »verstehen«, was die Gruppe bewegt, als auch, was das Kind dazu veranlasst, sich so zu verhalten. Im Anschluss kann man sicher überlegen, welche Anlässe geschaffen werden können, die es dem Kind und der Gruppe/Teilgruppe ermöglichen, andere/neue Kontakterfahrungen miteinander zu machen. Ob die Angebote zum »Erfolg« führen, bleibt den Beteiligten und ihren aktuellen Möglichkeiten überlassen.

So gesehen geht es – im Gegensatz zur »Planung von Maßnahmen und Wirkungen« – vielmehr um die Ermöglichung von Selbststeuerungsprozessen und die Bereitstellung eines sozialen Raumes, in dem Beziehungen zwischen den Beteiligten entstehen und sich entwickeln können.

Gruppenstrukturen im Rahmen der pädagogischen Arbeit in der frühkindlichen Erziehung

Folgt man der vorangegangenen Sichtweise, so sind es die Rahmenbedingungen und Strukturvorgaben, die als absichtsvoll beeinflussbare Kontextsteuerungsgrößen
- den dynamischen Gruppenprozess in einem an seinen (Außen-)Grenzen kontrollierbaren Rahmen ordnen und dadurch
- den Einzelnen und der Gruppe Stabilität und Sicherheit geben können.

Die Rahmenbedingungen definieren und begrenzen den (äußeren, sachlichen sowie emotionalen, interaktionellen) Raum für die Beziehungsentwicklung der Mitglieder einer Gruppe.

Eine auf Vorschularbeit ausgerichtete Kita-Gruppe hat hinsichtlich ihrer Zusammenstellung, ihrer Organisation, ihrer Leitung, ihrer Konzeption und ihrer Zielsetzung einen anderen Rahmen für die Interaktion und die Selbsttätigkeit der Kinder als eine altersgemischte Gruppe in der offenen Arbeit, die dem Situationsansatz folgt und im Grunde darauf ausgerichtet ist, aus der Wahrnehmung/Beobachtung der Selbsttätigkeit der Kindergruppe mit den Kindern gemeinsam möglicherweise fortführende oder vertiefende Ideen zu entwickeln, die wiederum der Selbstorganisation der Gruppe übergeben und darin unterstützt werden.

»Gesteuert« wird – wenn man das in dem Sinne versteht – auf der »äußeren Ebene« durch:
- die Größe der Gruppe, die Altersstruktur, die Zusammensetzung der Gruppe in Hinsicht auf Geschlecht, kulturelle und soziale Herkunft etc.
- die Anzahl und die Qualifikation der pädagogischen Fachkräfte sowie deren Persönlichkeit, die Kooperation im Team, die Arbeitsbedingungen der Fachkräfte, die Leitungskompetenz, die Qualität des Trägers
- die sachliche Ausstattung, die Größe und Gestaltung des physischen Raumes der Einrichtung und der sachlich-fachlichen Angebote etc.

»Der Kindergartengruppe steht nur ein einziger Raum zur Verfügung. Bis etwa 9 Uhr sind nur wenige Kinder da. In dieser Zeit spielen die Kinder intensiv und konzentriert zu zweit oder in Dreiergruppen. Wenn dann jedoch alle weiteren Kinder erscheinen, haben sie keine Möglichkeit mehr, ihrem angefangenen Spiel nachzukommen. Es gibt keinerlei Rückzugsmöglichkeiten. Von jetzt an kommt es verstärkt zu Konflikten zwischen den Kindern, die teilweise in Tränen, Geschrei und Körperlichkeiten münden. Sobald die Gruppe aber in den Garten geht, können wieder alle Kinder ihrem Spiel nachgehen, und einzelne Kleingruppen halten ihr Rollenspiel durchaus 90 Minuten durch, da sie im Freien genug Möglichkeiten haben, sich von den anderen Kindern abzusondern« (Staats 2013, S. 50).

Mit der äußeren Ebene in jedem Fall verbunden, wird auf der »inneren Ebene« gesteuert durch:
- die konzeptionellen, pädagogisch-theoretischen und pädagogisch-praktischen Vorstellungen der Einrichtung und deren Verankerung in den Denk- und Handlungsvollzügen der Mitarbeiter und des Teams

und im unmittelbaren Umgang mit der Gruppe und den einzelnen Kindern durch:
- aktives Ansprechen, Initiieren, Bremsen, Intervenieren, Vermitteln, Konfrontieren, Beschützen, Sich-Einmischen, Strukturieren oder
- aktives, absichtsvolles Nicht-Intervenieren, Abwarten, »Ignorieren«, Sich-Raushalten, Auf-sich-selbst-verweisen (den Einzelnen oder die Gruppe) etc.

Wie bereits dargestellt, sind die konkreten Auswirkungen im Vorhinein nicht genau zu bestimmen. Gleichwohl besteht die Aufgabe der Leitung der Gruppe durch die Erzieherinnen und Erzieher darin, auf Grundlage ihrer Kenntnis der Kinder/Gruppe, ihrer Beobachtungen und Wahrnehmungen zu entscheiden, inwieweit ein pädagogisches Intervenieren notwendig oder gar hinderlich für den Gruppenprozess ist.

Häufig gestellt wird die Frage nach dem »Intervenieren« bei Konflikten zwischen Kindern in der Gruppe. Die meisten Auseinandersetzungen können die Kinder gut alleine – d. h. zu zweit oder in der kleinen Gruppe – bewältigen. Ein zu frühes Eingreifen verhindert die Entwicklung von eigenständigen Konfliktlösungen. Manchmal benötigen die Kinder einen (vielleicht sogar ritualisierten) Rahmen »zur Klärung«, manchmal muss ein Kind geschützt werden, und ein begrenzendes Eingreifen ist notwendig (insbesondere bei »zu heftigen« körperlichen Auseinandersetzungen oder bei beginnenden »Mobbing«-Konstellationen).

Das wesentliche Ziel der unterschiedlichen Strukturen und Interventionen sollte es jedoch sein, die Selbststeuerungskräfte der Gruppe und der einzelnen Kinder in der Gruppe in produktivem Sinne zu stärken sowie den Einzelnen und der Gruppe ausreichenden Halt und genügend Sicherheit/Schutz zu geben.

In Hinsicht auf ein Mehr oder Weniger an vorgegebener Struktur kommt es auch auf die konkreten Ziele einer bestimmten Gruppenarbeit an. Ein definiertes Lernziel zu erreichen, wird in einer strukturierten, homogenen Gruppe mit einem klaren Arbeitsauftrag leichter möglich sein als in einer offenen, gemischten Kindergruppe, die dabei ist, zum Beispiel Erfahrungen mit Wasser zu machen.

Ebenso wird man für Krippenkinder geschützte Räume und auch zeitlich begrenzt kleine Gruppen konstellieren müssen, bei denen das Geborgen-Sein die Basis für Kontakt und Exploration darstellt, ohne die Einzelnen und die Gruppe zu überfordern.

Ziele der Arbeit mit der Gruppe in Bezug auf den Einzelnen und die Gruppe sind:
- Identitätsfindung der/des Einzelnen in der Gruppe bzw. durch die Gruppe stärken
- Individualität (Differenzierung) der/des Einzelnen in der Gruppe stützen
- die/den Einzelne/n (falls dies nötig erscheint) in der Gruppe und/oder vor der Gruppe schützen
- konstruktive Gruppenprozesse (Selbststeuerung/Selbsttätigkeit) stärken
- Identität der Gruppe entwickeln (mehr als eine zufällige »Zwangs«-Gemeinschaft)
- negative Dynamiken »der Gruppe« bremsen/verhindern
- die Gruppe in der Auseinandersetzung mit Einzelnen bzw. Konflikten Einzelner stützen
- die Gruppe vor destruktiven Dynamiken Einzelner schützen (falls dies nötig erscheint)
- entwicklungsfördernde Auseinandersetzung der verschiedenen »Gruppen« und der Einzelnen in und mit diesen unterschiedlichen Gruppen ermöglichen

Fazit

Nun die abschließende Frage: Was braucht man, um nach diesem Verständnis der Bedeutung von Gruppen für die kindliche Entwicklung und der Dynamik von Gruppenprozessen im alltäglichen pädagogischen Handeln in Kindertagesstätten nachkommen zu können? Die Antwort ist im Grunde zunächst einfach: Ausbildung und Selbsterfahrung.

Mein (sehr begrenzter!) Eindruck in Bezug auf die Ausbildung von Erzieherinnen und Erziehern ist, dass – sozusagen unterhalb der Ebene von pädagogischen Angeboten für Gruppen von Kindern (Spiele, Musik, Sport, Gestaltung von Ritualen/Feiern etc.) – relativ wenig über die Bedeutung der »Arbeit mit der Gruppe« und ein theoretisches Verständnis für Gruppenprozesse und Gruppenstrukturen gelehrt wird.[27] Es scheint immer klar, dass Kita-Pädagogik Gruppenpädagogik ist. Das ist auch so – im Alltag wird aber meines Erachtens nicht hinreichend differenziert beobachtet und besprochen, was sich in den Gruppen der Kinder abspielt.

Ein wesentlicher Grund dafür scheint mir zu sein, dass der Blick auf »die Gruppe« letztlich nur dann gut gelingen kann, wenn die Erzieherinnen und Erzieher sich selbst als »Gruppenwesen« erfahren und ihre eigenen (auch unter Umständen biografischen) Erfahrungen in Gruppen reflektieren, das heißt in der Gruppenselbsterfahrung erleben. Um Gruppenprozesse in ihrer Dynamik »verstehen« zu können, scheint es keinen anderen Weg zu geben, als sich selbst mit allen dazugehörigen Gefühlen in der Gruppe zu erleben und darüber in gutem Sinne zu reflektieren.

Dies bezieht sich auf die einzelne Erzieherin bzw. den einzelnen Erzieher. Wesentlich hinzukommen sollte aber auch ein Verständnis dafür und eine kontinuierliche Wahrnehmung dessen, dass in der Regel ein Team, also eine Gruppe(!), mit der Kindergruppe arbeitet. Dieses Team hat eine genauso bedeutsame (gelingende wie schwierige) Dynamik wie die Gruppe der Kinder und bildet darüber hinaus mit dieser gemeinsam eine größere Gruppe.

Dynamische Prozesse in der Gruppe der pädagogischen Fachkräfte wirken sich auf die Gruppe der Kinder ebenso aus, wie umgekehrt, und befördern oder behindern die Selbststeuerungsmöglichkeiten der Kindergruppen.

Immer wieder gibt es in Kitas Situationen, in denen die eine Gruppe sehr geordnet und stabil läuft, die Erzieherinnen und Erzieher zufrieden und engagiert sind, in der anderen Gruppe eher scheinbar chaotische Situationen mit vielen Wechseln, häufiger Erkrankung (bei pädagogischen Fachkräften und Kindern) und schlechter Atmosphäre vorherrschen. Die Kinder erscheinen schwieriger (oder die Eltern), im Hintergrund wird unter Umständen die Qualifikation/das Engagement der Erzieherinnen und Erzieher angezweifelt.

Das Kita-Team als Ganzes und die Leitung verstehen sich häufig nicht als Teil einer gemeinsamen Gruppe, die möglicherweise einen Gruppenkonflikt, einen Leitungskonflikt oder einen Konflikt mit dem Träger ungeklärt lässt. Die Auseinandersetzung der Gruppe wird durch »Spaltung in gut und schlecht« vermieden – letztlich zulasten aller Beteiligten: der pädagogischen Fachkräfte und der Kindergruppe.

Das Mittel der Wahl für die Steuerung dieser Gruppenprozesse ist sicherlich neben der Achtsamkeit für das Befinden der Kollegen eine kontinuierliche externe Supervision der Teams.

So betrachtet, kann man die oben genannten Aspekte von Gruppen in Bezug auf die Frage der »Steuerung« zugleich auf die Steuerung und Leitung von Teams beziehen und wird auch hier die äußeren und inneren Rahmenbedingungen innerhalb der Träger betonen und beachten müssen. Nur wenn diese genügend stabil, sicher und (materiell, finanziell, konzeptionell) angemessen ausgestaltet sind, wird es möglich sein, konstruktiv mit der Gruppe zu arbeiten und ihre Potenziale zu nutzen.

Blickt man abschließend kurz auf die einleitenden Beschreibungen zur Arbeit mit Jugendlichen und deren oft schwierige Gruppenerfahrungen, wird deutlich, dass reflektiertere und gezieltere »Arbeit mit der Gruppe« in der frühkindlichen und schulischen Betreuung die in der Pubertät auftau-

---

27 An der Fachhochschule Potsdam gibt es im psychoanalytisch orientierten Bachelor-Studiengang »Bildung und Erziehung in der frühen Kindheit« (BABEK) ein verpflichtendes Modul zur »Arbeit mit der Gruppe«, das Theorie, Praxis und zumindest in Ansätzen Gruppenselbsterfahrung einschließt (vgl. Staats 2013).

chenden Schwierigkeiten nicht unbedingt hätte verhindern können. Dazu sind die Einflussfaktoren psychischer und sozialer Entwicklung zu vielfältig und unterschiedlich. Gleichwohl lässt sich aber feststellen, dass manche individuellen Zuschreibungen und letztlich selbstbestätigende konflikthafte Reinszenierungen der immer gleichen Rollen und negativen Interaktionserfahrungen in Gruppen vermutlich zu vermeiden wären – zumindest in dem Sinne, dass auch andere, gelingende Erfahrungsspuren gelegt und gestärkt werden können, auf die die Jugendlichen später zurückgreifen können.

Literatur

Berg, P. (2014): Handlungstheoretische Aspekte der Psychoanalytischen Pädagogik. In: M. R. Textor (Hrsg.): Kindergartenpädagogik – Online-Handbuch. www.kindergartenpaedagogik.de/1906.html (letzter Zugriff 21.11.2014)

Brandes, H. (2008): Selbstbildung in Kindergruppen. Die Konstruktion sozialer Beziehungen. München, Basel.

Dornes, M. (2004): Über Mentalisierung, Affektregulierung und die Entwicklung des Selbst. Forum der Psychoanalyse 2, Bd. 20, S. 175–199.

Geißler, K. A. & Hege, M. (2001): Konzepte sozialpädagogischen Handelns. Ein Leitfaden für soziale Berufe. 10. Auflage. Weinheim, Basel.

Geulen, D. (2010): Jürgen Habermas: Identität, Kommunikation und Moral. Wiesbaden.

Hartwig, L. u. a. (2009): Pädagogische Prozesse in Regelgruppen der stationären Heimerziehung – Entwicklungen und Perspektiven. Ev. Fachverband für Erziehungshilfen in Westfalen-Lippe, Institut für Praxisentwicklung und Evaluation (IPE). Münster.

Kelber, M. (1971): Zum Verständnis der Gruppenpädagogik. Auswahl 3. Wiesbaden (zitiert nach Hartwig u. a. 2009).

König, O. & Schattenhofer, K. (2006): Einführung in die Gruppendynamik. Heidelberg.

Rabe, A. & Rosemeier, C.-P. (2013): Psychoanalytisch-interaktionelle Gruppenpsychotherapie mit Jugendlichen in Therapeutischen Wohngemeinschaften. In: E. Focali u. a. (Hrsg.): Zukunft. Erziehen. Berlin, S. 132–152.

Redl, F. & Wineman, D. (1984, original 1951): Kinder, die hassen. Auflösung und Zusammenbruch der Selbstkontrolle. München.

Schrapper, C. (2009): Die Gruppe als Mittel zur Erziehung – Gruppenpädagogik. In: C. Edding & K. Schattenhöfer (Hrsg.): Handbuch. Alles über Gruppen. Weinheim, Basel, S. 186–208.

Schrott, R. & Jacobs, A. (2011): Gehirn und Gedicht. Wie wir unsere Wirklichkeiten konstruieren. München (zitiert nach Schultz-Venrath 2011).

Schultz-Venrath, U. (2011): Das Gehirn in der Gruppe oder die Gruppe im Gehirn – Zur Neurobiologie des Mentalisierens in Gruppenpsychotherapien. Gruppenpsychotherapie und Gruppendynamik 47/2011, S. 111–140.

Staats, H. (2013): Reader Gruppenarbeit. Sommersemester 2013. unveröffentl. Manuskript. FH Potsdam.

Staats, H. u. a. (Hrsg.) (2014): Gruppenpsychotherapie und Gruppenanalyse. Göttingen.

Streek, U. & Leichsenring, F. (2009): Handbuch psychoanalytisch-interaktioneller Therapie. Göttingen.

Yalom, I. D. (1995): The Theory and Practice of Group Psychotherapy. Basic Books. New York. Dt. (1989): Theorie und Praxis der Gruppenpsychotherapie. München.

Wir tun nichts Außergewöhnliches, wir sind bloß erfolgreich, weil wir ganz gewöhnliche Dinge ganz außergewöhnlich tun.
Ueli Prager

Qualität liegt in den Händen vieler – ein Ausblick

Bernhard Kalicki & Catrin Wolff-Marting

Qualität ist seit geraumer Zeit in aller Munde. Wir betonen die Bedeutung der ersten Lebensjahre für kindliches Lernen, wir sprechen von informeller und non-formaler Bildung in den Lebenswelten Familie und Kindertageseinrichtung. Und wir wissen, dass für Kinder aus benachteiligten Familien die Kita nur dann einen Unterschied machen kann, wenn dort eine hohe Qualität vorliegt.

Vom Diesseits und Jenseits

Die Forderung nach Qualitätsnachweisen und nach einem indikatorengestützten Qualitätsmonitoring, das für die Steuerung des Systems der frühkindlichen Bildung, Betreuung und Erziehung genutzt werden kann, steht in der Kritik, die Komplexität kindlichen Lernens und frühpädagogischer Praxis auf das Messbare zu reduzieren und das Wesentliche zu übersehen (»beyond quality«). Zudem wird der Vorwurf erhoben, mit der Qualitätsrhetorik einer Ökonomisierung sämtlicher Lebensbereiche zu folgen.

Auch pädagogisches Handeln ist zweckrationales Handeln. Pädagogisches Handeln verfolgt bestimmte Ziele, stützt sich auf Annahmen zur Eignung (Instrumentalität) verschiedener Handlungsalternativen für die Erreichung dieser Ziele und umfasst die Überprüfung der Zielerreichung. Dieses Rationale ist grundlegend für die Lebensbewältigung und Selbstentwicklung (Brandtstädter 2001). Wenn dies schon für das Erziehen in der Familie gilt – denken wir an Familienbildung oder Erziehungsberatung, wo durch Information und Reflexion vernünftiges erzieherisches Handeln aufgebaut werden soll –, dann umso mehr für das pädagogische Handeln in beruflichen Kontexten.

Kinderrechte als Bezugspunkt guter Pädagogik

Kinder sind nicht Gegenstand pädagogischen Handelns, sondern selbst Handlungssubjekte mit eigenen Rechten. Diese Rechte lassen sich zum einen mit den allgemeinen Menschenrechten beschreiben, die Kinderrechte berücksichtigen darüber hinaus die spezifische Lebens- und Entwicklungsphase der Kindheit. Das Recht auf Beteiligung stellt Kinder in den Mittelpunkt. Über Beteiligung und eigenes Handeln wird Lernen möglich. In der Kindergruppe lernen Kinder, sich mit anderen abzustimmen und ihr Handeln zu koordinieren mit den Interessen, Zielen und Aktivitäten anderer. Gerade für pädagogische Beziehung ist die Wahrung der Kinderrechte essenziell (Prengel & Winklhofer 2014).

Die Beteiligung von Kindern und die Wahrung all ihrer Rechte gelingen nicht in inszenierten Lernarrangements oder projektförmigen Aktivitäten, sondern müssen die Kultur der kindlichen Lebenswelten prägen, gerade auch der Kindertageseinrichtung.

Viele Perspektiven, viele Akteure, viele Hände

Eltern, Kinder und pädagogische Fachkräfte bilden die wichtigsten Bezugspunkte zur Bestimmung dessen, was eine gute Bildung, Betreuung und Erziehung in der frühen Kindheit ausmacht. In die Aushandlung und Umsetzung von Maßnahmen zur Qualitätssicherung sind darüber hinaus zahlreiche weitere Akteure eingebunden. Die Rollen der Fachpolitik, der Aus- und Weiterbildung, der Fachpraxis und der Wissenschaft wurden in diesem Band beschrieben. Die Verantwortung für gute Bedingungen des Aufwachsens liegt also in vielen Händen. Und um ein abgestimmtes Vorgehen zu ermöglichen, bedarf es eines mehr oder minder organisierten Fachdiskurses, der unter anderem über Publikations- und Veranstaltungsformen und gezielte thematische Arbeitsgruppen erfolgen kann. Wichtig ist hierbei, die »Versäulung« von Zuständigkeitsbereichen (z. B. Ausbildung versus Fachpraxis), die Fraktionierung in unterschiedlichste Steuerungsebenen (Bund, Länder, Kommunen, freie Träger) sowie disziplinäre Schranken zu überwinden.

Herausforderungen für die Qualitätsentwicklung

Eine erste und wichtige Herausforderung sehen wir darin, Anstrengungen zur Qualitätsentwicklung nicht auf die Ebene der Kindertageseinrichtungen, ihre Träger und Teams, zu beschränken. Im Praxisfeld lassen sich Qualitätsmanagement-Verfahren implementieren, die Architektur des Systems der Kindertagesbetreuung bedarf jedoch der Weiterentwicklung und Reform. Mit den Facetten der Strukturqualität sind die richtigen Stellgrößen benannt, darunter

a) die Fachkraft-Kind-Relation in den Gruppen;
b) die Freistellung für mittelbare pädagogische Arbeit und für Leitungsaufgaben;
c) die Qualifikationsanforderungen für Leitung und weitere spezifische Tätigkeitsprofile (Viernickel u. a. 2015).

Die zweite Herausforderung besteht darin, die starken regionalen Disparitäten in den Qualitätsmerkmalen zu überwinden. Der Ansatzpunkt hierfür sind, wenngleich politisch umstritten und nur schwer durchsetzbar, einheitliche Qualitätsstandards, die dann jedoch ambitioniert formuliert werden müssen, um nicht auf einem Mindestniveau zu verharren und Verbesserungen der Qualität zu blockieren.

Die vielfältige Diskussion von Qualitätsfragen in diesem Band zeigt auf, dass jenseits des Mainstreams frühpädagogischer Qualitätsforschung sowohl alternative Konzepte guter Praxis als auch gründlichere empirische Forschung notwendig sind. Vielversprechende theoretische Konzepte, die präziser gutes pädagogisches Handeln und gelingende dialogische Interaktionen mit Kindern fassen, als es die verfügbaren Modelle und Verfahren vermögen, wurden gesichtet. Schließlich trägt auch der Strang der Praxisreflexion und Praxisentwicklung zur Erkenntnisbildung bei. Zu hoffen ist, dass das Paradigma der aktionistischen Projektförderung im Praxisfeld der Frühpädagogik abgelöst wird durch nachhaltige Maßnahmen, die auch die Zumutbarkeit für die Fachkräfte beachten.

Schließlich ist uns allen klar, dass die Kernfrage nach guter Qualität nie abschließend zu beantworten ist. Sie wird uns, vielleicht in anderem Gewand, weiter begegnen. Dies erfordert der fortschreitende soziale und gesellschaftliche Wandel, hierfür sorgen aber auch die Kreativität und der unstillbare Drang nach Perfektionierung, der unsere Leidenschaft für ein gutes Aufwachsen von Kindern ausmacht.

Literatur

Brandtstädter, J. (2001): Entwicklung – Intentionalität – Handeln. Stuttgart.

Prengel, A. & Winklhofer, U. (Hrsg.) (2014): Kinderrechte in pädagogischen Beziehungen (2 Bände). Leverkusen.

Viernickel, S. u. a. (2015): Qualität für alle. Wissenschaftlich begründete Standards für die Kindertagesbetreuung. Freiburg.

Über alles andere können wir streiten, aber wenn es um Qualität geht, werden wir an einem Strang ziehen. Qualität darf nicht Gegenstand unserer Auseinandersetzung sein.
                                        Lee Iacocca

Anhang

pfv: Selbstverständnis – Ziele – Aufgabenfelder

Interdisziplinäres Fachwissen

Der pfv (Pestalozzi-Fröbel-Verband e.V.) ist ein politisch und konfessionell unabhängiger Fachverband für Kindheit und Bildung. Die Verbandsmitglieder sind Einzelpersonen und Organisationen aus der pädagogischen Praxis, der Aus- und Fortbildung, der Wissenschaft und den Verwaltungen, die im Rahmen ihrer Aufgaben Verantwortung für das Wohlbefinden des Kindes, insbesondere in den Kindertageseinrichtungen, tragen. Diese Fachszene rund um Kinder und kindbezogene Berufe kann durch ihren interdisziplinären Sachverstand die gegenwärtigen Lebensbedingungen von Kindern und ihren Familien wahrnehmen und bewerten, Probleme ansprechen sowie eindeutig Position zugunsten von Kindern und Familien in der Öffentlichkeit beziehen.

Informelles Forum zum Gedankenaustausch und Kontaktbörse

Diese Struktur des pfv bietet die Chance, die Mitglieder als Expertinnen und Experten gezielt anzusprechen und den fachlichen Austausch so zu organisieren, dass aktuelle wie auch grundlegende Fragen zum Thema »Frühkindliche Bildung, Erziehung und Betreuung« aus verschiedenen Perspektiven beleuchtet werden können.

Was zeichnet dieses besondere Diskussionsklima des pfv genau aus? Im Rahmen eines Verbandes, der keine Trägerfunktion hat, können jenseits bestimmter – z. B. konfessioneller oder politischer – Interessen und Strukturen kinderpolitische Fragen neu und quer gedacht werden, und es gibt auch breiten Raum für die Suche nach unkonventionellen Lösungswegen.

Der pfv bietet somit ein informelles Forum für Fachleute aus verschiedenen Arbeitsfeldern der Frühpädagogik und unterschiedlichen institutionellen Einbindungen. Man lernt sich kennen, kann regionale und fachliche Netzwerke knüpfen und mit etwas Distanz zu den jeweiligen institutionellen Vorgaben Ideen, Perspektiven und kinderpolitische Strategien entwickeln.

Sozialpolitik für Kinder

Der pfv beschäftigt sich aus seiner – nunmehr schon über 130jährigen – Tradition heraus mit den Lebensbedingungen, den Bildungsgelegenheiten und den damit verbundenen Entwicklungschancen von Kindern. Das schließt die Wahrnehmung der Bedürfnisse und Interessen von Kindern und Familien und den Einsatz für die Rechte der Kinder mit ein. Ebenso ist die gesellschaftliche und politische Anerkennung von Kindertagesstätten als Bildungseinrichtungen ein Ziel, welches der pfv engagiert verfolgt. Konkret heißt dies, besonders die pädagogischen Fachkräfte und alle anderen Verantwortlichen in der Frühpädagogik bei ihrer anspruchsvollen Tätigkeit durch fachliche Anregungen, Aktivitäten und Diskussionsmöglichkeiten zu unterstützen.

Zur Zukunft sozialpädagogischer Berufe

Das ganze Feld der Frühpädagogik und nicht zuletzt das Arbeitsfeld pädagogischer Fachkräfte ist spätestens nach dem bundesweit gültigen Rechtsanspruch auf einen Kindergartenplatz Mitte der 1990er Jahre und nun erneut durch den Rechtsanspruch auf einen Krippenplatz vom ersten Geburtstag an in Bewegung. Die Ansprüche von Eltern, Trägern, Kommunen haben sich in den letzten Jahren grundlegend verändert. Trotzdem ist das frühpädagogische Feld weiterhin von Sparmaßnahmen betroffen, und die Diskrepanz zwischen Anspruch und Umsetzung besteht fort. Das Berufsprofil – Ausbildung, Praxis, Weiterbildung – verändert sich nach der Implementierung der Bildungspläne in den Bundesländern und der Einrichtung von frühpädagogischen Studiengängen weiter. Dass die Pädagoginnen und Pädagogen eine Schlüsselrolle für die Sicherung von Qualität öffentlicher Bildung, Erziehung und Betreuung in der frühen Kindheit einnehmen, ist unbestritten. Die Entwicklung hin zu Europa und die auch hierzulande nötige multi-kulturelle Praxis erweiterter Berufsprofile stehen als Thema in der Aus- und Fortbildung noch am Anfang.

Der pfv wird sich weiterhin für die Professionalisierung der pädagogischen Fachkräfte engagieren und dadurch an der verstärkten Anerkennung der frühkindlichen Bildung im Bewusstsein der Gesellschaft mitwirken.

Dienstleistungen des pfv

▶ Fachtagungen sowie Studienreisen ins In- und Ausland lassen Einblicke über den persönlichen Wirkungskreis hinaus gewinnen und die eigene Praxis aus der Distanz neu betrachten.
▶ Analysen und Vorschläge werden in die öffentliche Diskussion eingebracht und an Entscheidungs- und Verantwortungsträger unseres demokratischen Systems herangetragen.
▶ Aktuelle Fragen und Praxisentwürfe werden mit den Mitgliedern und weiteren Interessenten auf Fachtagungen thematisiert.
▶ Für Mitglieder und Mitarbeiter/innen aller Fachorganisationen und Instanzen bietet der pfv ein übergreifendes gemeinsames Forum, einen »neutralen« Ort gemeinsamer Perspektivenfindung.
▶ Fachpolitisch wichtige Informationen und Dienstleistungen werden gesammelt und bereitgestellt; insbesondere durch Fachtagungen, Studienreisen, Veröffentlichungen, Fachgespräche und im Internet.
▶ Insbesondere für freiberufliche Mitglieder kann der Verband eine Informationsbörse sein, über die Daten, Adressen, fachpolitische Papiere etc. abgefragt werden können.

Der pfv bildet ein Netzwerk zum Ideen- und Gedankenaustausch und ist Kontaktbörse. Wir möchten unsere Mitglieder bestärken, ihre Fachkompetenz bei der Gestaltung von Fachtagungen und Fachgesprächen, bei Publikationen und im Rahmen der Studienreisen mit einzubringen.

Der Verband ist Mitglied in der Arbeitsgemeinschaft für Kinder- und Jugendhilfe (AGJ) und der National Coalition für die Umsetzung der UN-Kinderrechte in Deutschland.

Wollen auch Sie Mitglied werden? – Ihre Mitarbeit ist uns wichtig. Bitte nehmen Sie mit uns Kontakt auf!

Vorstandsmitglieder des pfv

Wahlperiode 2013–2016

Eva Hammes-Di Bernardo (Vorsitzende)
Fachreferentin für frühkindliche Bildung und Erziehung beim Ministerium für Bildung im Saarland
Saarbrücken

Prof. Dr. Bernhard Kalicki (stellvertretender Vorsitzender)
Leiter der Abteilung Kinder und Kinderbetreuung des Deutschen Jugendinstituts (DJI) in München und Professor für frühkindliche Bildung an der Evangelischen Hochschule Dresden
München

Gabriele Ivo (Schatzmeisterin)
Diplom-Psychologin
Berlin

Prof. Dr. Charis Förster
Professorin für Theorie, Praxis und Empirie der Pädagogik der Kindheit an der Hochschule für Technik und Wirtschaft des Saarlandes
Riegelsberg

Kariane Höhn
Dipl. Sozialpädagogin
Organisations- und Kommunalentwicklung, Coaching Schwerpunkt Frühkindliche Bildung
Tübingen

Marlies Kahl
Elementarpädagogin
Schwerin

Catrin Wolff-Marting
Kindheitspädagogin B.A.
Mitarbeiterin des Landeskompetenzzentrums zur Sprachförderung an Kindertageseinrichtungen in Sachsen (LaKoS)
Leipzig

Bundesgeschäftsstelle

Leitung: Magda Göller
Barbarossastr. 64
D-10781 Berlin

Tel. +49(0)30 23 63 90 00
Fax: +49(0)30 23 63 90 02
E-Mail: pfv@pfv.info

Aktuelle Informationen, Einladungen und Berichte finden Sie auf unserer Website: www.pfv.info

Verzeichnis der Autor/innen und Herausgeber

Detlef Diskowski
Studium der Erziehungswissenschaft an der FU Berlin, Berufserfahrung als Horterzieher und Leiter einer Kindertagesstätte mit Kindern vom Krippen- bis zum Hortalter; nebenberuflich als Dozent in der Elternbildung, Aus- und Fortbildung von Erzieher/innen tätig; Praxisberater für Kindertagesstätten und Mitarbeit in einem sozialwissenschaftlichen Forschungsprojekt; Referent in der Berliner Senatsjugendverwaltung; seit 1991 im Ministerium für Bildung, Jugend und Sport des Landes Brandenburg als Referatsleiter für »Kindertagesbetreuung, Kinder- und Jugendhilferecht und familienunterstützende Angebote« tätig. Er ist Vater von drei Kindern.

Judith Durand
Studium der Erziehungswissenschaften, Grundsatzreferentin in der Fachgruppe »Pädagogische Konzepte für die Kindheit« der Abteilung Kinder und Kinderbetreuung am Deutschen Jugendinstitut in München. Arbeitsschwerpunkte: Pädagogische Konzepte in der Kindheit, Alltagsintegrierte sprachliche und naturwissenschaftliche Bildung, Erzieherinnen-Kind-Interaktion, Professionalisierung von Fachkräften und Methoden in der Aus- und Weiterbildung.

Ulla Grob-Menges
Studium der Soziologie/Geschichte, Journalistin/Redakteurin; bis zur Pensionierung Geschäftsführerin des Verbandes Kindertagesstätten der Schweiz (KiTaS); 1995–2006 Vorstandsmitglied der OMEP (Organisation mondiale pour l'Education Préscolaire).

Prof. Dr. Bernhard Kalicki
Diplom-Psychologe, forscht am Deutschen Jugendinstitut (DJI) in München und lehrt an der Evang. Hochschule Dresden (EHS). Seine Arbeitsschwerpunkte betreffen die familiäre und außerfamiliäre Sozialisation, die frühkindliche Bildung, Bildungsberichterstattung sowie die Qualitätsentwicklung im System der Kindertagesbetreuung. Er ist stellvertretender Vorsitzender des pfv.

Prof. em. Dr. Lothar Krappmann
Wissenschaftlicher Mitarbeiter des Max-Planck-Instituts für Bildungsforschung bis 2001 (Forschungen über die soziale und moralische Entwicklung der Kinder in Gleichaltrigengruppen und Freundschaften); Lehre als Honorarprofessor an der Freien Universität Berlin; Mitglied des UN-Ausschusses für die Rechte des Kindes von 2003–2011. Weiterhin engagiert in den Anstrengungen, die UN-Kinderrechtskonvention umzusetzen.

Prof. Dr. Jörg Maywald
Studium der Soziologie, Psychologie und Pädagogik in Berlin, Amsterdam und Paris; Geschäftsführer der Deutschen Liga für das Kind; Honorarprofessor an der Fachhochschule Potsdam; Sprecher der National Coalition Deutschland – Netzwerk zur Umsetzung der UN-Kinderrechtskonvention. Arbeitsschwerpunkte: Frühe Kindheit, Internationale Kinderrechte.

Jens C. Möller

Industriekaufmann; Absolvent des Betriebswirtschaftlichen Seminars der DAA; Studium Sozialpädagogik; mehrjährige Tätigkeit als Leiter sozialer Einrichtungen; Jugendhilfeplaner im Jugend-, Kultur- und Jugendhilfebereich; Lehrauftrag HTW Saarland – Pädagogik der frühen Kindheit. Jetzt freie Tätigkeit als Berater für soziale Einrichtungen, insbesondere Kindertageseinrichtungen.

Prof. em. Peter Moss

Beschäftigt im Thomas Coram Research Unit des UCL Institute of Education, University College London. 1986–1996 war er Vorsitzender des Netzwerks Kinderbetreuung der Europäischen Kommission; 2004 Verfasser des Länderberichts Deutschland im Rahmen der OECD-Studie »Starting Strong«. Arbeitsschwerpunkte: Kindertageseinrichtungen, Pädagogisches Personal und demokratische Praxis, Erwerbstätigkeit und Betreuung, insbesondere Elternzeit-Regelungen, Sozialpädagogik und Radikale Bildung.

Pamela Oberhuemer

Studium der Erziehungswissenschaft und Germanistik in London; 1974 bis 2009 wissenschaftliche Referentin am Staatsinstitut für Frühpädagogik (IFP), München; 2001 bis 2004 Vorstandsvorsitzende des Pestalozzi-Fröbel-Verbandes. Arbeitsschwerpunkte: Systeme der frühkindlichen Bildung, Erziehung und Betreuung in Europa; Professionalisierung frühpädagogischer Fachkräfte in internationaler Perspektive.

Claus-Peter Rosemeier

Diplom-Sozialwirt und Diplom-Psychologe; Psychologischer Psychotherapeut, Familien- und Gruppenpsychotherapie; Leiter der Koralle – therapeutische Wohngruppen im Pestalozzi-Fröbel-Haus (PFH), Berlin; Dozent in der Erzieher/innenausbildung am PFH Berlin und an der FH Potsdam; Arbeitsschwerpunkte neben der Leitung der Jugendwohngruppen: Gruppenpsychotherapie mit Jugendlichen und (jungen) Erwachsenen, Supervision in Jugendhilfe, Schule, Klinik, Organisationsberatung, Fortbildung.

Kornelia Schneider

Studium der Erziehungswissenschaften und Sozialpädagogisches Zusatzstudium; freiberuflich tätige Bildungsreferentin; bis Ende 2009 wissenschaftliche Referentin am Deutschen Jugendinstitut (DJI); Arbeitsschwerpunkte: Frühe Bildung in Kindertageseinrichtungen, Konfliktverhalten unter Kindern, Gestaltung von Bildungsräumen, Lerngeschichten, Bedeutung der Raumwahrnehmung für Kinder sowie Bedeutung der Beziehungen unter Kindern in den ersten drei Lebensjahren.

Wilfried W. Steinert

Ehemaliger Schulleiter und Projektleiter des Netzwerkes »Bildung für alle in Templin«; Mitglied des »Expertenkreises Inklusive Bildung« der Deutschen UNESCO-Kommission e.V.; Sprecher des »Wissenschaftlichen Beirats Inklusive Bildung in Brandenburg«.

Catrin Wolff-Marting

Studium der »Pädagogik der Kindheit« (B.A.) an der Evangelischen Hochschule Freiburg, seit 2014 Mitarbeiterin des Landeskompetenzzentrums zur Sprachförderung an Kindertageseinrichtungen in Sachsen (LakoS). Seit 2013 Vorstandsmitglied des pfv.

Dr. Michael Wünsche

Studium der Sozialpädagogik; Akademischer Mitarbeiter an der Evangelischen Hochschule Freiburg im BA-Studiengang »Pädagogik der frühen Kindheit« und im MA-Studiengang »Bildung und Erziehung in der Kindheit«. Arbeitsschwerpunkte: Hermeneutische und diagnostische Beobachtungsverfahren, Berufsfeldspezifische Grundlagen, Zusammenarbeit mit Eltern und Familien sowie (Qualitäts-)Management von Kindertageseinrichtungen.

Fachbücher des pfv bei Herder

**Charis Förster /
Eva Hammes-Di Bernado (Hrsg.)
Qualifikation in der Frühpädagogik**
Vor welchen Anforderungen
stehen Aus-, Fort- und Weiterbildung?
160 Seiten I Kartoniert
ISBN 978-3-451-32845-9

Gerade bei den Kleinsten sind Fachkräfte gefragt, die souverän und verlässlich auf die Bedürfnisse der Kinder eingehen und gleichzeitig den Erwartungen und Ansprüchen der Eltern begegnen. Wie gelingt das? Welche Möglichkeiten der Qualifizierung in der Aus-, Fort- und Weiterbildung gibt es?

**Charis Förster / Kariane Höhn /
Sonja A. Schreiner (Hrsg.)
Kindheitsbilder – Familienrealitäten**
Prägende Elemente
in der pädagogischen Arbeit
168 Seiten I Kartoniert
ISBN 978-3-451-32735-3

Einerseits durchlaufen Kinder ihre persönlichen Entwicklungen, andererseits unterliegt ihr Aufwachsen unterschiedlichsten Erziehungspraktiken, Erwartungen oder Hoffnungen. Mit welchen Realitäten und Spannungen u.a. Fachkräfte in der Kita konfrontiert werden, thematisiert dieser Band des Pestalozzi-Fröbel-Verbands.

In jeder Buchhandlung oder unter www.herder.de

HERDER
Lesen ist Leben